LOS PRIMEROS AÑOS

LOS PRIMEROS AÑOS

El bienestar infantil y el papel de las políticas públicas

Editado por
Samuel Berlinski
Norbert Schady

Banco Interamericano de Desarrollo

Catalogación en la fuente proporcionada por la
Biblioteca Felipe Herrera del
Banco Interamericano de Desarrollo

Los primeros años: el bienestar infantil y el papel de las políticas públicas / editado por Samuel Berlinski, Norbert Schady.

    p. cm.
    Incluye referencias bibliográficas.
    ISBN: 978-1-59782-230-5

1. Child welfare. 2. Child welfare—Latin America. 3. Child development—Latin America. 4. Children—Government policy. 5. Early childhood education—Latin America. I. Berlinski, Samuel, 1970-, editor. II. Schady, Norbert Rüdiger, 1967-, editor. III. Banco Interamericano de Desarrollo. Departamento de Investigación y Economista Jefe. IV. Título.

    HV713 .E27 2015 spa ed.
    IDB-BK-150

Copyright © 2015 Banco Interamericano de Desarrollo. Esta obra se encuentra sujeta a una licencia Creative Commons IGO 3.0 Reconocimiento-NoComercial-SinObrasDerivadas (CC-IGO 3.0 BY-NC-ND) (http://creativecommons.org/licenses/by-nc-nd/3.0/igo/legalcode) y puede ser reproducida para cualquier uso no-comercial otorgando el reconocimiento respectivo al BID. No se permiten obras derivadas.

Cualquier disputa relacionada con el uso de las obras del BID que no pueda resolverse amistosamente se someterá a arbitraje de conformidad con las reglas de la CNUDMI (UNCITRAL). El uso del nombre del BID para cualquier fin distinto al reconocimiento respectivo y el uso del logotipo del BID, no están autorizados por esta licencia CC-IGO y requieren de un acuerdo de licencia adicional.

Note que el enlace URL incluye términos y condiciones adicionales de esta licencia.

Las opiniones expresadas en esta publicación son de los autores y no necesariamente reflejan el punto de vista del Banco Interamericano de Desarrollo, de su Directorio Ejecutivo ni de los países que representa.

Banco Interamericano de Desarrollo
1300 New York Avenue, N.W.
Washington, D.C. 20577
www.iadb.org

Contenido

Lista de cuadros vii

Lista de gráficos ix

Lista de recuadros xi

Prólogo xiii

Agradecimientos xvii

Colaboradores xix

   1. La crianza de los hijos: a favor de la intervención del gobierno 1

   2. La libreta de calificaciones del desarrollo infantil 27

   3. La familia primero 59

   4. Los jardines de cuidado infantil: la calidad es lo que cuenta 95

   5. Escolarización temprana: los maestros marcan la diferencia 123

   6. La alternativa más rentable: invertir en el desarrollo infantil 153

   7. El diseño de una arquitectura institucional 185

   8. La tarea que nos ocupa: no es un juego de niños 209

Referencias bibliográficas 217

Índice 253

Lista de cuadros

Cuadro 1.1	Desarrollo de las habilidades de alfabetización	7
Cuadro 1.2	Resultados por etapa de desarrollo y ejemplos de medidas asociadas	11
Cuadro 2.1	Bajo peso al nacer	29
Cuadro 2.2	Tasa de mortalidad infantil según el nivel educativo de la madre	36
Cuadro 2.3	Desnutrición crónica según el nivel educativo de la madre	44
Cuadro 2.5.1	Sobrepeso y obesidad según el nivel educativo de la madre	46
Cuadro 3.1	Lactancia materna exclusiva, niños de 6 meses o menos	60
Cuadro 3.2	Gradientes socioeconómicos en las puntuaciones HOME	66
Cuadro 3.3	Gradientes de la educación de la madre en la estimulación en el hogar	70
Cuadro 4.1	Matriculación en los servicios de cuidado infantil brindados en centros (porcentaje)	96
Cuadro 4.2	Uso de jardines de cuidado infantil públicos y privados, por nivel educativo de la madre	101
Cuadro 4.2.1	La ITERS, el CLASS y las características de los maestros y los jardines de cuidado infantil en Ecuador	110
Cuadro 4.3	Calidad de los jardines de cuidado infantil en Bolivia y Perú	111
Cuadro 5.1	Asistencia escolar, por quintil de riqueza	126

Cuadro 5.2	Puntuaciones de las pruebas de matemáticas, por país y año	127
Cuadro 5.3	Gradientes de riqueza en las puntuaciones de matemáticas	130
Cuadro 6.1	Gasto público en los niños por grupo de edad, primera infancia e infancia intermedia	154
Cuadro 6.2	Gasto público en la primera infancia por programa (porcentaje del PIB)	158
Cuadro 6.3	Principales programas para la primera infancia	161
Cuadro 6.2.1	Parámetros de costo de los programas analizados destinados a la primera infancia	163
Cuadro 6.4	Costos anuales estimados del programa por niño, en programas alternativos (dólares de EE.UU. por niño)	165
Cuadro 6.5	Impacto de un mejor desarrollo de la primera infancia a lo largo de etapas posteriores del ciclo de vida	167
Cuadro 6.6	Impacto de las visitas domiciliarias en las habilidades cognitivas	168
Cuadro 6.7	Impacto de los jardines de cuidado infantil y la educación preescolar en las habilidades cognitivas y los logros académicos	169
Cuadro 6.8	Impacto de tres evaluaciones experimentales de la primera infancia que siguieron a los niños hasta el comienzo de la edad adulta	171
Cuadro 6.9	Tasas de beneficio-costo para las visitas domiciliarias, los jardines de cuidado infantil y el preescolar, con una tasa de descuento del 3%	175
Cuadro 6.10	Opciones de ampliación: costos adicionales simulados del programa (porcentaje del PIB)	179

Lista de gráficos

Gráfico 2.2.1	Peso al nacer, Colombia	33
Gráfico 2.1	Mortalidad infantil por 1.000 niños nacidos en América Latina y el Caribe	35
Gráfico 2.3.1	Tasa de mortalidad infantil y PIB per cápita, Honduras, 1960-2010	37
Gráfico 2.2	Mortalidad infantil, desglose poblacional, Perú	38
Gráfico 2.3	Desnutrición crónica	43
Gráfico 3.1	Duración media de la lactancia exclusiva por década y quintil de riqueza	61
Gráfico 3.2	Porcentaje de niños de 6-24 meses alimentados con productos de origen animal en las últimas 24 horas, por quintil de riqueza	63
Gráfico 3.3	Incidencia de los castigos corporales severos por país y educación de la madre	67
Gráfico 3.3.1	Pobreza en niños de entre 0 y 5 años de acuerdo con la línea de pobreza internacional	73
Gráfico 3.4	Porcentaje de mujeres que dieron a luz en un centro de salud, por década	77
Gráfico 4.1	Matriculación en los servicios de cuidado infantil brindados en centros	98
Gráfico 4.2	Matriculación en los servicios de cuidado infantil brindados en centros, según nivel educativo de la madre	100
Gráfico 4.1.1	El Sistema de Calificación para la Evaluación en el Aula, preescolar y K-3	106

Gráfico 4.3 Medidas de la Escala ITERS de Calificación del Ambiente de la Infancia Temprana sobre la calidad de los jardines de cuidado infantil, Ecuador 107

Gráfico 4.4 Medidas del Sistema de Calificación para la Evaluación en el Aula sobre la calidad de los jardines de cuidado infantil, Ecuador 108

Gráfico 5.1 Matriculación escolar, 1990-2014 124

Gráfico 5.2 Cómo emplean su tiempo en el aula los maestros 134

Gráfico 5.3 Puntuaciones por dominio del CLASS, Brasil, Chile y Ecuador 137

Gráfico 6.1 Gasto público per cápita por grupo de edad y composición por edades 157

Gráfico 6.2 Gasto público en jardines de cuidado infantil y preprimaria (porcentaje del PIB) 159

Gráfico 6.3 Gasto por niño en la primera infancia, 2004-12 (crecimiento porcentual anual) 160

Gráfico 6.4 Efectos de las visitas domiciliarias sobre las habilidades cognitivas, comparadas con los jardines de cuidado infantil 170

Gráfico 6.3.1 Participación en la fuerza laboral, América Latina y todos los países disponibles (1992-2012) 173

Gráfico 6.3.2 Participación de la mujer en la fuerza laboral por categoría educativa, promedio para América Latina (1992-2012) 174

Lista de recuadros

Recuadro 1.1	Una lección de historia: la infancia y la aparición de los derechos del niño	2
Recuadro 1.2	En la mente de un niño: la función ejecutiva	8
Recuadro 1.3	Las primeras experiencias y el desarrollo del cerebro	10
Recuadro 1.4	La medida del desarrollo infantil	12
Recuadro 2.1	Para entender las desviaciones estándar	31
Recuadro 2.2	Cambios en los nacimientos prematuros y en el peso al nacer en Colombia	32
Recuadro 2.3	La evolución de las tasas de mortalidad infantil y el PIB per cápita	36
Recuadro 2.4	Cambios en la estatura de los adultos	42
Recuadro 2.5	El aumento del problema del peso entre los niños	45
Recuadro 2.6	El debate sobre la estandarización de las puntuaciones	47
Recuadro 2.7	La importancia del lenguaje	50
Recuadro 3.1	La Escala de Observación del Entorno y Ambiente Familiar	64
Recuadro 3.2	Los castigos corporales severos: ¿cuánto daño hacen?	68
Recuadro 3.3	La evolución de la pobreza en la infancia	73
Recuadro 3.4	El impacto de los programas de transferencias en el estado nutricional del niño	74
Recuadro 3.5	El programa de la Alianza entre la Enfermera y la Familia	80
Recuadro 3.6	Una intervención híbrida para los padres en el Caribe	85
Recuadro 3.7	La belleza de un cuento antes de dormirse	86

Recuadro 4.1 El Sistema de Calificación para la Evaluación en
              el Aula   105
Recuadro 4.2 Calidad estructural y de proceso de los jardines de
              cuidado infantil en Ecuador   109
Recuadro 4.3 La licencia obligatoria por maternidad/paternidad   118
Recuadro 5.1 La variación en las puntuaciones de las pruebas:
              ¿se trata del niño o del colegio?   128
Recuadro 5.2 El valor agregado del maestro   142
Recuadro 5.3 ¿Cuánto importa la efectividad del maestro?   145
Recuadro 6.1 Brechas en los datos del presupuesto   155
Recuadro 6.2 Parámetros de costos   163
Recuadro 6.3 Las mujeres en el mercado laboral   173
Recuadro 7.1 Enfoques para analizar la arquitectura institucional
              de la prestación de servicios para la primera infancia   188
Recuadro 7.2 Chile Crece Contigo: políticas integrales para
              la primera infancia   189
Recuadro 7.3 Asociándose a favor de los niños   192
Recuadro 7.4 Los retos de la descentralización en Colombia   194
Recuadro 7.5 La formación docente en los trópicos   204

Prólogo

Pese al crecientemente complejo entorno económico al que se enfrentan los países de América Latina y el Caribe, sus gobiernos tienen una oportunidad única de invertir en uno de sus más preciados recursos: sus niños. Hay aproximadamente 50 millones de niños menores de 5 años en nuestra región que, con el tiempo, constituirán el núcleo de nuestra fuerza laboral y de nuestro liderazgo político y social. Asegurarse de que esos niños tengan las mejores oportunidades de desarrollo es una cuestión de interés colectivo, ya que nuestro futuro depende de ellos.

En este libro analizamos qué pueden hacer los gobiernos para contribuir de la mejor forma posible a que nuestros niños se desarrollen adecuadamente en sus primeros años de vida. Nuestra investigación comparte el amplio consenso hoy existente sobre los efectos positivos que tienen esas políticas e intervenciones durante los primeros ocho años de vida, y cómo pueden contribuir a que esos niños, con el tiempo, no solo sean más productivos sino también mejores ciudadanos.

En los últimos tiempos, América Latina y el Caribe ha avanzado mucho en la mejora de las condiciones de vida de la infancia. Los niños y niñas de nuestra región hoy tienen menos probabilidades que hace solo unas décadas de morir en el parto o en sus primeros años de vida. Gozan de mejor salud y nutrición. Casi todos van a la escuela. Mientras que en el año 2000, dos de cada cinco niños vivían en la pobreza, en la actualidad esa cifra se ha reducido a uno de cada cinco. A lo largo de estos últimos 20 años, el BID ha ayudado a los países a lograr este progreso concediendo más de 150 ayudas y préstamos orientados al desarrollo de la primera infancia por algo más de US$1.700 millones.

Sin embargo, como se explica en estas páginas, los niños de América Latina y el Caribe siguen sufriendo retrasos en áreas críticas como el lenguaje y las capacidades cognoscitivas. El problema comienza en los primeros cinco años de vida porque muchos de esos niños no reciben la estimulación requerida para asegurar el desarrollo adecuado. Las pruebas muestran que los niños pobres conocen menos palabras que los más ricos, y que los niños de nuestra región conocen menos palabras que los de los países más desarrollados. La consecuencia de todo ello es que muchos —demasiados— niños y niñas de la región sencillamente no están preparados cuando comienzan la escuela.

En este libro se argumenta decididamente que este déficit no es solo responsabilidad de los padres. Los gobiernos pueden —y deben— marcar una diferencia importante y positiva. Según uno de los estudios, las relativamente simples interacciones entre padres y trabajadores sociales que desde hace décadas se han estado realizando en Jamaica han permitido que los niños lograran mejores resultados en los colegios y que al llegar a la adultez tuvieran salarios más altos y menores probabilidades de caer en la delincuencia.

La inversión del gobierno en un programa de primera infancia bien elaborado, utilizando instrumentos que ya conocemos y que son sumamente efectivos, puede tener un enorme impacto en el desarrollo. Los programas para el desarrollo de la primera infancia son las bases sobre las cuales hacer otras inversiones sociales exitosas a lo largo de la vida de un individuo, especialmente de los más pobres. Invertir más en este ámbito es una de las maneras más eficaces de los gobiernos para mejorar la movilidad social.

Numerosos gobiernos ya han aumentado las inversiones en mejorar los cuidados y la atención prestada a los niños en sus primeros años de vida. Sin embargo, los datos indican que la región todavía gasta muy poco. Por ejemplo, el gasto per cápita de los gobiernos es tres veces superior en niños de entre 6 y 11 años que entre los que tienen entre 0 y 5 años. Además, las inversiones en la primera infancia tienden a estar concentradas de manera desproporcionada en infraestructura física, por ejemplo: en las instalaciones de los jardines de cuidado infantil, y se invierte menos en la capacitación y en el capital humano de los que las atienden. Las más recientes investigaciones demuestran que los retornos más altos de las inversiones pueden provenir de programas modestos que se concentren en mejorar las primeras interacciones cruciales entre los niños y los adultos, ya sean padres, maestros o cuidadores.

Por otra parte, ningún actor por sí solo puede pretender ser el único protagonista del desarrollo de las políticas de la primera infancia, lo que implica la necesidad de coordinar los múltiples actores y niveles de gobierno, un problema que, en la mayoría de los países de la región, se puede convertir en un obstáculo formidable para la mejora de la calidad de los servicios.

Por ello, el desafío consiste en asegurar que contemos con instituciones capaces de orientar las inversiones hacia programas que tengan un impacto medible en el desarrollo de la primera infancia. No es un camino fácil, pero es el camino correcto si nuestros países quieren aprovechar al máximo el potencial de sus ciudadanos.

Luis Alberto Moreno
Presidente
Banco Interamericano de Desarrollo

Agradecimientos

Desarrollo en las Américas (DIA) es la publicación insignia del Banco Interamericano de Desarrollo. Este número fue elaborado bajo la dirección de Samuel Berlinski, economista principal del Departamento de Investigación, y Norbert Schady, asesor económico principal para el Sector Social. Rita Funaro, coordinadora de publicaciones del Departamento de Investigación, estuvo a cargo de la edición general del volumen, asistida por María Fernanda Barragán-Santana, Cathleen Conkling-Shaker, Nancy Morrison y John Dunn Smith. José Juan Ruiz, economista jefe y gerente del Departamento de Investigación, y Héctor Salazar, gerente del Sector Social, aportaron orientaciones y consejos sumamente valiosos a lo largo de todo el proyecto. Santiago Levy, vicepresidente de Sectores y Conocimiento, prestó su apoyo general al proyecto.

Los autores principales de los capítulos individuales son los siguientes:

Capítulo 1   Samuel Berlinski, Luca Flabbi y Florencia López Boo
Capítulo 2   Norbert Schady
Capítulo 3   Samuel Berlinski, Florencia López Boo, Ana Pérez Expósito y Norbert Schady
Capítulo 4   M. Caridad Araujo y Norbert Schady
Capítulo 5   Yyannu Cruz-Aguayo y Norbert Schady
Capítulo 6   Edna Armendáriz, Martín Ardanaz, Jere Behrman, Julián Cristia y Diana Hincapie
Capítulo 7   M. Caridad Araujo, Yyannu Cruz-Aguayo, Analía Jaimovich y Sharon Lynn Kagan
Capítulo 8   Samuel Berlinski y Norbert Schady

Un comité científico participó en las reuniones para debatir sobre el alcance de esta publicación: Orazio Attanasio, Steve Barnett, Sharon Lynn Kagan, Michael Kramer, Jennifer LoCasale-Crouch, Andrew Prentice, Robert Slavin y Hiro Yoshikawa. Otros también revisaron capítulos específicos: Helen Baker-Henningham, Raquel Bernal, Maureen Black, Sally Grantham-McGregor, Christine Powel, Miguel Székely y Hiro Yoshikawa. Jere Behrman y Ariel Fiszbein leyeron el informe completo en más de una ocasión, y sus consejos han sido sumamente valiosos.

Numerosos investigadores participaron en la elaboración de los documentos de apoyo que sirvieron de base para este informe: Lorena Alcázar, Steve Barnett, Raquel Bernal, Daniela del Boca, Matías Busso, A. de Cavalcanti de Almeida, María Marta Ferreyra, Tomás Guanziroli, Bridget Hamre, Sadie Hasbrouck, Marcia E. Kraft-Sayre, Jane Leer, Jennifer LoCasale-Crouch, Carolina Melo, Milagros Nores, Robert Pianta, Alan Sánchez y Sara C. Schodt.

Contribuyeron a la elaboración del proyecto los siguientes asistentes de investigación: Juliana Chen, Jenny Encina, Tomás Guanziroli, Alejandra Ramos, Darío Romero y Romina Tomé. Agradecemos especialmente a Mayra Sáenz Amaguaya por su dedicación a este proyecto.

Varias personas brindaron útiles aportes en diferentes etapas de la producción de este volumen. En particular, Monserrat Bustelo, Gustavo García, Julia Johannsen, Matthew Kearney, Fabiana Machado, Sebastián Martínez, Juan Carlos Navarro, Claudia Piras, Andrew Powell, Ferdinando Regalia, Marcos Robles, Marta Rubio-Codina, Carlos Scartascini y Emiliana Vegas.

Este libro no podría haber salido a la luz sin el enorme esfuerzo y dedicación del equipo administrativo del departamento de investigación y, en particular, de Mónica Bazán, Myriam Escobar-Genes, Ana Lucía Saettone, Mariela Semidey y Federico Volpino.

La traducción y edición al español han estado a cargo de Alberto Magnet y Claudia M. Pasquetti, respectivamente.

Las ideas y opiniones expresadas en esta publicación pertenecen a los coordinadores del proyecto y a los autores de los capítulos correspondientes, y no reflejan necesariamente la posición del Banco Interamericano de Desarrollo ni de su Directorio Ejecutivo de ninguna forma.

Colaboradores

M. Caridad Araujo, ciudadana de Ecuador, posee un Doctorado en Economía Agrícola y de los Recursos Naturales de la Universidad de California, Berkeley. Es economista líder en la División de Protección Social y Salud del Banco Interamericano de Desarrollo.

Martín Ardanaz, ciudadano de Argentina, posee un Doctorado en Ciencias Políticas de la Universidad de Columbia. Es especialista en la División de Gestión Fiscal y Municipal del Banco Interamericano de Desarrollo.

Edna Armendáriz, ciudadana de México, posee un Doctorado en Economía Internacional de la Universidad de Cambridge, Reino Unido. Es economista fiscal líder en la División de Gestión Fiscal y Municipal del Banco Interamericano de Desarrollo.

Jere R. Behrman, ciudadano de Estados Unidos, posee un Doctorado en Economía del Massachusetts Institute of Technology. Es profesor de Economía y Sociología de la cátedra William R. Kenan, Jr. en la Universidad de Pensilvania.

Samuel Berlinski, ciudadano de Argentina, posee un Doctorado en Economía de la Universidad de Oxford, Nuffield College. Es economista líder en el Departamento de Investigación del Banco Interamericano de Desarrollo.

Julián Cristia, ciudadano de Argentina, posee un Doctorado en Economía de la Universidad de Maryland en College Park. Es economista líder en el Departamento de Investigación del Banco Interamericano de Desarrollo.

Yyanu Cruz-Aguayo, ciudadana de México, posee un Doctorado en Economía de la Universidad de Maryland en College Park. Es especialista en Economía en el Sector Social del Banco Interamericano de Desarrollo.

Luca Flabbi, ciudadano de Estados Unidos e Italia, posee un Doctorado en Economía de la Universidad de Nueva York. Es economista investigador sénior en el Departamento de Investigación del Banco Interamericano de Desarrollo.

Diana Hincapie, ciudadana de Colombia, posee un Doctorado en Políticas Públicas de la Universidad George Washington. Es asociada sénior de Educación en la División de Educación del Banco Interamericano de Desarrollo.

Analía Jaimovich, ciudadana de Argentina, posee una Maestría en Política Educativa y en Educación de las Universidades de Harvard y Cambridge. Es especialista en educación en la División de Educación del Banco Interamericano de Desarrollo.

Sharon Lynn Kagan, ciudadana de Estados Unidos, posee un Doctorado en Educación del Teachers College, Universidad de Columbia. Es profesora de la cátedra Virginia y Leonard Marx de Políticas para el Desarrollo Infantil y para la Familia en el Teachers College de la Universidad de Columbia.

Florencia López Boo, ciudadana de Argentina, posee un Doctorado en Economía de la Universidad de Oxford. Es economista sénior en la División de Protección Social y Salud del Banco Interamericano de Desarrollo.

Ana Pérez Expósito, ciudadana de México, posee un Doctorado en Nutrición de la Universidad de California, Davis. Es especialista en la División de Protección Social y Salud del Banco Interamericano de Desarrollo.

Norbert Schady, es ciudadano de Alemania, posee un Doctorado en Políticas Públicas de la Universidad de Princeton. Es asesor económico principal para el Sector Social del Banco Interamericano de Desarrollo.

1 La crianza de los hijos: a favor de la intervención del gobierno

Según el diccionario Merriam-Webster, el bienestar es "un estado de felicidad, salud y prosperidad". Este libro se centra en el bienestar de los niños durante los primeros años de vida, desde la concepción hasta aproximadamente los 9 años. Los científicos de los campos de la biología, la psicología y la economía tienen una clara visión de los factores (y trayectorias) que definen a un niño feliz, sano y potencialmente próspero, factores que se abordarán en este capítulo. Lo que resulta más difícil es precisar cómo debería ser la crianza de los niños para lograr esos resultados y quiénes deberían tomar parte en ese proceso. ¿Por qué los gobiernos deberían participar directamente en moldear el bienestar de los niños?

Un primer motivo es que los niños tienen una identidad legal y un conjunto de intereses diferentes de los de sus padres que vale la pena proteger. Esta concepción de los derechos del niño es relativamente nueva pero ampliamente aceptada. La Convención sobre los Derechos del Niño de las Naciones Unidas es el tratado de derechos humanos más ampliamente ratificado, y ha sido firmado por 194 países. Sin embargo, históricamente, los programas sociales han adoptado el enfoque de las necesidades, de acuerdo con el cual los niños son beneficiarios de las políticas y los gobiernos actúan por un principio de mecenazgo y caridad (véase el recuadro 1.1). En cambio, el enfoque de los derechos los reconoce como individuos con derechos legales iguales ante cualquier ley o política.

Un segundo motivo para la intervención del gobierno es que los niños que progresan durante los primeros años de vida de acuerdo con pautas de desarrollo esperadas tienen una mayor probabilidad de convertirse en

RECUADRO 1.1. UNA LECCIÓN DE HISTORIA: LA INFANCIA Y LA APARICIÓN DE LOS DERECHOS DEL NIÑO

El concepto de infancia ha variado bastante a lo largo del tiempo y entre culturas. El primer estudio moderno sobre la historia de la infancia ha sido el libro de Philippe Ariès, *El niño y la vida familiar bajo el antiguo régimen*, publicado en 1960. En estas influyentes páginas, Ariès sostiene que el término "niño" comenzó a desarrollar su significado actual entre los siglos XVII y XX.

En la sociedad moderna, se suele aceptar que la "niñez" es una etapa de la vida que se caracteriza por ciertos rasgos que la diferencian de la infancia y la edad adulta. En la sociedad medieval, los niños a los 7 años actuaban —y eran tratados— como versiones más pequeñas de los adultos de su entorno. Se les introducía en un mundo adulto a una edad muy temprana, tanto a través del trabajo como de la explotación sexual.

El estatus moderno del niño se relaciona con la disminución de la mortalidad infantil, los cambios en el sistema educativo, y la aparición de una unidad familiar aislada y separada. Durante la mayor parte de la historia humana, una proporción significativa de niños no sobrevivía para llegar a la edad adulta. Ariès (1962) sostiene que las altas tasas de mortalidad influían en los sentimientos de indiferencia emocional de los padres. Estas actitudes fueron cambiando a medida que las probabilidades de supervivencia aumentaban.

El énfasis en la importancia de la educación se generalizó durante el siglo XVIII, gracias a la visión de la Ilustración de que los niños debían ser instruidos para convertirse en buenos ciudadanos. El desarrollo de la escolarización y su ampliación e intensificación progresiva fueron esenciales para definir una nueva idea de la niñez, porque la escuela ofrecía una fase de transición entre la infancia y la edad adulta (Clarke 2004).

Un antecedente primordial de la protección infantil fue la Ley de Alivio de la Pobreza (1601) de la Inglaterra isabelina, que determinaba que los niños pobres eran responsabilidad de cada parroquia. Entre otras cosas, la ley establecía que los niños pobres se convirtieran en aprendices. Así, durante los siguientes tres siglos en el Reino Unido los supervisores parroquiales de los pobres asumieron la responsabilidad de velar por el bienestar de los niños cuando los padres no podían o estaban ausentes.

Si bien durante el siglo XVIII emergió una nueva noción de infancia, el proceso de industrialización intensificó la explotación de numerosos niños. A pesar de que en la sociedad preindustrial estos siempre habían trabajado, el surgimiento del sistema industrial empeoró las cosas: muchas de las tareas que realizaban eran peligrosas y las condiciones laborales, insalubres. Esta situación condujo a una noción relativamente nueva durante el siglo XIX: el niño como objeto de compasión o de la filantropía.

Un grupo creciente de reformadores, alarmados ante las condiciones en que los niños trabajaban en las fábricas, procedieron a aprobar una legislación que contro-

(continúa en la página siguiente)

> **RECUADRO 1.1** *(continuación)*
>
> laría estas prácticas. Incluso en la atmósfera de *laissez faire* de la Inglaterra victoriana, se reconocía que la infancia era un período de la vida que requería protección y que era adecuado que el Estado interviniera a favor de los niños (Lowe 2004). Quizá fuera esta la primera vez que el Estado aceptaba la responsabilidad última de proteger el bienestar de los niños.
>
> Hacia finales del siglo XIX, si bien la vida de la mayoría de los niños todavía estaba dominada por la pobreza y la enfermedad, la idea de los niños como objeto de la elaboración de políticas se había enraizado firmemente, allanando el camino para que el siglo XX se convirtiera —como señaló Ellen Key en su libro de 1909— en "el siglo de los niños". En su libro, Key imagina al siglo XX como un período de intensa atención centrada en los derechos, la educación y el bienestar de los niños.
>
> Precisamente, durante el siglo pasado surgió una clara visión de que el bienestar de los niños no es solo responsabilidad de la familia: se los considera cada vez más como una responsabilidad del Estado, que interviene en su educación, su salud y su crianza a fin de mejorar el bienestar nacional mediante la formación de sus futuros ciudadanos.
>
> Este cambio de paradigma se refleja en algunos hitos en los derechos de los niños. En 1924 la Sociedad de las Naciones aprobó la Declaración de Ginebra sobre los Derechos del Niño. Se trata del primer texto histórico (no vinculante) que reconoce derechos específicos a los niños. En 1946 se creó el Fondo de las Naciones Unidas para la Infancia (UNICEF). Después de la Declaración de los Derechos del Niño en 1959, la infancia se convirtió en un tema central de los programas de cooperación internacional y los niños comenzaron a ser considerados titulares de derechos. En 1989, 140 países firmaron la Convención sobre los Derechos del Niño.[a]
>
> ---
>
> [a] La Convención se basa en los siguientes cuatro principios: i) se aplica a todos los niños sin discriminación de ningún tipo (Artículo 2); ii) la principal consideración en todas las actuaciones en relación con los niños es lo que más conviene al niño (Artículo 3); iii) todos los niños tienen un derecho inherente a la vida, la supervivencia y el desarrollo (Artículo 6); y iv) los niños tienen derecho a que se respeten sus opiniones de acuerdo con su edad y madurez (Artículo 12).

ciudadanos productivos. Invertir en el bienestar de un niño genera retornos a largo plazo e influye en la prosperidad y viabilidad de la sociedad en el futuro. Sin embargo, es comprensible que las familias estén más preocupadas por sus necesidades actuales que las de la sociedad del mañana. El peligro de enfocar la crianza con un sesgo mucho más marcado hacia las necesidades del presente que las del futuro es otro motivo por el que las políticas públicas pueden tener un importante rol que desempeñar en el bienestar de los niños.

El desarrollo del niño: un largo y sinuoso camino

Las bases del bienestar infantil se sientan mucho antes del nacimiento. Durante el embarazo, el feto se desarrolla a través de diversos procesos. En el primer trimestre tiene lugar la formación y diferenciación de los órganos. En el segundo se produce una adaptación celular importante, y el feto aumenta de tamaño. Por último, durante el tercer trimestre los sistemas y órganos maduran y se preparan para la vida fuera del vientre materno (Mullis y Tonella 2008).

El proceso del desarrollo infantil comienza una vez que nace el bebé, y abarca "los cambios psicológicos y biológicos que acontecen a medida que un niño vive la transición desde ser un infante pequeño dependiente hasta convertirse en un adolescente autónomo" (Fernald et al. 2009). Estos cambios comprenden el desarrollo físico (tamaño, forma y madurez física del cuerpo, incluidas las aptitudes y la coordinación físicas), el lenguaje y la comunicación (aprendizaje y uso de la lengua), las habilidades cognitivas (la capacidad de razonar, solucionar problemas y organizar ideas) y las habilidades socioemocionales (adquirir un sentido de sí mismo y la capacidad de sentir empatía, expresar sentimientos e interactuar con otros).

El desarrollo infantil no es un proceso lineal en el que los resultados cambian o avanzan fácilmente de una etapa a la siguiente. Más bien, el desarrollo se acelera y se desacelera en diferentes edades y etapas. Sin embargo, dicho proceso es acumulativo, y los acontecimientos ocurren durante períodos predecibles. El resultado es que la falta de desarrollo en ciertos aspectos o en ciertos puntos en el tiempo puede tener consecuencias permanentes y afectar el bienestar de un individuo a lo largo de toda su vida. El debate que sigue proporciona ejemplos de cómo este proceso acumulativo y no lineal se despliega en el plano de numerosos resultados relacionados con el bienestar y el desarrollo infantil.

Desarrollo físico. El rápido crecimiento corporal vivido durante la primera infancia se refleja en diversas medidas antropométricas que comprenden la longitud/estatura por edad, el peso por edad y la circunferencia de la cabeza. Estas medidas representan marcadores clave del crecimiento fisiológico y suelen utilizarse como valores aproximados del bienestar. La Organización Mundial de la Salud (OMS) ha creado estándares internacionales que evalúan el crecimiento y desarrollo de un niño desde su nacimiento hasta los 5 años.[1] En general, los niños crecen muy rápidamente en los primeros seis meses de vida. Al nacer, el tamaño medio de los niños[2] es de 49,5 cm de largo; el peso es de 3,25 kilos y la circunferencia de la cabeza es de 34,2 cm.³ El crecimiento se acelera durante los dos primeros meses de vida y a partir de ese momento sigue a un ritmo decreciente.

Los estudios han demostrado que el peso, la estatura y la circunferencia de la cabeza, así como el patrón de crecimiento, sobre todo durante el período de crecimiento intrauterino y de los dos primeros años de vida, son buenos predictores de resultados posteriores a lo largo de la vida. El crecimiento gestacional lento y la baja estatura en relación con la edad de la primera infancia predicen baja estatura en la edad adulta (Victora et al. 2008).⁴ Los estudios longitudinales efectuados en los países en desarrollo indican que la falta de crecimiento en los dos primeros años de vida se asocia con resultados deficientes en las áreas cognitivas y educativas (Hoddinott et al. 2013).

El proceso de desarrollo físico también incluye las habilidades motrices (la capacidad de controlar el uso de los músculos). Primero, los niños aprenden a sentarse sin apoyo. A esto suele seguirle la capacidad de gatear, ponerse de pie sin ayuda, caminar sin ayuda, permanecer de pie y, por último, caminar solo (Estudio Multicéntrico del Patrón de Crecimiento de la OMS). Los niños adquieren estas capacidades de desarrollo durante períodos predecibles.⁵ Por ejemplo, la mayoría aprende a sentarse sin apoyo entre los 4 y los 9 meses, y pueden caminar solos a los 17 meses.

Lenguaje/comunicación. El desarrollo del lenguaje del niño comienza mucho antes de que pronuncie su primera palabra (Bloom 1998), y avanza de diferentes maneras de un año a otro. Los niños pueden balbucear entre los 2 y los 4 meses, emiten ruidos e intentan sonidos nuevos y diferentes entre los 4 y los 6 meses. Señalan y gesticulan alrededor de los 12 meses y pronuncian sus primeras palabras y frases en los primeros dos años. Por último, su vocabulario experimenta un aumento explosivo entre los 2 y los 3 años (Woodward y Markman 1998). Entre los 3 y los 4 años, producen frases completas, son capaces de cantar rimas y su pronunciación es lo suficientemente clara como para que se les entienda. Durante el período preescolar, los indicadores del desarrollo del lenguaje abarcan la producción y comprensión de palabras, la capacidad para contar historias e identificar letras y la familiaridad con los libros.

La lectura es un reto complejo del desarrollo relacionado con otros procesos del desarrollo, entre ellos: la atención, la memoria, el lenguaje y la motivación (Snow, Burns y Griffin 1998). Las pruebas estandarizadas del vocabulario de los niños y de su conocimiento de las letras escritas y de molde al comienzo del colegio son buenos predictores de sus logros en lectura a lo largo de la infancia (Powell y Diamond 2012; Wasik y Newman 2009). En el cuadro 1.1

se presenta un ejemplo del proceso acumulativo que conduce al desarrollo de habilidades de alfabetización desde el nacimiento hasta tercer grado.

Destrezas cognitivas. Entre las destrezas cognitivas se incluyen las capacidades analíticas, la solución de problemas, la memoria y las primeras habilidades matemáticas (Johnson 1998). Cuando los niños responden a su propio nombre, alrededor de los 12 meses, y aprenden a apilar o encajar objetos, entre los 15 y los 18 meses, están desarrollando de manera adecuada sus capacidades cognitivas. A los 3 años, la mayoría de los niños es capaz de solucionar rompecabezas sencillos, haciendo coincidir colores y formas, y también demuestra tener conciencia de conceptos como "más" y "menos" (Kuhn y Siegler 1998). El desarrollo cognitivo en la edad escolar se asocia con el conocimiento de las letras y los números, con la capacidad de retener información y con el conocimiento de información básica, como el propio nombre y la dirección. Las pruebas estandarizadas de razonamiento, solución de problemas, memoria y habilidades matemáticas al comienzo de la escuela constituyen indicadores fiables del desarrollo cognitivo de los niños y son predictores robustos de las puntuaciones que tendrán a lo largo de la escuela primaria y secundaria (Duncan et al. 2007 y Duncan 2011).

¿Cómo controlan y coordinan los seres humanos sus operaciones cognitivas? Hay un concepto relativamente nuevo en neuropsicología: el de función ejecutiva (la capacidad de controlar los impulsos, emprender una actividad, mantener la atención y persistir en hacer algo y en el logro de objetivos), que intenta abordar este aspecto. La función ejecutiva es un factor determinante fundamental de cuán adecuadamente los niños se adaptan y aprenden en la escuela. En el recuadro 1.2 se describen el concepto y la forma de medir sus componentes.

Habilidades socioemocionales. Durante los dos primeros años de vida, los niños saben si sus cuidadores les responden y cuánto pueden confiar en ellos. Las relaciones receptivas y sensibles con quienes los cuidan son esenciales para enseñar a los niños a confiar en otros y a lidiar efectivamente con la frustración, el miedo, la agresión y otras emociones negativas (Thompson y Raikes 2007). Los niños pequeños y los bebés sanos manifiestan su apego preferencial a sus cuidadores: reconocen los rostros de sus padres entre la primera y la cuarta semana de vida; sonríen a las cuatro o cinco semanas, responden a las voces de sus padres alrededor de los 7 meses y manifiestan sus deseos entre los 7 y los 15 meses. También se muestran inclinados a explorar objetos y espacios nuevos, y son capaces

Cuadro 1.1 Desarrollo de las habilidades de alfabetización

Reconoce libros concretos por la tapa	Sabe que las letras del alfabeto son una categoría especial de grafías que pueden nombrarse individualmente	Reconoce las partes de un libro y sus funciones	Comienza a leer en voz alta con precisión	Utiliza su conocimiento de la correspondencia letra-sonido para pronunciar palabras desconocidas	Lee en voz alta fluidamente y comprende cualquier texto destinado a su curso
Finge leer libros	Reconoce rótulos cotidianos de carácter local	Comienza a seguir la letra impresa cuando escucha la lectura de un texto conocido	Utiliza su conocimiento de la correspondencia entre letras y sonidos para pronunciar palabras desconocidas	Lee y comprende ficción y no ficción destinada a su nivel escolar	Lee por sí solo libros más largos con capítulos
Escucha los cuentos	Utiliza vocabulario nuevo en su propia habla	Reconoce y puede nombrar las letras mayúsculas y minúsculas	Puede deletrear adecuadamente palabras cortas	Muestra evidencia de la ampliación del repertorio del lenguaje, lo que incluye el uso creciente de registros de lenguaje más formal	Resume los principales puntos de textos de ficción y no ficción
Hace comentarios sobre los personajes de los libros	Entiende y responde a instrucciones verbales de múltiples pasos	Aprende la correspondencia entre la mayoría de las letras y los sonidos	Utiliza una puntuación y letras mayúsculas básicas	Relaciona y compara la información entre textos	Deletrea correctamente palabras previamente estudiadas
Comienza a escribir garabatos deliberadamente	Demuestra interés en la lectura	Responde correctamente preguntas acerca de los cuentos leídos en voz alta	Crea sus propios textos por escrito para que los lean otros	Con ayuda organizacional, escribe informes fundamentados y bien estructurados	Con ayuda, sugiere e implementa la edición y revisión para clarificar y afinar su propia escritura
	Escribe mensajes como parte de una actividad lúdica, utilizando formas parecidas a las letras	Escribe mensajes con una ortografía inventada			

Fuente: Elaboración propia.

RECUADRO 1.2. EN LA MENTE DE UN NIÑO: LA FUNCIÓN EJECUTIVA

La función ejecutiva comprende un conjunto de destrezas auto-regulatorias que implican diversas partes del cerebro, sobre todo la corteza prefrontal. El concepto proviene de la investigación neuropsicológica de los años ochenta y noventa, que estudiaba las consecuencias de los daños en los lóbulos frontales. La función ejecutiva comienza a desplegarse a edad muy temprana pero cambia drásticamente en la primera infancia a medida que se desarrolla el lóbulo frontal (Anderson 1998).

Estas habilidades son diferentes de la cognición o de la adquisición de información, como el incorporar vocabulario (Jurado y Rosselli 2007).[a] Aunque se han presentado distintas definiciones de función ejecutiva y de cómo medirla, cada vez más se considera que dicha función comprende tres grandes aspectos: el control inhibitorio, la memoria de trabajo y la flexibilidad cognitiva. A veces, se añade la atención como un aspecto separado.

El control inhibitorio se refiere a la capacidad de suprimir los comportamientos impulsivos y resistir las tentaciones. La memoria de trabajo alude a la capacidad de conservar, actualizar y manipular información verbal o no verbal en la mente durante breves períodos. La flexibilidad cognitiva se relaciona con la capacidad de desplazar la atención entre tareas o reglas alternativas. La atención es la capacidad para centrarse y no hacer caso de estímulos externos, razón por la cual a menudo se incluye en el mismo grupo que la memoria de trabajo.

En los niños mayores de 2 años, los procesos más habitualmente citados como medibles son: la memoria de trabajo (por ejemplo, conservar por un breve período información en la mente, como una serie de números); la inhibición de la conducta o responder según lo demanden la situación o la tarea (como no abrir una caja antes de que suene una campana) y prestar atención cuando se le requiere, o ser capaz de desplazar la atención según sea necesario (por ejemplo, trasladar la atención del color de un estímulo a la forma del estímulo) (Carlson 2005).

Los diferentes componentes de la función ejecutiva se pueden medir por separado y en distintas edades, pero el aspecto más importante que hay que evaluar es la capacidad de coordinarlas y solucionar un problema o alcanzar un objetivo (Welsh, Friedman y Spieker 2006). La función ejecutiva es un predictor esencial de las trayectorias de aprendizaje de los niños y de los resultados a largo plazo, también en el mercado laboral (Moffitt et al. 2011; Séguin y Zelazo 2005).

---

[a] La función ejecutiva suele clasificarse como una subcategoría dentro de las habilidades cognitivas, aunque abarca los aspectos cognitivo y socioemocional. Los procesos de función ejecutiva más cognitivos han sido denominados procesos "fríos" (recordar reglas arbitrarias). Los procesos de función ejecutiva "cálidos" describen los aspectos más emocionales de la función ejecutiva, esto es: los relacionados con la inhibición o la postergación de la gratificación (Hongwanishkul et al. 2005).

de manipular un juguete a los 4 meses, jugar a la pelota con un cuidador alrededor de los 10 meses, alimentar una muñeca a los 12 meses y participar en juegos de mesa a los 32 meses. Por último, disfrutan iniciando y respondiendo a las interacciones sociales, como decir adiós con la mano a los 7 meses; imitando actividades y bebiendo de una taza a partir de los 9 meses; ayudando en la casa, utilizando un tenedor/cuchara y quitándose la ropa entre el primer y segundo año, y cepillándose los dientes, lavándose y secándose las manos entre los 18 y los 24 meses.

Durante el período preescolar, el desarrollo social y emocional se amplía para incluir la competencia social de los niños (cómo se relacionan con otros niños, maestros y adultos), el manejo de la conducta (la capacidad para responder a instrucciones y cooperar en lo que se les pide), la percepción social (la capacidad de identificar pensamientos y sentimientos en sí mismos y en los demás) y las habilidades auto-regulatorias (control emocional y conductual, sobre todo en situaciones de estrés). Todas estas destrezas son cruciales para el éxito de los niños en el colegio (Thompson y Raikes 2007) y a lo largo de la vida.[6]

El cerebro desempeña un rol fundamental en el proceso del lenguaje, la cognición, y el desarrollo motor y emocional. En los últimos 50 años, la neurociencia ha efectuado numerosos descubrimientos sobre el desarrollo del cerebro, pero aún queda mucho por explorar. Aunque las conexiones entre la neurociencia y las políticas públicas dirigidas a niños son todavía escasas, en el recuadro 1.3 se describen algunos hechos básicos sobre el desarrollo del cerebro y el rol crucial de las primeras experiencias en el mismo.

Medición de los resultados del desarrollo infantil. El cuadro 1.2 muestra algunos resultados medibles del desarrollo infantil, e incluye ejemplos de los instrumentos más ampliamente utilizados. Las evaluaciones sobre el desarrollo infantil suelen basarse en los cuatro aspectos enunciados anteriormente: el desarrollo físico, el lenguaje/comunicación, las destrezas cognitivas y las habilidades socioemocionales. Sin embargo, no hay acuerdo sobre la existencia de una única medida para evaluar el desarrollo de un niño (como, por ejemplo, las puntuaciones estandarizadas de estatura por edad para el desarrollo físico); por lo tanto, el cuadro presenta los instrumentos más empleados en la literatura especializada (entre paréntesis). Por ejemplo, el Test de Vocabulario en Imágenes Peabody (TVIP) es una prueba validada y ampliamente usada para medir el lenguaje en los niños, mientras que las Escalas Bayley de Desarrollo

RECUADRO 1.3. LAS PRIMERAS EXPERIENCIAS Y EL DESARROLLO DEL CEREBRO

En el instante del parto, el cerebro del bebé aún no ha completado su desarrollo, aunque su estructura (que está determinada genéticamente) ya esté formada. Al momento del nacimiento, el cerebro humano tiene un conjunto mínimo de conexiones y de sendas neuronales. En los primeros tres años de vida, las sinapsis se producen de forma muy rápida y eficaz. A los 2 años, el número de sinapsis ha alcanzado la cantidad habitual de un adulto; a los 3 años dichas sinapsis (aproximadamente 1.000 billones) equivalen al doble de las de un cerebro adulto. Esta cantidad se mantiene hasta cerca de los 10 años, momento en el cual la densidad sináptica del cerebro comienza a disminuir. Hacia el final de la adolescencia, quedan solo 500 billones de sinapsis.

El desarrollo del cerebro se puede considerar como un proceso de producción y eliminación de sinapsis. En los primeros tres años de vida, la producción es superior a la eliminación; durante el resto de la primera década de vida, ambos fenómenos alcanzan un cierto equilibrio, y al comenzar la adolescencia la eliminación se convierte en el proceso dominante (Bedregal y Pardo 2004).

En el proceso de producir y eliminar sinapsis, la interacción de un individuo con su entorno desempeña un rol central (reacción a los estímulos; recolección, procesamiento y almacenamiento de información) (Fox, Levitt y Nelson 2010). Al parecer, la actividad cerebral se rige por patrones neuronales genéticamente configurados, mientras que los detalles de esos patrones (la cantidad y el tipo de conexiones sinápticas) están en gran parte determinados por la interacción con el entorno (Greenough, Black y Wallace 1987). El cerebro es capaz de modificar su organización y sus funciones según la experiencia, habilidad que se conoce con el nombre de plasticidad cerebral (Greenough, Black y Wallace 1987; Masten y Coastworth 1998). Cuando un estímulo activa una senda neuronal, todas las sinapsis que componen esa senda reciben y almacenan una señal química, y se verán fortalecidas por la repetición de esa señal entrante. Cuando la señal supere un cierto umbral (que varía según el área del cerebro), esa sinapsis quedará exenta de eliminación. De la misma manera, las sinapsis que no reciben suficiente refuerzo por parte del estímulo son susceptibles de ser eliminadas. Cuando se exponen a condiciones estimulantes, las diferentes regiones de la corteza cerebral aumentan su tamaño (mediante el número creciente de dendritas en cada neurona); cuanto más prolongado sea el estímulo, mayor será el crecimiento de las dendritas en cada neurona y mayores serán los árboles de dendritas. La plasticidad cerebral es particularmente alta durante la primera década de vida. Después, la densidad sináptica disminuye.

Algunas investigaciones neurológicas recientes (Weaver et al. 2004; Rommeck et al. 2009, 2011; Nelson, Fox y Zeanah 2014) sugieren que los cuidados cálidos y estimulantes que se proporcionan a un niño tienen un profundo impacto en el desarrollo del cerebro por la vía del incremento de las conexiones y de los patrones neuronales. Por ejemplo, una investigación sobre huérfanos recogidos en instituciones de

(continúa en la página siguiente)

RECUADRO 1.3. *(continuación)*

Rumania ha demostrado que un descuido profundo y prolongado en la temprana infancia se asocia con un menor coeficiente intelectual y una diversidad de enfermedades psiquiátricas (entre ellas el Trastorno por Déficit de Atención e Hiperactividad [TDAH] y problemas de conducta). Entre estos niños, los que fueron entregados tempranamente a hogares de acogida mostraron mejoras sustanciales en comparación con aquellos que permanecieron bajo los cuidados institucionales, aunque en general no llegaron a alcanzar el nivel de otros niños que nunca habían estado en una institución (Nelson, Fox y Zeanah 2014; Rutter y ERA Study Team 1998).

Cuadro 1.2 Resultados por etapa de desarrollo y ejemplos de medidas asociadas

Prenatal/natal/neonatal	Primera infancia
• Desarrollo fetal (semanas de gestación, peso al nacer, estatura al nacer y circunferencia de la cabeza). • Morbilidad y mortalidad de los recién nacidos.	• Morbilidad y mortalidad de los bebés y niños. • Desarrollo físico (longitud/estatura por edad, peso por edad y circunferencia de la cabeza). • Desarrollo cognitivo (por ejemplo, Escalas Bayley de Desarrollo Infantil [BSID], Escalas de Wechsler, Prueba de Tamizaje del Desarrollo de Denver). • Desarrollo del lenguaje (Test de Vocabulario en Imágenes Peabody, TVIP). • Función ejecutiva (por ejemplo, pruebas de inhibición, memoria de trabajo, atención). • Motricidad fina y gruesa (por ejemplo, Cuestionarios de Edades y Etapas [ASQ], BSID, Prueba de Tamizaje del Desarrollo de Denver). • Desarrollo socioemocional (por ejemplo, Prueba de Tamizaje del Desarrollo de Denver, BSID). • Aprendizaje y rendimiento escolar (por ejemplo, puntuaciones de pruebas estandarizadas de logros en matemáticas y alfabetización).

Fuente: Elaboración propia.

Infantil miden los resultados de cognición, lenguaje, y habilidades motrices y socioemocionales. En el recuadro 1.4 se proporcionan más detalles de cada instrumento.

Las experiencias infantiles: las historias que moldean la persona

Cuando los seres humanos se convierten en embriones, se determina el conjunto de su estructura genética. Los individuos acaban siendo la consecuencia de la interacción entre dicha estructura y sus experiencias a lo largo de la vida. En unos pocos casos, las experiencias vitales no influyen en ciertos rasgos importantes, como el sexo. Sin embargo, en la mayoría

RECUADRO 1.4. LA MEDIDA DEL DESARROLLO INFANTIL

Se han diseñado numerosos instrumentos para medir el desarrollo infantil. Las pruebas de desarrollo infantil se pueden dividir en dos grandes categorías:

a. Las pruebas diagnósticas se diseñan para proporcionar una evaluación detallada del nivel de desarrollo de un niño. Estas se caracterizan por sus propiedades psicométricas de sensibilidad (y especificidad), lo cual significa que identifican (y descartan) con precisión a niños en situación de riesgo (no en situación de riesgo) de retraso en el desarrollo. También se caracterizan por sus propiedades de validez (validez de apariencia, concurrente y predictiva) y fiabilidad (consistencia interna, test-retest). Este tipo de pruebas es administrado por psicólogos especializados que tienen formación en el uso de estos instrumentos. Suelen ser extensas y combinan la observación directa de los niños con informes de los padres. Las Escalas Bailey de desarrollo del bebé y del niño pequeño o el Inventario de Desarrollo de Battelle en su forma completa constituyen ejemplos de pruebas diagnósticas que han sido administradas a grandes muestras de evaluación en países como Chile, Colombia, México y Perú.

b. Las pruebas de detección están diseñadas para identificar a niños en situación de riesgo y, por lo tanto, sus propiedades se centran más en su sensibilidad que en su especificidad. Clínicamente, se las suele usar como una primera etapa en un proceso de diagnóstico del desarrollo. Son más fáciles de administrar y contienen menos ítems que las pruebas diagnósticas. Tienden a valerse más de los informes de los padres que de la observación directa del niño. El Cuestionario de Edades y Etapas, la Prueba de Detección del Inventario de Desarrollo de Battelle, la Prueba de Tamizaje del Desarrollo de Denver, la escala de Nelson Ortiz y la Prueba Nacional de Pesquisa (Prunape) son ejemplos de pruebas de detección que han sido administradas a grandes muestras de evaluación en Argentina, Brasil, Colombia, Ecuador, Honduras, México, Nicaragua y Perú.

Las pruebas de desarrollo a menudo evalúan múltiples dimensiones del desarrollo infantil, como la cognición, el lenguaje receptivo y expresivo, el desarrollo motor fino y grueso, el desarrollo socioemocional y las conductas adaptativas. Esto es lo que ocurre con pruebas como la de Bailey, Battelle, Denver o el Cuestionario de Edades y Etapas. También hay pruebas diseñadas para centrarse en un ámbito particular del desarrollo. Por ejemplo, los Inventarios McArthur de Desarrollo Comunicativo están diseñados para evaluar el lenguaje receptivo y expresivo en niños menores de 3 años; el Cuestionario de Capacidades y Dificultades es una prueba de detección de problemas de conducta (conducta emocional, de atención, comportamental, relacional y prosocial) para niños a partir de los 3 años.

No hay acuerdo sobre cuál es la mejor prueba de desarrollo infantil. La elección de una prueba depende de numerosos elementos, entre otros: el propósito y la escala de la medida, la edad del niño y los recursos disponibles (tiempo, dinero y personal) para llevarla a cabo. Las pruebas diagnósticas han sido administradas en grandes muestras como parte de evaluaciones cuyo objetivo es medir el impacto

(continúa en la página siguiente)

RECUADRO 1.4. *(continuación)*

de los programas. Las pruebas de detección también han sido añadidas a las encuestas de hogares para medir el impacto de las intervenciones de políticas. Agregadas a nivel de la clase, también se han utilizado las puntuaciones de las pruebas de detección para monitorear la calidad del proveedor. No todas las pruebas de desarrollo están diseñadas para cubrir los mismos rangos de edades. Las Escalas Bailey se pueden utilizar desde el nacimiento hasta los 42 meses, mientras que la de Battelle cubre a niños hasta los 7 años, el Cuestionario de Edades y Etapas hasta los 5 años y el de Denver hasta los 6 años.

---

de los casos el camino es sumamente incierto y depende en gran medida de las experiencias de vida.

Cada vez más la evidencia causal señala que las primeras experiencias a menudo tienen efectos persistentes, duraderos y significativos en un amplio conjunto de resultados esenciales de la juventud y la edad adulta. En primer lugar, los países en desarrollo tienen escasos mecanismos para lidiar con el riesgo y las crisis ambientales y económicas —como las inclemencias climáticas, la incidencia de epidemias o los conflictos armados—, y esto puede generar efectos duraderos y negativos sobre todo por su impacto en la nutrición.[7] Por ejemplo, Maccini y Yang (2009) estudian el efecto de las precipitaciones en Filipinas; Almond (2006) analiza el impacto persistente de la gripe española de 1918 en Estados Unidos; y Akresh et al. (2012) examinan el efecto del crecimiento durante la guerra civil en Nigeria.

En segundo lugar, el comportamiento de los padres, lo que ocurre en los jardines de cuidado infantil y las primeras experiencias escolares (todos temas centrales de este libro) también tienen impactos duraderos. Por ejemplo, en un seguimiento de 20 años (Gertler et al. 2014) de un experimento aleatorio realizado en Jamaica donde se alentó a las madres de niños desnutridos a jugar con sus hijos de entre 9 y 24 meses, se llegó a la conclusión de que los niños que eran receptores de la intervención de estimulación eventualmente tenían ingresos aproximadamente un 25% más altos que los niños del grupo de control.[8] Los hijos de familias de bajos ingresos que en los años setenta fueron asignados aleatoriamente a jardines de cuidado infantil de alta calidad en Chapel Hill, Carolina del Norte, Estados Unidos (Campbell et al. 2001; 2014) demostraron menos probabilidades de abandonar la escuela y más probabilidades de empezar su formación universitaria de cuatro años de duración a los 21 años. Berlinski, Galiani y Manacorda (2008) estudiaron el notable aumento de la educación preprimaria en Uruguay durante los años noventa para analizar cómo la participación en dicho nivel educativo influía en la finalización de los grados escolares. A los 15 años, los niños que habían recibido educación preprimaria habían completado 0,8 años de estudios más que aquellos que no habían asistido a dicho nivel de educación.

Por último, la educación recibida en los primeros años de escolarización también tiene efectos a largo plazo. Chetty et al. (2011) observan el impacto a largo plazo del proyecto STAR (Schanzenbach 2007), un experimento llevado a cabo en el estado de Tennessee, Estados Unidos, a mediados de los años ochenta, para evaluar el efecto de las clases de menor tamaño. Los alumnos asignados a cursos con menos estudiantes tenían significativamente más probabilidades de ingresar en la universidad y obtener mejores puntuaciones en un índice que combina información sobre la conducta de ahorro, la propiedad de una vivienda, las tasas de matrimonio, las tasas de movilidad y la calidad del barrio en que viven.[9] Además, controlando por la clase a la que fueron asignados, los alumnos que tenían un maestro con más experiencia durante la educación preescolar alcanzaban luego ingresos más altos.

Las experiencias de los primeros años están moldeadas por la interacción entre el niño y sus diversos cuidadores. Estas interacciones se producen simultáneamente en cuatro entornos diferentes: el hogar, el jardín de cuidado infantil, la escuela y la comunidad.[10] El hogar y la comunidad siempre son centrales en las experiencias de los individuos. Esto es particularmente evidente durante los primeros meses de vida. A medida que los niños crecen, algunos de los cuidados que reciben pueden comenzar a tener lugar fuera de sus hogares, en instituciones como los jardines de cuidado infantil. La mayoría de los niños inician la escuela primaria cuando llegan a la edad escolar.

En estos entornos, los niños interactúan directamente con numerosos cuidadores (padres/tutores, miembros de la familia, amigos de la familia y maestros) que tienen diferentes recursos a su alcance. El análisis de los aspectos clave que determinan estas interacciones revela el rol potencial de las políticas públicas.

Todo comienza por casa

Consciente o inconscientemente, los padres y los cuidadores toman numerosas decisiones que determinan las experiencias de los niños en los primeros años de vida. Comienzan determinando cuándo y cómo traerán a sus hijos al mundo. Después, deciden qué darles de comer y cuándo, dónde vivirán y qué ropa vestirán. También toman decisiones acerca de cuándo llevarlos al médico y si seguir o no sus consejos. Toman decisiones inmateriales, como si educarlos o no en una familia nuclear, cómo y cuándo hablarles, y cómo estimular las conductas aceptables y desalentar las reacciones que no lo son. Desde luego, puede que también resuelvan delegar parte del tiempo de cuidado en el jardín de cuidado infantil, en la escuela o directamente en otras personas, como los parientes o las niñeras.

Se trata de un conjunto complicado de decisiones que los padres deben tomar, y es también complicado de entender para quienes se interesan en el desarrollo infantil. Sin embargo, a la larga, si el objetivo de las políticas públicas consiste en influir en las decisiones y el desarrollo infantil, es útil definir un marco para interpretar los factores determinantes de estas decisiones. Por ejemplo, los economistas caracterizan a este problema como una decisión con la que los padres intentan satisfacer sus necesidades y las de aquellos de los cuales se ocupan, y que está sujeta a dos restricciones (Becker 1981; 1993). En primer lugar, los padres están restringidos por la manera en que los recursos que gastan (tiempo y dinero) se traducen en lo que quieren para sus hijos. En segundo lugar, los costos de satisfacer estas necesidades no pueden superar a los recursos disponibles para cubrirlos. A continuación, se abordan con más detalle estas ideas.

Para empezar, las preferencias. Las decisiones humanas están impulsadas por el deseo de satisfacer las propias necesidades y las de aquellos que queremos. Cuando se analizan las decisiones tomadas por los padres, hay que considerar las diversas dimensiones de las necesidades. La primera dimensión es temporal. ¿Cuán dispuestos están los padres a renunciar a la satisfacción de las necesidades actuales en aras de las necesidades futuras? Es decir: ¿cuán impacientes están los padres? Este factor es fundamental, dado que muchas de las decisiones que los padres toman en nombre de sus hijos implican hacer sacrificios hoy a cambio de recompensas en el futuro. Un factor fundamental es que los padres hacen el esfuerzo, pero son los hijos en su edad adulta quienes disfrutan de muchos de los beneficios, lo cual introduce la segunda dimensión. ¿Cuánto se preocupan los padres por las necesidades de los demás y, en particular, de sus hijos? Es decir: ¿cuán altruistas son los padres? Esta idea conduce al primer fundamento o razón de ser de las intervenciones de las políticas públicas: puede que los padres no valoren los resultados futuros tanto como lo hace la sociedad en su conjunto (puede que sean demasiado impacientes) o puede que no estén dispuestos a hacer sacrificios cuyo resultado será la asignación óptima de los recursos para la sociedad (puede que no sean suficientemente altruistas).

Dentro de un determinado conjunto de preferencias, las decisiones que los padres tomen están sujetas a dos restricciones. La primera es la tecnología; para los objetivos de este análisis, se puede considerar la tecnología como el proceso que rige la transformación de las experiencias y de la estructura genética en resultados de desarrollo infantil. Las experiencias dependen de los recursos (como el tiempo y el dinero) que asignan los individuos. Por ejemplo, si el resultado es la adquisición del lenguaje, los insumos son "conversaciones/tiempo para conversar", los libros y el tiempo dedicado a la lectura.

Las experiencias también dependen de numerosos factores que escapan al control de los padres, como el contexto sanitario o las decisiones de terceros (por ejemplo, los gobiernos). Los expertos en desarrollo infantil suelen denominar factores de riesgo a las experiencias que pueden tener un impacto negativo en el desarrollo, y factores de protección a las experiencias con una impronta potencialmente positiva. La repercusión de las experiencias en el desarrollo puede ser compleja; por ejemplo, puede que un niño tenga que estar expuesto a muchos insultos a lo largo de su desarrollo para que estos tengan un impacto negativo.

Con las experiencias de los niños, como ocurre con muchas cosas, el tiempo lo es todo. En el centro de la definición de los hitos del desarrollo se encuentra la idea de que las etapas del desarrollo ocurren durante períodos predecibles. Los especialistas en desarrollo infantil han estudiado por largo tiempo si hay períodos sensibles para el desarrollo físico y de las habilidades y, por lo tanto, si la tecnología depende de la edad.[11] El Premio Nobel de Economía James Heckman, entre otros, ha sostenido que puede que existan rangos de edad sensibles durante los cuales el logro de determinadas competencias requiera menos recursos, o que la ausencia de ciertas experiencias pueda tener consecuencias permanentes para el desarrollo.

Un ejemplo clásico de un rango de edad sensible se refiere a la adquisición de la visión. Los premios Nobel David Hubel y Torsten Wiesel (Wurz 2009) llevaron a cabo experimentos con gatos y demostraron que si se priva al animal de una experiencia visual normal durante un período crítico al comienzo de su vida, se alterará el circuito neuronal en su corteza visual de modo irreversible. En cambio, si se priva de la visión a un gato adulto, las respuestas de las células de su corteza visual siguen siendo idénticas a las de un gato normal. Por eso es tan importante detectar los problemas de visión a una edad temprana; de otra manera, la capacidad de ver y de aprender visualmente podría dañarse de manera permanente.

Cómo se traducen los recursos en resultados depende de los rasgos innatos y acumulados de los niños. Si un niño tiene problemas de audición, su capacidad para adquirir el lenguaje a través del habla se verá perjudicada. Es interesante señalar que los niños cuya sordera se conoce y que aprenden el lenguaje de señas no muestran problemas en la adquisición del lenguaje ni en el aprendizaje de la comunicación. Además, cuanto más se les hable a los niños, más lenguaje aprenderán. Por lo tanto, hablarles hoy puede permitirles adquirir el lenguaje a un ritmo más rápido en períodos posteriores. En economía, esta relación entre acumulación temprana y resultados posteriores se ha definido mediante el concepto de complementariedades dinámicas (Cunha y Heckman 2007; Heckman 2008). Las complementariedades dinámicas y los períodos de edad sensibles implican que el momento de intervención de los padres, cuidadores o responsables de las políticas públicas también puede ser importante.

Esta compleja relación dinámica es uno de los principales motivos que subyacen al segundo fundamento de las intervenciones de políticas, a saber: puede que los padres no tomen las mejores decisiones en nombre de sus hijos porque no están bien informados acerca de la relación entre experiencia y resultados. Es decir, cuentan con información imperfecta. Por ejemplo, puede que piensen que las pataletas de los niños pequeños (algo biológicamente natural a esa edad) son una expresión de mala conducta, e intenten generar una conducta adecuada golpeándolos. Desde luego, las fallas sistemáticas en el comportamiento de los padres no solo están vinculadas a una falta de conocimientos; puede que a ello contribuyan otros factores, como el estrés, la depresión y la falta de autocontrol.

La segunda restricción se refiere al costo y a la disponibilidad de los recursos. Producir experiencias y generar resultados es costoso. Entre los costos deben considerarse el tiempo y los recursos asignados por los individuos a lo largo del tiempo, incluidos los primeros años de la vida del niño y los años posteriores. Por lo tanto, los costos pueden ser actuales y producirse en el presente: por ejemplo, puede que la madre tenga que pedir licencia para cuidar de su hijo enfermo, o incurrir en el gasto actual de un libro o un juguete para sus hijos. Otros costos se experimentarán solo en el futuro. Por ejemplo, un niño con cataratas que no sea tratado en el momento justo puede desarrollar graves trastornos de la visión. Esto supondrá problemas de salud en el futuro y reducirá su bienestar y su productividad como adulto.

Desde luego, los padres solo pueden gastar el dinero que tengan actualmente o el que puedan pedir prestado. Con frecuencia, la falta de dinero y recursos crea una grave limitación para aumentar la inversión en los hijos hasta el nivel deseado. El problema se podría solucionar si los mercados de capital fueran capaces de ofrecer recursos a los padres a cambio de parte de los retornos de la inversión en los niños que se concretará en el futuro. Si los mercados de capital pueden proporcionar esto solo de manera imperfecta (es decir: solo parcialmente o a un subconjunto de familias), las limitaciones para acceder al crédito constituyen un tercer fundamento para la intervención de las políticas públicas.

En muchas circunstancias, los costos de los recursos no son asumidos exclusivamente por los padres y los beneficios no son disfrutados únicamente por ellos y sus hijos. Esto lleva a lo que los economistas denominan externalidades (positivas o negativas). Supóngase, por ejemplo, que un padre no vacuna a su hijo contra una enfermedad prevenible (una acción que se puede llevar a cabo con un costo relativamente bajo para el individuo). Si el niño se enferma porque no fue vacunado, y los costos de los cuidados médicos asociados y las consecuencias negativas a largo plazo son asumidos completamente por el individuo, no hay externalidades negativas. Sin embargo, si la sociedad comparte una parte de los costos de la enfermedad a corto y largo plazo, ya sea en términos de gastos médicos o debido al aumento de la probabilidad de que se enfermen aquellos que no pudieron recibir las vacunas, los padres están imponiendo a la sociedad una externalidad negativa. La presencia de externalidades negativas o positivas constituye el cuarto fundamento para las intervenciones de las políticas públicas.

Por último, el proceso que conduce a la decisión de los padres no es determinista ni estático. Concretamente, los padres deben lidiar con la incertidumbre en tres aspectos fundamentales: la dotación inicial de su hijo, cómo sus acciones se traducen en resultados y los beneficios de largo plazo de invertir en el desarrollo de esa criatura. Los padres tienen ideas formadas acerca de estos tres aspectos. Y dado que actualizan sus ideas con información nueva, el proceso de la crianza del niño es, naturalmente, dinámico. Por ejemplo, en Puebla, México, los padres de los niños de 10 años tenían percepciones incorrectas acerca del grado de sobrepeso u obesidad de sus hijos (Prina y Royer 2014). La distribución de tarjetas de calificaciones donde figuraba el peso corporal de los niños mejoró los conocimientos de los padres y cambió sus actitudes en relación con ese tema.[12]

Jardines de cuidado infantil: la segunda línea de cuidados

Cuando los principales cuidadores de un niño deciden trabajar, deben buscar modos alternativos de cuidado para sus hijos. En las zonas urbanas y semiurbanas de América Latina y el Caribe, los padres recurren cada vez más a los jardines de cuidado infantil. El apoyo estatal para la ampliación de los mismos ha estado históricamente asociado con la oferta de incentivos públicos para que las mujeres busquen un empleo (Araujo y López Boo 2015). En América Latina y el Caribe, los jardines de cuidado infantil se organizan a través de diferentes modalidades institucionales: proveedores privados, proveedores privados/comunitarios con subsidios parciales del Estado, y proveedores públicos.

Al elegir un jardín de cuidado infantil, los padres deben buscar un equilibrio entre la conveniencia, el precio y la calidad del cuidado. La conveniencia se refleja en la distancia entre el jardín de cuidado infantil y su vivienda o empleo, y el horario en que funciona. En los países desarrollados hay evidencia de que los precios (por ejemplo, Baker, Gruber y Milligan 2008; Havnes y Mogstad 2011) y la conveniencia (por ejemplo, Neidell y Waldfogel 2009) son factores importantes en la elección de un jardín de cuidado infantil. Sin embargo, la manera en que el bienestar de los niños se ve afectado por asistir a un jardín de cuidado infantil en lugar de ser cuidados por los padres u otros cuidadores en el hogar depende esencialmente de la calidad de los cuidados. Esto es verdad incluso si se toman en cuenta los recursos adicionales disponibles en los hogares cuando los padres trabajan (Bernal y Keane 2011).

¿Cómo se determina la calidad? El esquema institucional para la provisión de servicios influye en la calidad de los servicios ofrecidos. Los servicios de cuidado del niño constituyen lo que los economistas denominan bienes de experiencia[13] (un bien cuya calidad los consumidores probablemente conocerán solo después de consumirlo). El principal problema en este entorno es la información: ¿cómo determinan los padres la calidad de un jardín de cuidado infantil cuando quizá tarden mucho tiempo en comprobarla o cuando las experiencias negativas pueden tener consecuencias a largo plazo? ¿Qué incentivos tienen los proveedores para brindar servicios de alta calidad?

En los mercados privados, puede que los precios den algunas señales acerca de la calidad. La investigación económica (Tirole 1988) ha demostrado que allí donde se puede obtener información directa (incluso con un costo), los consumidores informados pueden mejorar la calidad de los productos ofrecidos. Además, a medida que aumenta la proporción de padres bien informados, también crece la probabilidad de que se difunda información valiosa. El resultado es que el beneficio público de un padre informado es mayor que el costo privado que el padre está dispuesto a pagar. Estas externalidades positivas proporcionan un fundamento para la intervención de las políticas públicas en el mercado de los cuidados del niño. Los estándares y los sistemas de concesión de licencias que garantizan niveles mínimos de calidad podrían verse como una respuesta a esta necesidad. Los padres saben que un jardín de cuidado infantil con licencia proporciona al menos ese nivel mínimo de calidad.

Sin embargo, imponer un nivel mínimo de calidad tiene sus limitaciones. Velar por el cumplimiento de las regulaciones es muy difícil y costoso, porque se trata de un mercado con numerosos proveedores pequeños. Incluso si la vigilancia del cumplimiento fuera perfecta, puede que la regulación de la calidad mínima no genere la variedad de calidad que los padres demandan. Si el estándar es demasiado bajo, puede que el mercado ofrezca demasiados proveedores cercanos a la calidad mínima, dejando insatisfecha la demanda de padres dispuestos a pagar por un estándar más alto. Si el estándar es demasiado alto, puede que la oferta total de jardines de cuidado infantil sea demasiado baja para satisfacer la demanda, sobre todo para padres de bajos ingresos, lo que podría orientarlos hacia un sector completamente desregulado (Hotz y Xiao 2011).

La provisión de jardines de cuidado infantil subsidiados o de programas de cupones no puede solucionar el problema de la brecha de información. Sin embargo, los programas de cupones pueden resultar eficaces para cambiar la calidad promedio en la que demanda y oferta se encuentran, porque permiten que los padres adquieran cuidados más caros. Cabe señalar que una combinación de cupones y regulación de los proveedores privados podría impedir que algunos padres se desplacen hacia el sector no regulado después de introducida la regulación.[14]

La escuela: un denominador común

En América Latina y el Caribe, la educación primaria a partir de los 5 años es obligatoria, financiada por el Estado y en gran parte gratuita. En la mayoría de los países la matriculación en la escuela primaria a partir de los 6 años ha sido prácticamente universal desde los años noventa. Por lo tanto, el énfasis puesto en la elección de los padres es muy diferente en el caso de la escuela primaria si se compara con los jardines de cuidado infantil. Los padres tienen menos opciones en este caso porque deben enviar obligatoriamente a sus hijos a la escuela y a menudo no pueden elegir el colegio público donde los matricularán.[15]

El objetivo central del sistema de educación primaria consiste en ayudar a los niños a alcanzar niveles adecuados de manejo del lenguaje, las matemáticas y de desarrollo emocional. Para volver a la relación entre experiencia y tecnología, la evidencia muestra que el proceso depende solo ligeramente de la edad. Aunque comenzar demasiado temprano o demasiado tarde puede resultar costoso, alcanzar un nivel satisfactorio de conocimiento del lenguaje y las matemáticas es viable a casi cualquier edad, y el intervalo de edad durante el cual el costo de adquisición es muy similar y relativamente bajo es bastante amplio. Por ejemplo, en Finlandia, un país que suele situarse en lo alto de los indicadores de logros escolares, la educación obligatoria formal comienza a los 7 años, dos años más tarde que el promedio de América Latina y el Caribe.

Desde un punto de vista organizacional, para un determinado país o una comunidad muy grande, establecer una edad escolar común tiene una importancia crucial. Esta coordinación se torna necesaria porque es mucho menos caro enseñar a un número relativamente grande de niños similares en términos de conocimientos y madurez que enseñar individualmente a niños con antecedentes muy distintos y en diferentes etapas de su desarrollo. Una edad universal de ingreso en la escuela y la agrupación de los niños por edades constituyen una fórmula institucional que convierte la preparación para el comienzo de la escolarización en un asunto clave. Si los niños no están preparados para ir a la escuela a los 5 años, es muy posible que sufran un rezago, lo cual generaría la necesidad de intervenciones correctivas onerosas. Además, puede que un alto porcentaje de niños que carecen de preparación escolar influya negativamente en el aprendizaje de niños que sí están preparados. Las posibles externalidades negativas, junto con la necesidad de establecer una edad de ingreso común en la escuela, proporcionan un fundamento para la intervención de las políticas públicas antes de que los niños inicien sus estudios primarios.

Los instrumentos de políticas

Las políticas públicas deberían mejorar las vidas de los niños desde el momento de su concepción hasta mucho después de que hayan comenzado la escuela. Antes de empezar el proceso de educación obligatorio, los niños se forman fundamentalmente en sus casas y en los jardines de cuidado infantil. El reto para las políticas públicas consiste en adoptar una visión integral de este proceso de desarrollo (véase el capítulo 7).

Los responsables de las políticas tienen a su disposición cinco grandes instrumentos para influir en los resultados de los niños y en las decisiones de los padres: la información y el *coaching* (por ejemplo, realizar campañas de concientización, instruir a las madres sobre la lactancia materna), la legislación (por ejemplo, la licencia por maternidad/paternidad, la educación obligatoria a una determinada edad), las regulaciones (por ejemplo, normas relativas a la publicidad de las leches en polvo para bebés, o sobre la proporción niños-personal en los jardines de cuidado infantil), las transferencias (por ejemplo, las asignaciones universales por hijo, los créditos fiscales, las transferencias condicionadas) y los precios (por ejemplo, jardines de cuidado infantil subsidiados, vacunas gratuitas).

Para alcanzar sus objetivos, los gobiernos pueden utilizar una combinación de estos instrumentos (Carneiro y Heckman 2003). Por ejemplo, para asegurar una población bien escolarizada, pueden establecer la educación obligatoria a una determinada edad, regular la cantidad de estudiantes por curso y los estándares docentes, dar a los padres transferencias de efectivo con la condición de que acudan con sus hijos a chequeos del crecimiento y del desarrollo, y sujetas al requisito de cumplir con la asistencia escolar, y ofrecer educación gratuita. La combinación de instrumentos debería estar dictada por la dificultad que se perciba en los individuos y los mercados para alcanzar los objetivos establecidos.

El gobierno actúa como el proveedor principal o único de servicios (por ejemplo, jardines de cuidado infantil, educación, salud) en muchos ámbitos cruciales para el bienestar de los niños en los primeros años. Con un presupuesto público fijo, el *trade-off* clave en la provisión de estos servicios es la relación entre cantidad y calidad. Es comprensible que el gobierno intente alcanzar al máximo número posible de niños. Sin embargo, con un presupuesto fijo, servir a más niños implica un menor gasto per cápita. Muchos de los servicios proporcionados por el sector público son bienes de experiencia (como la provisión de jardines de cuidado infantil) y puede que el gobierno tenga incentivos para ofrecer baja calidad cuando a los consumidores/votantes les cuesta percibir ese aspecto. Es evidente que esta decisión no deja de tener consecuencias; puede que no solo se despilfarre dinero sino que además se perjudique potencialmente el bienestar de los niños, sobre todo en los sectores más necesitados de la sociedad, que no pueden pagar para obtener servicios de otros proveedores.

Como ya se ha dicho, el bienestar de los niños es el resultado de un proceso acumulativo y no lineal del desarrollo infantil que abarca cuatro grandes ámbitos: desarrollo físico, lenguaje/comunicación, destrezas cognitivas y habilidades socioemocionales. Este proceso no se genera por sí solo sino que es moldeado por las experiencias que los niños acumulan en el hogar, en los jardines de cuidado infantil y en la escuela. Los padres, los parientes, otros cuidadores, los maestros y los gobiernos tienen un rol que desempeñar en el modo en que esas experiencias se configuran. La mejora de las mismas dará forma a las existencias de los niños y a la faz de las sociedades en las que vivirán en los años por venir. Es evidente que el bienestar infantil tiene importancia por motivos éticos y económicos, y que las políticas públicas cumplen un papel en el crecimiento de niños felices, sanos y prósperos.

Notas

[1] Los estándares se basan en el Grupo de Estudio Multicéntrico del Patrón de Crecimiento de la OMS (2006) y representan la mejor descripción del crecimiento fisiológico de los niños desde el nacimiento hasta los 5 años en todo el mundo, con antecedentes étnicos y entornos culturales sumamente diferentes. El estudio, que se llevó a cabo entre 1997 y 2003, recopiló datos sobre el crecimiento de aproximadamente 8.500 niños de Brasil, Estados Unidos, Ghana, India, Noruega y Omán. La muestra abarca niños que tienen cubiertas sus necesidades de salud y, por lo tanto, describe cómo deberían crecer los niños.

[2] Se presenta el promedio de la mediana para niños y niñas.

[3] La longitud es la distancia desde la planta de los pies hasta la punta de la cabeza medida durante los dos primeros años, y que, posteriormente, se mide con el niño de pie. La circunferencia de la cabeza es la medición que se realiza alrededor de la cabeza del niño en su área más grande.

[4] Sin embargo, la recuperación del crecimiento se observa antes de los 2 años (Luo y Karlberg 2000) y después de dicha edad (Crookston et al. 2013; Lundeen et al. 2014; Prentice et al. 2013).

[5] Las habilidades motrices suelen dividirse en dos categorías: gruesas y finas. Las habilidades motrices gruesas se asocian con la capacidad de llevar a cabo fuertes contracciones de los músculos grandes y suponen movimientos que implican todo el cuerpo. Las finas se asocian con la capacidad de controlar partes más pequeñas del cuerpo o de realizar contracciones musculares mínimas de los músculos más grandes del cuerpo.

[6] Los niños que no son capaces de discernir los pensamientos y sentimientos de los demás tienen más probabilidades de comportarse de manera agresiva y experimentar el rechazo de los pares (Denham et al. 2003). Asimismo, los niños que exhiben problemas conductuales de internalización, los cuales se caracterizan por una conducta depresiva y retraída, y aquellos con problemas conductuales de externalización, es decir que presentan una conducta irritable y violenta, tienen más probabilidades de padecer dificultades en la escuela (Rimm-Kaufman, Pianta y Cox 2000).

[7] La hipótesis de los orígenes fetales sostiene que las "condiciones, muy probablemente nutricionales, «programan» al feto para el desarrollo de enfermedades crónicas en la edad adulta" (Rasmussen 2001:74); para un estudio reciente, véase Almond y Currie (2011).

8 Véase el capítulo 3 para más detalles sobre este experimento aleatorio en Jamaica.
9 Aunque ha sido estimado de manera imprecisa, las clases más pequeñas no parecen tener un efecto significativo en los ingresos a los 27 años.
10 No hay duda de que los acontecimientos y circunstancias a nivel comunitario son importantes para moldear las experiencias de los niños. Sin embargo, este libro se enfoca en el rol de las interacciones entre los niños y quienes los cuidan en casa, los jardines de cuidado infantil y las escuelas y, por lo tanto, las comunidades no constituyen aquí un tema central.
11 "En la ciencia del desarrollo, suele preferirse la expresión «período sensible» antes que «período crítico», porque implica una menor rigidez de la naturaleza y del tiempo en que se producen las primeras experiencias formativas" (Shonkoff y Phillips 2000: 195).
12 Desafortunadamente, en esta aplicación específica, el hecho de contar con mejor información no generó los cambios de conducta requeridos para reducir las tasas de obesidad en el largo plazo.
13 Como un contrato incompleto ante la presencia de información asimétrica, los jardines de cuidado infantil se definen como un *bien de experiencia*. Aunque la transacción económica entre padres y proveedores de cuidados del niño es muy clara (pagar por los servicios de jardines de cuidado infantil), la relación resultante entre compradores (padres) y vendedores (proveedores de cuidados del niño) es más bien compleja. En primer lugar, el contrato entre los padres y el proveedor es un contrato sumamente incompleto porque es imposible especificar cómo debería actuar el proveedor en cada circunstancia posible. En segundo lugar, los padres no pueden observar qué ocurre en la institución mientras están ausentes y los niños solo pueden comunicar información parcial acerca de lo que sucede en el jardín de cuidado infantil (por lo tanto, hay una información asimétrica). En tercer lugar, puede que los proveedores inviertan excesivamente en aspectos de la calidad que los padres puedan detectar fácilmente, como la infraestructura, e inviertan muy poco en la calidad de los procesos (que los padres no ven y/o no saben cuánto importa para el desempeño de los niños).
14 La provisión directa de servicios de cuidado del niño estandarizados por parte del sector público puede reducir considerablemente la brecha de información entre proveedores y gobierno, pero no está claro si consigue que los padres estén mejor informados. Si los servicios de cuidado del niño proporcionados directamente por sector público son muy

homogéneos, puede que, en realidad, los padres tengan menos incentivos para obtener información acerca de la calidad. Además, si el nivel de calidad varía poco entre los proveedores, puede que la demanda quede insatisfecha porque la variedad de los servicios ofrecidos es demasiado limitada. Sin embargo, si los padres demandan una calidad de muy bajo nivel (ya sea porque no son lo bastante altruistas, porque no entienden la tecnología de formación de capital humano o porque tienen dificultades financieras), puede que la provisión pública directa sea una manera rápida de mejorar la calidad de los cuidados del niño.

[15] Son pocos los que pueden pagar una escuela privada, y la asignación de la escuela suele estar determinada en función de la residencia. Una excepción notable es Chile, que tiene un sistema de cupones sumamente desarrollado.

2 La libreta de calificaciones del desarrollo infantil

El bienestar infantil tiene múltiples dimensiones. Este capítulo resume la evidencia sobre salud, nutrición, desarrollo cognitivo, del lenguaje, socioemocional y motor en América Latina y el Caribe. Estas medidas son importantes en sí mismas, pero también por sus consecuencias sobre la productividad y el crecimiento a largo plazo en la región. Se describen diferencias entre países y cambios a lo largo del tiempo. Además, se establecen diferencias dentro de un mismo país, sobre todo en lo relativo a la riqueza o a la educación de los padres —los llamados "gradientes" socioeconómicos—, con el fin de aportar una nueva dimensión a la descripción y elaborar un cuadro más claro del bienestar infantil en la región.

Lo que el doctor recomendó: mejor salud y nutrición infantil

Tanto en los países desarrollados como en desarrollo, el bajo peso al nacer (menos de 2.500 gramos) ha sido asociado con una peor salud y con peores resultados de desarrollo en la infancia, con problemas de aprendizaje y un pobre desempeño en la escuela, con un aumento en el número de problemas crónicos de salud en la edad adulta y en la vejez, así como con peores resultados en el mercado laboral.[1] El bajo peso al nacer es una señal de dificultades durante la nutrición fetal (que puede deberse a la desnutrición de la madre, a ciertas infecciones o al hábito de fumar o de beber alcohol durante el embarazo) o a un nacimiento prematuro (Kramer 1987; 2003).

Dos trabajos recientes informan sobre pruebas concluyentes en el caso de Chile. El primero (Bharadwaj, Eberhard y Neilson 2014) llega a la conclusión de que los niños con bajo peso al nacer (menos de 2.500 gramos) o muy bajo peso al nacer (menos de 1.500 gramos) obtienen en evaluaciones de matemáticas puntuaciones considerablemente más bajas durante la infancia y hasta la primera adolescencia. Un documento relacionado (Bharadway, Løken y Neilson 2013) analiza el hecho de que, en Chile (como sucede en muchos otros países), los bebés por debajo del umbral de muy bajo peso al nacer tienen acceso a cuidados especiales en una Unidad de Cuidados Intensivos Neonatales. Los bebés cuyo peso se situaba justo por debajo del umbral (y que, por lo tanto, podían gozar de cuidados especiales) tenían una probabilidad de 4,4 puntos porcentuales menos de morir en el primer año en comparación con aquellos cuyo peso se situaba justo por encima del umbral (y que, por lo tanto, no eran elegibles para esos cuidados). Además, entre el primero y el octavo grados, aquellos niños cuyo peso al nacer se situaba justo por debajo del umbral tienen en las pruebas puntuaciones que, en promedio, son 0,15 desviaciones estándar más altas que aquellos cuyo peso se situaba justo por encima. En su conjunto, estos dos estudios dejan en claro que el bajo peso al nacer puede tener consecuencias graves y negativas para la salud y el desarrollo de los niños, pero que una intervención temprana puede mitigar estos efectos, al menos en parte.[2]

Las estimaciones sobre el porcentaje de todos los nacimientos con bajo peso en América Latina y el Caribe revelan grandes diferencias entre los países (véase el cuadro 2.1). En Cuba y Chile, aproximadamente uno de cada 20 bebés nace con bajo peso; en Colombia y México, esta proporción abarca alrededor de uno de cada 10; y en Haití casi uno de cada cuatro bebés nace con bajo peso. Para el conjunto de la región, el 9% de los bebés nace con bajo peso, un porcentaje bastante menor que el nivel de los países de África (entre un 11% y un 14%) y sobre todo, del Sur de Asia (28%). En algunos países de América Latina y el Caribe, el porcentaje de bebés con bajo peso al nacer ha ido aumentando, sobre todo entre mujeres con un alto nivel educativo. Este resultado, que a primera vista parece paradójico, es una consecuencia del hecho de que actualmente sobreviven más bebés prematuros que de otra manera habrían muerto a una edad temprana (véase el recuadro 2.2 donde se registra el caso de Colombia).

Después de nacer, la medida más evidente del bienestar infantil también tiene ribetes trágicos, a saber: el porcentaje de muertes a temprana edad. La tasa de mortalidad infantil se define como el número de niños que mueren antes de su primer año por cada 1.000 nacimientos vivos. El gráfico 2.1 resume los cambios en la mortalidad infantil entre 1960 y 2010 para seis países que, en términos generales, son representativos de lo que ha ocurrido en la región: Brasil, Chile, El Salvador, Honduras, Jamaica y Panamá. Cada panel corresponde a un país diferente. Cada barra en un

Cuadro 2.1 Bajo peso al nacer

País	Porcentaje de niños
América Latina y el Caribe	
Antigua y Barbuda (2011)	6
Argentina (2011)	7,2
Bahamas (2011)	11,6
Barbados (2011)	11,5
Belice (2011)	11,1
Bolivia (2008)	6
Brasil (2011)	8,5
Chile (2011)	5,9
Colombia (2012)	9,5
Costa Rica (2012)	7,3
Cuba (2012)	5,2
Dominica (2011)	10,8
Ecuador (2012)	8,6
El Salvador (2011)	8,7
Granada (2011)	8,8
Guatemala (2008–09)	11,4
Guyana (2009)	14,3
Haití (2012)	23
Honduras (2011–12)	9,9
Jamaica (2011)	11,3
México (2012)	9,15
Nicaragua (2011)	7,6
Panamá (2011)	8,3
Paraguay (2009)	6,3
Perú (2011)	6,9
República Dominicana (2007)	11
San Kitts y Nevis (2011)	10,4
Santa Lucía (2011)	10,1
San Vicente y las Granadinas (2011)	10,6
Suriname (2010)	13,9
Trinidad y Tobago (2011)	11,9
Uruguay (2012)	8,1
Venezuela (2011)	8,6
Promedios regionales (2009–13)	
África Subsahariana	13,05
África Oriental y Meridional	11,26

(continúa en la página siguiente)

Cuadro 2.1 Bajo peso al nacer *(continuación)*

País	Porcentaje de niños
África Occidental y Central	14,18
Medio Oriente y Norte de África	—
Sur de Asia	27,76
Asia Oriental y Pacífico	—
América Latina y el Caribe	9,02
CEE/CIS	6,12
Países menos desarrollados	13,71
Mundo	15,83*

Fuentes: Sección de datos y análisis; División de datos, Investigación y políticas, UNICEF. Indicadores Básicos de Salud 2010 para Paraguay; Sistema Estadístico Nacional de Colombia; Encuestas de Demografía y Salud (DHS) para Bolivia, Guyana, Honduras, Haití y República Dominicana; Encuesta Nacional de Salud Materno Infantil (ENSMI) para Guatemala; Encuesta de Indicadores Múltiples por Conglomerado (MICS) en los casos de Suriname y Belice; Ministerio de Salud de Argentina, Brasil, Costa Rica, Cuba, El Salvador, Nicaragua y Uruguay; Instituto Nacional de Estadísticas (INE) para Chile; otras encuestas nacionales; Instituto Nacional de Salud Pública para México; Organización Panamericana de la Salud (OPS), *Situación de la Salud en las Américas*: Indicadores básicos 2013 para Antigua y Barbuda, Bahamas, Barbados, Dominica, Granada, Jamaica, Panamá, Perú, San Kitts y Nevis, Santa Lucía, San Vicente y las Granadinas, Trinidad y Tobago; Sistema de Indicadores Sociales de Venezuela.
Notas: Porcentaje de niños que pesan menos de 2.500 gramos al nacer. Para Bolivia y República Dominicana, los datos se refieren a los años 2009-13. Esos datos no se incluyen en el cálculo de los promedios regionales y globales, con la excepción de los datos de 2005-06 y 2007-08 en India, Europa Central y Europa Oriental y la Comunidad de Estados Independientes (CEE/CIS).
* Se excluye China.

panel representa la tasa de mortalidad infantil de ese país en un determinado año. Como sucede con muchos resultados sociales, es útil tener como referencia los resultados de un país en relación con otros países que tienen niveles de ingreso similares. Por ejemplo, ¿la mortalidad infantil en Brasil en 2010 fue superior, inferior o aproximadamente igual a la de otros países con niveles de ingreso comparables? Para entender esto, junto a cada barra se incluye un círculo que representa la tasa de mortalidad infantil promedio de todos los países con un producto interno bruto (PIB) per cápita similar ese año (véase el recuadro 2.3 para detalles metodológicos).[3]

La mortalidad infantil ha disminuido considerablemente en todos los países de la región. A lo largo de un período de 50 años, 15 de los 17 países de América Latina y el Caribe con datos disponibles redujeron la mortalidad infantil en un 75% o más; en tres países —Brasil, Chile y Perú— la mortalidad infantil decreció en un 90% o más.[4] Algunos, como Brasil, han tenido tasas de mortalidad infantil más o menos comparables a las de otros países con niveles de ingreso similares a lo largo del período;[5] otros, como El Salvador y Jamaica, han ostentado tasas de mortalidad infantil inferiores a las de otros países con niveles de ingreso similares durante

> **RECUADRO 2.1. PARA ENTENDER LAS DESVIACIONES ESTÁNDAR**
>
> No todos los resultados utilizados para medir el bienestar infantil se expresan en la misma métrica. La altura se mide en centímetros y el peso en kilos. Las puntuaciones de las pruebas se miden en enteros y cada prueba tiene una media y una desviación estándar diferente elegida de manera arbitraria por los diseñadores de la prueba (por ejemplo, el Test de Vocabulario en Imágenes Peabody (TVIP) tiene una media de 100 y una desviación estándar de 15). Para expresar la diversidad de medidas en una métrica común, los investigadores utilizan una técnica estadística sencilla. Restan la media de la medida de resultado observada y dividen esta diferencia por la desviación estándar de la distribución. Estas medidas estandarizadas tienen todas una media de cero y una desviación estándar de uno en la población.
>
> Las personas suelen referirse a las diferencias en los resultados y beneficios de los programas en términos de desviaciones estándar. En una variable estandarizada, un cambio de unidad en el resultado es equivalente a un cambio en una desviación estándar. ¿Cómo se puede interpretar lo que implica un aumento en una desviación estándar? Esto depende en gran medida de cómo se distribuye la variable de resultado de la población. Si la distribución de las puntuaciones de las pruebas tiene forma de campana (es decir, tiene una distribución normal), un aumento de una desviación estándar llevará a alguien con resultados en el percentil 2,5 inferior de la distribución (donde hay muy pocos individuos de la población) al percentil 17. Dado que en una distribución con forma de campana hay más personas concentradas hacia el medio (en lugar de haber una distribución uniforme), un aumento de una desviación estándar para alguien en el percentil 50 produce un incremento mayor de percentiles que para alguien que se halle en la parte inferior o superior de la distribución.
>
> También hay una convención, que suele utilizarse en la literatura sobre psicología, según la cual los beneficios del programa de aproximadamente 0,2 de una desviación estándar son pequeños; de 0,5 moderados y de 0,8 grandes (Cohen 1969). Sin embargo, esto no proporciona una orientación para las políticas, dado que los programas con pequeños efectos pueden también tener costos menores (véase McCartney y Rosenthal 2000). En el capítulo 6 se presenta una discusión exhaustiva sobre la estrategia del análisis costo-beneficio para la elección del programa.

todo el período;[6] algunos, como Chile y Honduras, han pasado de tener "superávit" de mortalidad a tener un "déficit" de mortalidad;[7] por último, unos pocos países, como Panamá, se han desplazado en la otra dirección y ahora tienen un exceso de mortalidad infantil.[8]

Para estudiar los gradientes socioeconómicos en la mortalidad, es necesario trabajar con datos de encuestas de hogares (en lugar de datos agregados). Las Encuestas de Demografía y Salud (DHS, por sus siglas en inglés) son encuestas representativas, a nivel nacional, de mujeres en edad reproductiva, que bajos ciertos supuestos se pueden usar para

RECUADRO 2.2. CAMBIOS EN LOS NACIMIENTOS PREMATUROS Y EN EL PESO AL NACER EN COLOMBIA

El porcentaje de bebés con bajo peso al nacer ha ido aumentando en algunos países en América Latina y el Caribe. El gráfico 2.2.1 se basa en datos de estadísticas vitales de todos los nacimientos ocurridos en Colombia entre 1998 y 2008. Los paneles A y B muestran que el peso al nacer promedio disminuyó y que el porcentaje de bebés con bajo peso al nacer aumentó entre 1998 y 2008. La disminución del peso al nacer es particularmente marcada en el caso de los bebés cuyas madres tenían educación universitaria. De hecho, hoy en día los bebés nacidos de mujeres con un mayor nivel de estudios tienen más probabilidades de situarse por debajo del umbral del bajo peso al nacer que aquellos niños cuyas madres tienen un menor nivel educativo.

A primera vista, este resultado parece paradójico. Sin embargo, quizá sea una consecuencia del hecho de que una proporción creciente de todos los nacimientos son prematuros (nacimientos que se producen antes de la 38va. semana de embarazo) sobre todo entre mujeres con niveles más altos de educación (véase el gráfico 2.2.1, panel C). Antiguamente, muchos de estos bebés "adicionales" con bajo peso al nacer no habrían llegado a término o no habrían nacido vivos.

Una manera de poner esto a prueba es controlando los nacimientos prematuros y observando si el aumento en el porcentaje de bebés con bajo peso al nacer sigue siendo llamativo. Los resultados de este ejercicio se pueden encontrar en el panel D, para mujeres con educación terciaria (en las que la disminución del peso al nacer a lo largo del tiempo es más acusada, como se observa en los paneles A y B del gráfico). Concretamente, el panel D comprende tres líneas: una línea con el peso al nacer promedio, sin ningún control; una segunda línea, denominada "controles 1", que ilustra la disminución del peso al nacer después de dar cuenta de posibles cambios en la edad de la madre, si el bebé nació por cesárea y si el nacimiento es múltiple o no; y una tercera línea, denominada "controles 2", que además controla por la prematuridad. Una comparación de las tres líneas en el gráfico muestra que, una vez que se controla por la prematuridad, el porcentaje de bebés con bajo peso al nacer de madres con educación terciaria disminuye a lo largo del tiempo en aproximadamente un punto porcentual. En otras palabras, la disminución del peso al nacer de los bebés nacidos de madres con un alto nivel educativo que se observa en Colombia entre 1998 y 2008 se puede explicar cabalmente por un aumento en la proporción de nacimientos prematuros.

El peso al nacer no es la única medida de la salud de un recién nacido. Los médicos o enfermeras que atienden el parto también evalúan el ritmo cardíaco del bebé, el esfuerzo respiratorio, el tono muscular, el reflejo de irritabilidad y el color. Esto constituye la base para el cálculo de la puntuación APGAR, que suele efectuarse entre 1 y 5 minutos después del nacimiento. La puntuación APGAR oscila entre 0 y 10. Las puntuaciones APGAR de 7 o más suelen ser una señal de que la salud del recién nacido es buena. Al contrario, los recién nacidos con una puntuación de 6 o menos tienen considerables probabilidades de morir en el período neonatal. Esto es lo que ocurre incluso cuando la comparación se limita a bebés de la misma edad gestacional (Casey, McIntire y Leveno 2001). Además, utilizando datos de Estados Unidos, Almond, Chay y Lee (2005) demuestran que, al controlar por los antecedentes familiares y el peso al nacer, las

(continúa en la página siguiente)

RECUADRO 2.2. *(continuación)*

Gráfico 2.2.1 Peso al nacer, Colombia

a. Bajo peso al nacer, por nivel educativo de la madre

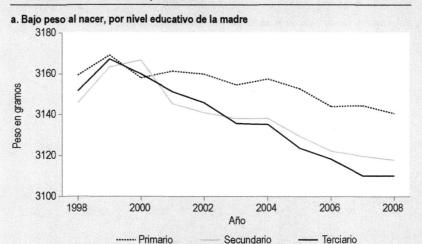

b. Porcentaje con bajo peso al nacer, por nivel educativo de la madre

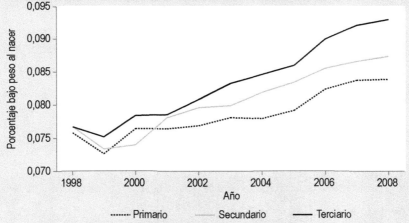

(continúa en la página siguiente)

bajas puntuaciones APGAR también predicen una salud deficiente, menor habilidad cognitiva y un aumento de los problemas de comportamiento a los 3 años de edad.

Durante dos años, 2008 y 2009, los datos de estadísticas vitales de Colombia incluyen una puntuación APGAR del recién nacido. Cerca del 1% de los recién nacidos tienen una puntuación APGAR de 6 o menos a los cinco minutos después de nacer. Los bebés nacidos de mujeres que cuentan solamente con estudios primarios tienen

(continúa en la página siguiente)

RECUADRO 2.2. *(continuación)*

Gráfico 2.2.1 Peso al nacer, Colombia *(continuación)*

c. Porcentaje de nacimientos prematuros, por nivel educativo de la madre

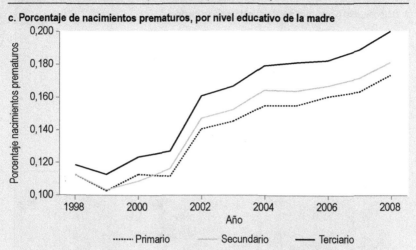

d. Variaciones de los porcentajes de bajo peso al nacer de madres con estudios terciarios

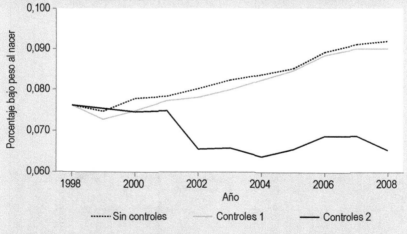

Fuente: Estadísticas vitales, Colombia 1998-2008.

probabilidades considerablemente mayores de tener una puntuación APGAR de 6 o menos que los nacidos de madres con educación universitaria (una diferencia de 0,18 puntos porcentuales), una vez que se controla por la edad gestacional y el peso al nacer. En resumen, en Colombia ya se pueden observar desigualdades importantes en el nacimiento. En algunos casos, como sucede con el peso al nacer, los bebés nacidos de mujeres con bajo nivel educativo tienen mejores resultados, mientras que en otros, como con la puntuación APGAR, tienen peores resultados.

Gráfico 2.1 Mortalidad infantil por 1.000 niños nacidos en América Latina y el Caribe

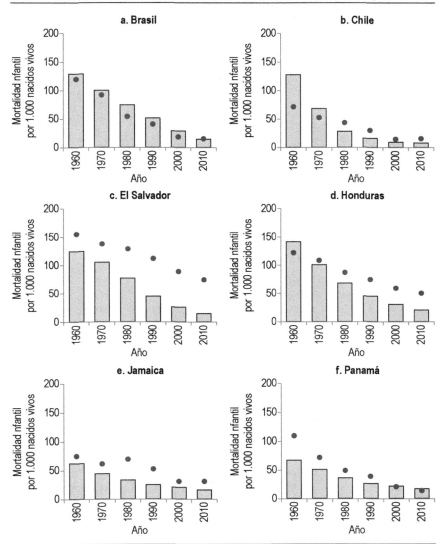

Fuentes: Indicadores del Desarrollo Mundial (Banco Mundial), tasa de mortalidad infantil (por 1.000 nacidos vivos). Estimaciones elaboradas por el Grupo Interagencial de Naciones Unidas para la Estimación de la Mortalidad Infantil (UNICEF, OMS, Banco Mundial, División de Población de la DAES de las Naciones Unidas). Todos los valores del PIB en miles de dólares según la PPA (dólares internacionales de 2005) han sido extraídos de *Penn World Table*.

calcular una serie temporal de la tasa de mortalidad infantil (lo que incluye datos entre subgrupos de la población).[9] El cuadro 2.2 resume las diferencias en la mortalidad infantil en el caso de mujeres con un nivel educativo "alto" (educación secundaria completa o más) y un nivel educativo

Cuadro 2.2 Tasa de mortalidad infantil según el nivel educativo de la madre

País	Primaria incompleta o menos	Secundaria completa o más
Bolivia (2004)	50,5	23,5
Colombia (2006)	23,8	12,5
El Salvador (2004)	13	10
Honduras (2008)	16,8	11,2
Perú (2008)	16,8	12,8
República Dominicana (2003)	39,9	11,1

Fuentes: Encuestas de Demografía y Salud (DHS), con la excepción de El Salvador. Encuesta Nacional de Salud Familiar (FESAL) 2008 para El Salvador.
Nota: Limitado a madres de entre 25 y 37 años en el momento del nacimiento, promedio variable de cinco años; promedios calculados para las casillas con al menos 100 nacimientos.

RECUADRO 2.3. LA EVOLUCIÓN DE LAS TASAS DE MORTALIDAD INFANTIL Y EL PIB PER CÁPITA

Para ver cómo la relación entre mortalidad y PIB per cápita ha evolucionado a lo largo del tiempo, se efectuaron regresiones no paramétricas de la tasa de mortalidad infantil en el PIB per cápita, por separado y por década, para un panel equilibrado de 79 países para los cuales hay datos disponibles para las seis décadas. Se realizaron ajustes menores a las líneas de regresión para asegurar que la diferencia promedio entre la mortalidad observada (los puntos del país) y la mortalidad prevista (la línea de regresión) es cero en cada década.

Es importante efectuar estas regresiones por separado y por década porque la tecnología médica, las vacunas, otras medidas de salud pública (como la terapia de rehidratación oral) y la ampliación de la red de agua potable y saneamiento significan en su conjunto que la mortalidad infantil es menor en décadas posteriores con un determinado nivel de PIB. Es decir, además de los movimientos a lo largo de la curva (a medida que el ingreso de un país aumenta o, en algunos casos, disminuye), se producen cambios descendentes de las propias curvas a lo largo del tiempo.

El gráfico 2.3.1 se centra en un país, Honduras, que ha hecho notables progresos en la reducción de la mortalidad infantil. Cada línea corresponde a la relación entre la tasa de mortalidad infantil y el PIB per cápita en un determinado año, y los puntos en el gráfico corresponden a la mortalidad infantil en Honduras esos mismos años. La tasa de mortalidad infantil promedio ha disminuido drásticamente desde 1960, sobre todo en los niveles de bajos ingresos. Un país con un nivel de PIB per cápita de US$1.000 tendría, en promedio, una tasa de mortalidad infantil de 145 × 1.000 en 1960, pero de 80 × 1.000 en 2010. En 1960 Honduras tenía una tasa de mortalidad infantil cercana a 20 puntos por encima del nivel previsto por su PIB per cápita. Desde entonces, la mortalidad infantil en el país ha disminuido a niveles considerablemente más bajos que los de otros países con niveles de ingreso similares: en 2010 la tasa de mortalidad infantil en Honduras era de unos 25 puntos por debajo de la línea de regresión.

(continúa en la página siguiente)

RECUADRO 2.3. *(continuación)*

Gráfico 2.3.1 Tasa de mortalidad infantil y PIB per cápita, Honduras, 1960–2010

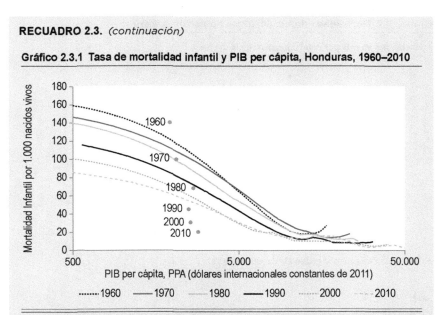

Fuente: Indicadores del Desarrollo Mundial (Banco Mundial). Las estimaciones han sido desarrolladas por el Grupo Interagencial de Naciones Unidas para la Estimación de la Mortalidad Infantil (UNICEF, OMS, Banco Mundial, División de Población del DAES de las Naciones Unidas). Nota: Todos los valores del PIB en miles de dólares según la paridad del poder adquisitivo (PPA) (dólares internacionales de 2005) han sido extraídos de *Penn World Table*.

"bajo" (educación primaria incompleta o menos) en países que han llevado a cabo recientemente una DHS. Así, se demuestra que en la República Dominicana, los niños nacidos de madres con un nivel educativo bajo tienen cuatro veces más probabilidades de morir en su primer año que los nacidos de madres con un nivel educativo alto; en Bolivia y Colombia, los niños nacidos de madres con un nivel educativo bajo tienen el doble de probabilidades de morir en su primer año. Los gradientes de la educación de la madre son mucho más modestos en El Salvador, Honduras y Perú.

Para estudiar más en detalle los patrones de la evolución de la mortalidad infantil en un mismo país, se llevó a cabo un análisis profundo de un país de la región: Perú. Perú constituye un interesante estudio de caso de los cambios en la mortalidad infantil por diversos motivos. En primer lugar, ha recopilado datos DHS de alta calidad desde mediados de los años ochenta. En segundo lugar, comenzó con disparidades muy grandes en mortalidad infantil según (entre otros factores) el lugar de residencia, el estatus socioeconómico y el origen étnico. Una pregunta importante es si

Gráfico 2.2 Mortalidad infantil, desglose poblacional, Perú

a. Mortalidad infantil por nivel educativo de la madre

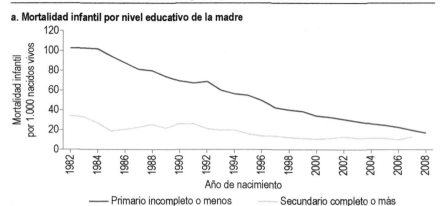

b. Mortalidad infantil por grupo étnico de la madre

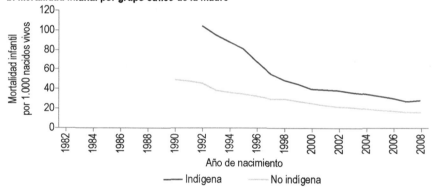

c. Mortalidad infantil por edad de la madre

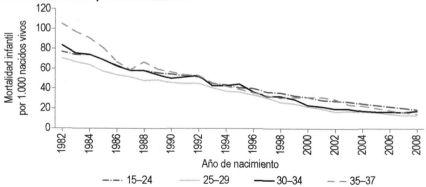

(continúa en la página siguiente)

Gráfico 2.2 Mortalidad infantil, desglose poblacional, Perú *(continuación)*

d. Mortalidad infantil por sexo del nacido

Fuente: Encuestas de Demografía y Salud (DHS).
Notas: Limitado a madres de entre 15 y 37 años en el momento del nacimiento en los paneles b, c y d, y a mujeres de entre 25 y 37 años en el panel a. Promedio variable de cinco años; los promedios están calculados para los años con al menos 100 nacimientos. Para el gráfico del origen étnico, se excluyen las DHS de 1986, 1991 y 1996 porque no se recopilaron datos sobre dicho particular.

las reducciones de la mortalidad infantil en Perú se vieron acompañadas por una disminución de las disparidades dentro del país.

El gráfico 2.2 analiza la evolución de la mortalidad infantil en cuatro desgloses de poblaciones. El panel a compara los cambios en la mortalidad infantil en mujeres con un nivel educativo "alto" (educación secundaria completa o más) y un nivel educativo "bajo" (educación primaria incompleta o menos). En 1982 la tasa de mortalidad infantil de los niños nacidos de madres con un bajo nivel educativo era más del doble de la de aquellos nacidos de madres con un nivel alto de educación (105 muertes vs. 50 muertes por cada 1.000 nacidos vivos); en 2008 la tasa de mortalidad infantil había disminuido a menos del 20 × 1.000 en ambos grupos. Esto significa que a lo largo de un período aproximado de 25 años la mortalidad infantil de los niños nacidos de mujeres con educación primaria incompleta o menos disminuyó en más de un 80%, lo cual equivale a reducciones de más de 3% al año.

El panel b muestra las tendencias en la tasa de mortalidad infantil para madres indígenas y no indígenas (el origen étnico en Perú se define sobre la base de la lengua de la madre encuestada). Los datos sobre el origen étnico se han recolectado solo en las encuestas más recientes en Perú, de modo que estas series temporales se pueden elaborar únicamente a partir de 1990. El panel muestra una reducción drástica de la mortalidad infantil entre los indígenas, sobre todo en los años noventa. Entre 1991 y 2008, un período de menos de 20 años, la tasa de mortalidad infantil de los niños indígenas disminuyó en un 75% (desde alrededor de 100 muertes a 25 muertes por cada 1.000 niños nacidos vivos).[10] Para situar la magnitud de estas disminuciones en su contexto, es útil compararlas con las de la mortalidad infantil entre los afroamericanos en Estados Unidos. Estados Unidos tardó unos 50 años, entre 1935 y 1985, en reducir la tasa de mortalidad infantil entre los afroamericanos de 80 muertes a 25 muertes por cada 1.000 nacidos vivos (Singh y van Dyck 2010); la misma disminución aproximada de la tasa de mortalidad infantil entre los indígenas de Perú se llevó a cabo en menos de 15 años, entre 1995 y 2008.

El panel c muestra que la reducción de la mortalidad infantil ha afectado a las madres de todos los grupos de edad, entre ellas, a las madres más jóvenes (cuyos hijos tenían tasas de mortalidad infantil muy superiores en la primera mitad de los años ochenta, lo que no ha ocurrido desde entonces). El panel d muestra que la tasa de mortalidad infantil ha caído en más o menos similar medida para los niños y para las niñas.[11]

En Perú, como en muchos otros países de América Latina y el Caribe, la edad promedio de la maternidad ha aumentado, la fertilidad total ha disminuido y los nacimientos, en promedio, están más espaciados. Para ver cómo esto influye en la mortalidad, se pueden descomponer los cambios observados en la mortalidad infantil en cambios en las características de las madres y los nacimientos, cambios en los impactos de estas características en las tasas de mortalidad y una variación residual no explicada.[12] Los resultados de estos desgloses señalan que los cambios en las características, entre ellas la edad de la madre, el número de hermanos mayores que un niño tiene al nacer, el número de meses que separan su nacimiento del anterior y si el parto fue simple o múltiple, explican solo el 7% de la disminución de la tasa de mortalidad infantil entre comienzos de los años ochenta y finales de la década del 2000 en Perú. En otras palabras, los cambios asociados con la transición demográfica no pueden explicar por sí solos una gran parte de la disminución de la mortalidad infantil en Perú.[13]

A continuación, considérese la estatura de los niños. Esta medida es importante porque, aunque algunos niños en cualquier población serán evidentemente más altos que otros por motivos genéticos, cuando la estatura promedio de los niños de una población es baja, probablemente refleje una dieta pobre o infecciones frecuentes durante la infancia (lo que incluye la inflamación debida a infecciones asintomáticas, un fenómeno conocido como enteropatía ambiental). Esto, a su vez, puede traer como resultado un menor desarrollo cognitivo y, con el tiempo, peor desempeño escolar, salarios más bajos y una salud más deficiente a lo largo del ciclo de vida, lo cual incluye una mayor incidencia de enfermedades crónicas en la vejez.[14]

Desde los años noventa, se han recopilado regularmente datos sobre la estatura de los niños pequeños en numerosos países en desarrollo, entre ellos los países de América Latina y el Caribe. El análisis de estos datos revela grandes diferencias en la estatura promedio de los niños en la región: un niño de 4 años es, en promedio, 6 centímetros más alto en Chile que en Ecuador y 10 centímetros más alto en Chile que en Guatemala.[15] La estatura de los niños ha aumentado en algunos países (en Honduras, Nicaragua y Perú, los niños de 4 años eran, en promedio, 2 centímetros más altos en 2012 que en 2000-01), pero no en todos (en Panamá, los niños no eran más altos en 2008 que en 1997, en promedio).[16] La estatura de los adultos en América Latina también se ha incrementado en general aunque, como sucede con los niños, la medida en que esto ha ocurrido varía sustancialmente entre los países (véase el recuadro 2.4).

Los datos sobre la estatura de los niños también constituyen la base para el cálculo de la desnutrición crónica. Con este fin, la estatura de un determinado niño se compara con la de un niño de una población de referencia de niños bien nutridos.[17] Si la estatura de un niño se encuentra más de 2 desviaciones estándar por debajo de la estatura promedio de los pequeños de la misma edad y sexo en esa población de referencia, se dice que sufre un retraso en el crecimiento o que está crónicamente desnutrido.[18]

El gráfico 2.3 muestra los cambios en la desnutrición crónica en seis países que, en términos generales, son representativos de lo que ha ocurrido en la región: Bolivia, Guatemala, Haití, Honduras, México y Paraguay. Como en el gráfico 2.1, cada panel incluye barras que corresponden a la desnutrición crónica en un determinado país y año, y círculos para la desnutrición promedio en países con el mismo nivel de ingreso. Sin embargo, a diferencia de la mortalidad infantil, en la mayoría de los países los datos sobre desnutrición solo están disponibles a partir de los años noventa o de la década del 2000, y no lo están para exactamente el mismo año en cada país.

Numerosos países de la región han logrado grandes progresos reduciendo las tasas de retraso en el crecimiento desde comienzo de los años noventa. A lo largo de un período de 20 años, el retraso en el crecimiento disminuyó en aproximadamente la mitad en 10 países y en más del 75% en México. En la actualidad la mayoría de los países de la región tiene tasas de retraso en el crecimiento que son más o menos comparables con o sustancialmente menores que, las de otros países con niveles de ingreso

> **RECUADRO 2.4. CAMBIOS EN LA ESTATURA DE LOS ADULTOS**
>
> Diversos economistas, entre ellos el premio Nobel Robert Fogel y Angus Deaton, así como numerosos nutricionistas, entre ellos Reynaldo Martorell y César Victora, sostienen desde hace tiempo que la estatura promedio de una población en la edad adulta puede ser un buen indicador de las condiciones de crianza en la primera infancia.[a] Históricamente, a medida que la nutrición fue mejorando y que las enfermedades infantiles se fueron volviendo menos prevalentes, las personas han ganado en estatura. Por ejemplo, Deaton (2013) demuestra que los hombres europeos han crecido aproximadamente 1 centímetro por década a lo largo de un siglo, de modo que el varón promedio nacido en los años ochenta es 12 centímetros más alto que uno nacido en 1860. Deaton también demuestra que en China los hombres y mujeres están creciendo aproximadamente 1 centímetro por década, mientras que en India, los varones están creciendo solo medio centímetro por década y las mujeres están creciendo menos de 0,2 centímetros por década. Sostiene que los indios son de baja estatura y han crecido poco a lo largo del tiempo por diversos motivos, entre ellos, las dietas que carecen de proteínas y grasas, un acceso inadecuado al agua potable y malas condiciones de saneamiento. India tiene una de las tasas más altas de defecación al aire libre en el mundo y esto, combinado con una alta densidad demográfica, trae como resultado una degradación ambiental. El trato preferencial que se da a los niños en relación con las niñas en India también interviene en la diferencia de sus tasas de crecimiento.
>
> ¿Qué sucede con la estatura de los adultos en América Latina? La estatura de las mujeres adultas se mide en numerosas encuestas utilizadas para calibrar la salud materno infantil en la región, entre ellas las Encuestas de Demografía y Salud (DHS, por sus siglas en inglés). Estos datos se pueden utilizar para comparar la estatura de las mujeres adultas en diferentes cohortes de nacimientos.[b] En promedio, en 10 países de la región donde hay datos disponibles, las mujeres nacidas en 1990 son unos 2 centímetros más altas que las nacidas en 1960. Sin embargo, este promedio oculta importantes diferencias. En dos países, Brasil y Chile, las mujeres han crecido más de 1,5 centímetros por década, mientras que en otros seis (Bolivia, Guatemala, Haití, Honduras, Perú y República Dominicana) lo han hecho a un ritmo mucho menor, con menos de 0,5 centímetro por década.
>
> ---
> [a] Entre las referencias importantes se destacan: Deaton (2013); Fogel (1994; 2004); Floud et al. (2011); Victora et al. (2008), entre muchos otros.
>
> [b] Estas comparaciones se elaboran para mujeres de entre 20 y 49 años, cuando las mujeres han alcanzado su estatura final, pero antes de que la misma comience a disminuir en la vejez.

similares. Solo Guatemala, que tiene una de las tasas de retraso en el crecimiento más altas del mundo (48%), es un claro caso atípico negativo en la región.

Como sucede con la mortalidad infantil, también es útil observar las diferencias en un mismo país. En el cuadro 2.3 se comparan las tasas de

Gráfico 2.3 Desnutrición crónica

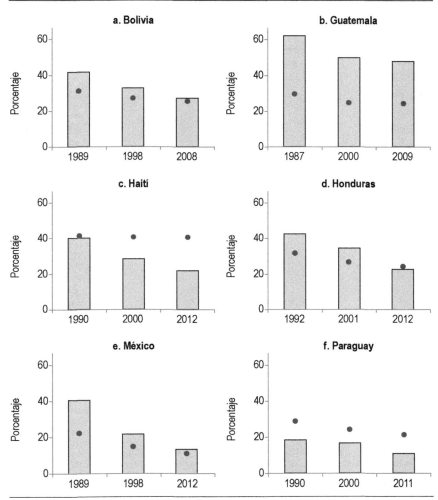

Fuente: Indicadores del Desarrollo Mundial (Banco Mundial), Organización Mundial de la Salud (OMS).
Nota: Todos los valores del PIB en miles de dólares según la PPA (dólares internacionales de 2005) provienen de las bases de datos de *Perspectivas de la Economía Mundial* (WEO, por sus siglas en inglés).

retraso del crecimiento en niños de madres con educación de nivel "bajo" (educación primaria incompleta o menos) y de madres con educación de nivel "alto" (educación secundaria completa o más) en 19 países de la región. El cuadro muestra que los gradientes de educación de las madres son modestos en algunos países con tasas de retraso de crecimiento en general bajas, entre ellos Brasil, Chile y Trinidad Tobago. Sin embargo, en

Cuadro 2.3 Desnutrición crónica según el nivel educativo de la madre

País	Retraso en el crecimiento	
	Primaria incompleta o menos	Secundaria completa o más
Belice (2011)	24,6	10,5
Bolivia (2008)	36,7	11,8
Brasil (2009)	11,3	8,9
Chile (2012)	2,9	2,7
Colombia (2010)	20,9	8,6
Ecuador (2012)	39,6	18,3
El Salvador (2008)	26,5	11,8
Guatemala (2008)	59,5	13,7
Haití (2012)	27	4,5
Honduras (2012)	35,8	7,5
Jamaica (2010)	—	6,3
México (2012)	26,9	11,2
Nicaragua (2001)	34,9	8,7
Panamá (2008)	35,1	7
Paraguay (2012)	12,9	6,3
Perú (2012)	37,3	8,5
República Dominicana (2007)	13,7	7,4
Suriname (2011)	9	5,5
Trinidad y Tobago (1987)	5,8	4,8

Fuente: Cálculos de los autores sobre la base de las Encuestas de Demografía y Salud (DHS) para Bolivia, Colombia, Haití, Honduras, Perú, República Dominicana y Trinidad y Tobago; Encuesta de Indicadores Múltiples por Conglomerado (MICS) para Belice y Suriname; Pesquisa de Orçamentos Familiares (POF) para Brasil; Encuesta Longitudinal de la Primera Infancia (ELPI) para Chile; Encuesta Nacional de Salud y Nutrición (Ensanut) para Ecuador; Encuesta Nacional de Salud y Nutrición (FESAL) para El Salvador; Encuesta Nacional de Salud Materno Infantil (ENSMI) para Guatemala; Survey of Living Conditions (SLC) para Jamaica; Encuesta Nacional de Salud y Nutrición (Ensanut) para México; Encuesta Nicaragüense de Demografía y Salud (Endesa); Encuesta de Niveles de Vida (ENV) para Panamá; Encuesta de Ingresos, Gastos y Condiciones de Vida (EIGyCV) para Paraguay.
Notas: Se consideran niños de entre 0 y 59 meses, excepto para Chile, y Trinidad y Tobago. En Chile la muestra se refiere a niños de entre 7 y 59 meses, y en Trinidad y Tobago a niños de entre 3 y 36 meses.

otros países, entre ellos Guatemala, Haití y Panamá, los hijos de madres con menor nivel educativo tienen cinco veces más probabilidades de sufrir retraso en el crecimiento que los de madres con un alto nivel de educación. También se observa un problema creciente en el número de niños que sufren sobrepeso o son obesos, sobre todo en algunos países (entre ellos Bolivia, Chile y México) (véase el recuadro 2.5).

En resumen, los países en América Latina y el Caribe han logrado grandes progresos en la mejora de la salud infantil. El porcentaje de bebés que nacen con bajo peso es menor que en otras regiones en desarrollo.

Además, la región ha reducido sustancialmente la mortalidad infantil y la desnutrición crónica. Algunos cálculos sencillos resumen la magnitud de los cambios que han tenido lugar en las últimas dos décadas. En cada uno de los siguientes tres años, 1990, 2000 y 2010, en América Latina y el Caribe nacieron alrededor de 10 millones de niños.[19] De estos 10 millones de niños, 428.000 murieron antes de su primer año en 1990, 270.000 murieron en 2000, y 149.000 murieron en 2010. A lo largo de un período de 20 años, la probabilidad de que un niño nacido en la región muriera en su primer año de vida disminuyó en casi dos terceras partes.[20] De la misma manera, en cada uno de estos tres años, en la región había casi 50 millones de niños que tenían cinco años o menos.[21] De estos 50 millones de niños, 13,7 millones sufrieron un retraso del crecimiento en 1990, 10,2 millones en 2000, y

---

RECUADRO 2.5. EL AUMENTO DEL PROBLEMA DEL PESO ENTRE LOS NIÑOS

El sobrepeso infantil y la obesidad se están convirtiendo en un problema cada vez mayor en diversos países de América Latina y el Caribe. La obesidad en la infancia tiene consecuencias inmediatas en la salud infantil, y también puede tener como resultado una menor autoestima y el incremento de la depresión. Además, entre una tercera parte y la mitad de los niños obesos se convierten en adultos obesos (véase una reseña de Serdula et al. [1993], citado en Rivera et al. [2014]). Ha quedado bien establecido que el sobrepeso y la obesidad son factores de riesgo en enfermedades no contagiosas en la edad adulta, como hipertensión, diabetes tipo 2 y enfermedades cardiovasculares, entre otras.

El reciente estudio de Rivera et al. (2014) llega a la conclusión de que el porcentaje de niños menores de 5 años que sufren sobrepeso ha aumentado en diversos países de América Latina. En México, por ejemplo, el porcentaje de niños con sobrepeso en este grupo de edad aumentó de 7,8% a 9,8% entre 1988 y 2012.[a]

El cuadro 2.5.1 se centra en el porcentaje de niños menores de 5 años que sufren sobrepeso u obesidad, por país y por nivel de educación de la madre. Muestra que el porcentaje de sobrepeso varía en gran medida por país, del 3,6% en Haití al 10,1% en Chile. En la mayoría de los países, las tasas de sobrepeso y obesidad son más altas entre los niños cuyas madres tienen un nivel educativo más alto. Por ejemplo, en Colombia, el 2,7% de los niños cuyas madres tienen un nivel educativo "bajo" sufren sobrepeso, comparados con el 6,2% de niños de madres con un nivel educativo "alto"; y en Perú, el 0,8% de los niños cuyas madres tienen un bajo nivel educativo son obesos, comparados con el 2,7% de niños cuyas madres ostentan un alto nivel de estudios.

[a] Los aumentos del sobrepeso y de la obesidad entre los niños en edad escolar parecen constituir un problema mucho más grave en niños algo mayores. Rivera et al. (2014) estiman que entre un 20% y un 25% de todos los niños y adolescentes (entre 0 y 18 años) de América Latina sufre de sobrepeso u obesidad.

(continúa en la página siguiente)

RECUADRO 2.5. *(continuación)*

Cuadro 2.5.1 Sobrepeso y obesidad según el nivel educativo de la madre

País	Prevalencia de sobrepeso (porcentaje de niños menores de 5 años)	Sobrepeso		Obesidad	
		Primaria incompleta o menos	Secundaria completa o más	Primaria incompleta o menos	Secundaria completa o más
Belice (2011)	7,9	6,5	10	2,6	3,8
Bolivia (2008)	8,7	8,3	10,2	1,8	2,4
Brasil (2007)	7,3	—	—	—	—
Chile (2013)	10,1	—	—	—	—
Colombia (2010)	4,8	2,7	6,2	0,3	1,5
Ecuador (2012)	7,5	7,8	7,8	1,5	2,9
El Salvador (2008)	5,7	4,2	9,5	0,7	1,8
Guatemala (2009)	4,9	—	—	—	—
Haití (2012)	3,6	3,5	7,1	0,8	0,9
Honduras (2012)	5,2	2,9	9,8	0,8	3,2
Jamaica (2010)	4,0	—	3,5	—	1,5
México (2012)	9,0	8,3	9,5	2,7	2,1
Nicaragua (2006)	6,2	—	—	—	—
Panamá (1997)	6,2	—	—	—	—
Paraguay (2005)	7,1	—	—	—	—
Perú (2012)	7,2	3,9	10,3	0,8	2,7
República Dominicana (2007)	8,3	6,8	8,9	1,4	2,1
Suriname (2010)	4,0	—	—	—	—
Trinidad y Tobago (1987)	4,0	—	5,5	—	1,0

Fuentes: Indicadores del Desarrollo Mundial (Banco Mundial) para la prevalencia de sobrepeso (porcentaje de niños menores de 5 años). Para sobrepeso y obesidad según la educación de la madre, los valores recogidos corresponden a los propios cálculos basados en la Encuesta de Indicadores Múltiples por Conglomerado (MICS) para Belice, las Encuestas de Demografía y Salud (DHS) para Bolivia, Colombia, Haití, Honduras, República Dominicana, Trinidad y Tobago, y Perú; Jamaica Survey of Living Conditions (JSLC) para Jamaica; la Encuesta Nacional de Salud y Nutrición (Ensanut) para México; y la Encuesta Nacional de Salud Familiar (FESAL) para El Salvador. Notas: Se consideran niños de edades entre 0 y 59 meses, con la excepción de Chile y Trinidad y Tobago. En Chile, la muestra se refiere a niños de entre 7 y 59 meses, y en Trinidad y Tobago a niños de entre 3 y 36 meses.

7,5 millones en 2010. A lo largo de un período de 20 años, la probabilidad de que un niño de menos de 5 años en la región sufriera desnutrición crónica ha disminuido en casi la mitad. Sin embargo, a pesar de estos avances, en numerosos países todavía persisten gradientes socioeconómicos en mortalidad infantil y, en particular, en la desnutrición crónica.

La brecha entre ricos y pobres: desarrollo cognitivo, del lenguaje, socioemocional y motor

Además de la salud y la nutrición, el desarrollo infantil también abarca el desarrollo cognitivo, del lenguaje, socioemocional y motor (motricidad gruesa y motricidad fina). Los datos sobre estos aspectos del desarrollo infantil no han sido recopilados para muestras nacionalmente representativas de niños de una manera que sea comparable entre países y que esté disponible en más de un momento en el tiempo.[22] En realidad, no existe un acuerdo sobre cuál es la medida "mejor" o incluso "adecuada" del desarrollo del lenguaje, cognitivo, motor o socioemocional (véase el recuadro 1.4 en el capítulo 1).[23] En la práctica, diferentes investigadores han utilizado diversos instrumentos para medir estos aspectos del desarrollo infantil en la región.[24] Además, no existe un acuerdo a propósito de cómo estandarizar las puntuaciones (véase el recuadro 2.6).

RECUADRO 2.6. EL DEBATE SOBRE LA ESTANDARIZACIÓN DE LAS PUNTUACIONES

En la literatura sobre desarrollo infantil, hay un debate acerca de si es preferible utilizar una estandarización externa o interna para convertir las puntuaciones brutas de una determinada prueba en medidas que se puedan comparar entre niños de diferentes edades.

En la estandarización externa, se utiliza una tabla para convertir las medidas brutas en puntuaciones estandarizadas por edad. Por ejemplo, el Grupo de Estudio Multicéntrico del Patrón de Crecimiento de la OMS (2006) desarrolló "tablas de crecimiento" revisadas. Estas tablas, que se basan en una muestra de alrededor de 8.500 niños de Brasil, Estados Unidos, Ghana, India, Noruega y Omán, se utilizan para transformar la altura y el peso de los niños de una determinada edad en puntuaciones z estandarizadas. Estas puntuaciones z, a su vez, constituyen la base para el cálculo de la desnutrición crónica (retraso en el crecimiento) y la desnutrición aguda (emaciación) para poblaciones de todo el mundo.

No existe un consenso de este tipo en relación con el desarrollo del lenguaje, cognitivo, socioemocional y motor. Muchas pruebas incluyen una tabla que proporciona el diseñador de la prueba para convertir puntuaciones brutas en puntuaciones estandarizadas por edad. Sin embargo, la muestra de niños que se ha empleado para regular una prueba suele ser pequeña. También existe la preocupación de que las normas puedan no ser culturalmente apropiadas en algunos entornos. Por ejemplo, el Test de Vocabulario en Imágenes Peabody, que es la versión en español del Peabody Picture Vocabulary Test (PPVT), una prueba ampliamente usada en

(continúa en la página siguiente)

RECUADRO 2.6. *(continuación)*

evaluaciones en América Latina, fue normada a partir de muestras relativamente pequeñas de hijos de inmigrantes mexicanos en Estados Unidos y niños de Puerto Rico (1.219 y 1.488 individuos, respectivamente).

La estandarización interna es un enfoque alternativo. En este caso, una determinada puntuación bruta se normaliza restando la media de niños de la misma edad en la población en que se aplicó la prueba, y se divide por la desviación estándar de las puntuaciones de los niños de la misma edad. A menudo esto se ve como un enfoque más conservador, porque no depende de niños de una población diferente. Sin embargo, con la estandarización interna no se pueden comparar las puntuaciones de niños de diferentes muestras, por ejemplo: comparar las puntuaciones en lenguaje de niños de Chile y de Perú. Además, al dividir por la desviación estándar, un investigador está suponiendo implícitamente que la desviación estándar observada es una buena medida de la verdadera desviación estándar o, por lo menos, que la diferencia entre los valores verdaderos y observados es la misma para niños de diferentes edades.

Desafortunadamente, puede que este supuesto no siempre sea válido. Cuando se utiliza la estandarización interna el error de medición en el desarrollo infantil tendrá como resultado gradientes socioeconómicos estimados que son más pequeños que los verdaderos gradientes. Supóngase que se produce un error de medición en las puntuaciones de las pruebas para niños muy pequeños —por ejemplo, porque estos tienen más dificultades para entender una prueba—, o que las puntuaciones a estas edades reflejan una combinación de tareas realizadas por los propios niños (y observados por el encuestador) y los informes de las madres. En estas circunstancias, puede que un investigador que utiliza puntuaciones estandarizadas internamente llegue a la conclusión de que los gradiente socioeconómicos aumentan a medida que los niños crecen (aunque esto podría ser sencillamente un resultado de la correlación entre error de medición y edad del niño). A la larga, la elección entre estandarización interna y externa no es fácil, e implica formular un juicio acerca de la importancia de diversos problemas de medición.

El hecho de que los especialistas en desarrollo infantil no se hayan puesto de acuerdo sobre una prueba adecuada para medir el desarrollo cognitivo, del lenguaje, socioemocional y motor de los niños pequeños, y sobre una población de referencia apropiada para transformar las puntuaciones brutas en puntuaciones estandarizadas por la edad, es un grave obstáculo para la medición de los déficits de desarrollo infantil en todo el mundo, y para el diseño y la evaluación de políticas efectivas.

Las diferencias en la elección de las pruebas y en la forma de estandarizarlas dificultan las comparaciones entre distintos países. Sin embargo, hay dos estudios recientes que constituyen excepciones. El primero, una iniciativa conocida como PRIDI (acrónimo en español del Programa Regional de Indicadores de Desarrollo Infantil) recopiló datos utilizando la escala de Engle, un instrumento nuevo desarrollado para este fin, en muestras nacionalmente representativas de unos 2.000 niños en cada uno de estos cuatro países: Costa Rica, Nicaragua, Paraguay y Perú (Verdisco et al. 2014). La escala de Engle, que se aplicó a niños de entre 24 y 59 meses de edad, mide el desarrollo infantil en cuatro aspectos: el lenguaje y la comunicación, y el desarrollo cognitivo, motor y socioemocional. En términos generales, al comparar niños en los quintiles más ricos y más pobres de cada país, hay grandes diferencias en el desarrollo del lenguaje (0,6 desviaciones estándar, en promedio) y cognitivo (0,5 desviaciones estándar, en promedio) y diferencias más pequeñas en el desarrollo socioemocional (0,3 desviaciones estándar, en promedio) y las habilidades motrices (0,2 desviaciones estándar, en promedio).[25] En el aspecto cognitivo y del lenguaje y la comunicación, los gradientes de riqueza parecen aumentar sustancialmente a medida que los niños crecen.

El segundo estudio compara el desempeño en el Test de Vocabulario en Imágenes Peabody (TVIP), que es la versión en español del Peabody Picture Vocabulary Test (PPVT), en regiones rurales de cinco países: Chile, Colombia, Ecuador, Nicaragua y Perú (Schady et al. 2015).[26] El TVIP es una medida del vocabulario receptivo que ha sido aplicada en numerosas muestras en América Latina y en otros países (véase el recuadro 2.7); en los adultos, suele considerarse como una medida de la inteligencia verbal. El análisis muestra que hay marcados gradientes en las puntuaciones del TVIP en todos los países, que oscilan desde 0,6 desviaciones estándar en Colombia hasta 1,2 desviaciones estándar en Ecuador.

Hay diversos estudios específicos de país con datos de Colombia, Nicaragua y Ecuador. Estos estudios difieren considerablemente en los grupos de edad analizados, en las poblaciones que cubren (por ejemplo en su estatus socioeconómico), y en las pruebas que se aplicaron y en cómo fueron estandarizadas. A pesar de estas diferencias, los resultados de estos estudios son consistentes en líneas generales.

De aquí se desprenden dos mensajes. En primer lugar, los niños de hogares más ricos tienen niveles más altos de desarrollo cognitivo y del lenguaje. En un estudio de niños de entre 6 y 42 meses en Bogotá, Colombia, se utilizó la Escala Bayley de Desarrollo Infantil para analizar los gradientes (Rubio-Codina et al. 2015). Los autores llegaron a la conclusión de que a los 42 meses, los niños en el percentil 90 de la distribución de la riqueza tienen puntuaciones que son 0,7 desviaciones estándar más altas que las de los niños en el percentil 10 en lenguaje, y una desviación

> **RECUADRO 2.7. LA IMPORTANCIA DEL LENGUAJE**
>
> Numerosos países de América Latina y el Caribe, entre ellos Chile, Colombia, Ecuador, México, Nicaragua y Perú, han recopilado datos sobre el vocabulario receptivo a edades tempranas utilizando el Test de Vocabulario en Imágenes Peabody (TVIP), que es la versión en español del PPVT (Peabody Picture Vocabulary Test). El PPVT se ha aplicado ampliamente en Estados Unidos, y sus traducciones se han usado en Camboya, Etiopía, India, Madagascar, Mozambique y Vietnam, entre otros países. El test ha sido ampliamente validado (se puede encontrar una larga lista de referencias en http://psychology.wikia.com/wiki/Peabody_Picture_Vocabulary_Test).
>
> Se ha demostrado que el vocabulario temprano puede ser un importante predictor del desempeño escolar posterior (Powell y Diamond 2012; Wasik y Newman 2009, entre muchas otras fuentes). También se ha observado que los resultados en el PPVT a edades tempranas puede ser un predictor del desempeño escolar posterior en numerosas muestras en Estados Unidos (Duncan et al. 2007; Duncan y Magnuson 2011). Además, se ha verificado que el vocabulario temprano, medido por el PPVT y por pruebas similares, es altamente predictivo de los salarios y otros resultados en el mercado laboral en la edad adulta en Estados Unidos y Reino Unido (Case y Paxson 2008; Currie y Thomas 2001).
>
> Schady (2012) utiliza una encuesta de panel en Ecuador para demostrar que las puntuaciones en el TVIP a los 5 años son altamente predictivas del desempeño escolar en los primeros años de la escuela primaria. Un aumento de una desviación estándar en las puntuaciones del TVIP a los 5 años se asocia con un aumento de 0,32 desviaciones estándar en las puntuaciones de matemáticas y lenguaje tres años más tarde, y con una disminución de 6,6 puntos porcentuales de la probabilidad de que un niño sufra un retraso de un año o más en términos de su progresión escolar. Como señala Schady, es probable que estas asociaciones se vean atenuadas por errores de medición: la "verdadera" asociación entre el vocabulario temprano y el desempeño escolar en Ecuador probablemente sea mayor. Aunque el PPVT y el TVIP prueban solo una dimensión del desarrollo temprano, el lenguaje receptivo, se trata de una dimensión que parece ser altamente predictiva de futuros resultados.

estándar en desarrollo cognitivo. La evidencia de los gradientes de riqueza es mucho más débil en otros aspectos del desarrollo infantil (habilidades motrices gruesas y finas, y desarrollo socioemocional).

Un estudio de niños de entre 0 y 71 meses de edad en los municipios rurales de Nicaragua analiza los gradientes en una población que es suficientemente pobre como para poder acceder a un programa de transferencias condicionales (Macours, Schady y Vakis 2012). Los autores aplican una versión abreviada de la Prueba de Tamizaje del Desarrollo de Denver, que mide cuatro dimensiones del desarrollo infantil (lenguaje, desarrollo socio-personal, motricidad fina y motricidad gruesa), así como otras pruebas para niños de 3 años y más. Los autores llegan a la conclusión de que los gradientes socioeconómicos más marcados se observan en la medición del desarrollo del lenguaje de la Prueba de Denver y en el TVIP.

Numerosos estudios examinan una población que es lo bastante pobre como para poder calificar para un programa de transferencias en Ecuador (Paxson y Schady 2007; 2010; Schady 2011; 2012). Hay marcados gradientes socioeconómicos en el lenguaje, gradientes menores en la memoria y ningún gradiente en la incidencia de problemas de comportamiento. Otro trabajo (Araujo et al. 2014) utiliza datos sobre niños de 5 años en la zona costera de Ecuador para analizar diferencias socioeconómicas en la función ejecutiva, calculadas sobre la base de pruebas de memoria, atención, flexibilidad cognitiva y control inhibitorio (véase el recuadro 1.2 para una definición de función ejecutiva). Los autores informan sobre una diferencia en la función ejecutiva de cerca de 0,6 desviaciones estándar entre niños cuyas madres tienen una educación primaria incompleta o menos y aquellos cuyas madres tienen una educación secundaria completa o más.

El segundo mensaje de estos estudios es que los gradientes en desarrollo cognitivo y del lenguaje suelen acentuarse a medida que los niños crecen. En Bogotá, a los 18 meses, las diferencias en desarrollo del lenguaje y desarrollo cognitivo de niños situados en los percentiles 10 y 90 de la distribución de la riqueza son de alrededor de 0,4 desviaciones estándar; a los 42 meses, los niños en el percentil 90 de la distribución de la riqueza tienen puntuaciones que son 0,7 desviaciones estándar más altas que los del percentil 10 en lenguaje y una desviación estándar más alta en desarrollo cognitivo (Rubio-Codina et al. 2015). En Ecuador, las diferencias en las puntuaciones del TVIP entre hijos de madres que tienen ellas mismas puntuaciones altas y bajas en el mismo test son modestas a los 3 años pero considerables a los 5 años (Schady 2011). Una explicación plausible de este patrón de resultados es que el efecto del estatus socioeconómico en el desarrollo infantil es acumulativo.

¿Son inusuales estos patrones observados en la región? En concreto, ¿los gradientes socioeconómicos en América Latina y el Caribe son mayores o menores que los observados en otras regiones? No son preguntas fáciles de responder, dada la falta de comparabilidad en las medidas del desarrollo infantil utilizadas en diferentes estudios y países. Sin embargo, se pueden hacer algunas comparaciones razonables, sobre todo en lo relativo al vocabulario receptivo, dado que el PPVT, su versión española (TVIP) y las traducciones del PPVT a varias lenguas han sido aplicados en varios países desarrollados y en desarrollo.

En primer lugar, una comparación directa de los gradientes socioeconómicos en el lenguaje receptivo entre niños en Estados Unidos y Ecuador sugiere que las diferencias en vocabulario entre hogares más ricos y más pobres son mayores en Ecuador (Paxson y Schady 2007).[27] En segundo lugar, los datos del estudio Young Lives sugieren que los gradientes socioeconómicos en vocabulario receptivo son más marcados en Perú que en India, Etiopía y Vietnam (López Boo 2014).

En resumen, los datos de diversos estudios en América Latina y el Caribe demuestran que hay diferencias sustanciales en el desarrollo infantil en un mismo país. Como se ha constatado a partir de los casos de Australia, Canadá, Estados Unidos y Reino Unido (Bradbury et al. 2012; Waldfogel y Washbrook 2011), los gradientes socioeconómicos en la región son más marcados en el desarrollo cognitivo y del lenguaje, y mucho menos visibles en otros resultados, entre ellos el desarrollo socioemocional y la incidencia de problemas de comportamiento. Las diferencias en el desarrollo del lenguaje y el desarrollo cognitivo entre los niños más ricos y los más pobres aparecen tempranamente, y suelen ser más pronunciadas entre los niños mayores, al menos hasta que esos niños ingresan en el sistema escolar formal.

La fotografía completa

¿Qué se sabe acerca del desarrollo de los niños de corta edad en América Latina y el Caribe? En términos generales, los niños de la región disfrutan de una salud y nutrición relativamente buenas, sobre todo cuando se comparan con las condiciones de hace unas cuantas décadas. El porcentaje de niños nacidos con bajo peso es menor que en otras regiones en desarrollo. La región de América Latina y el Caribe ha hecho enormes progresos en la reducción de la mortalidad infantil. Numerosos países tienen actualmente tasas de mortalidad infantil comparables con —o menores que— las de otros países con niveles de ingreso similares. La estatura de los niños y los adultos en la región está aumentando. También se han conseguido importantes progresos en la disminución de las tasas de retraso en el crecimiento, aunque la desnutrición crónica sigue siendo un reto en ciertas zonas de Centroamérica y de la región andina, sobre todo entre los niños de hogares pobres y entre los indígenas.

El cuadro es menos claro en relación con otras dimensiones del desarrollo infantil. A menudo no hay datos, o estos no son comparables. Teniendo en cuenta estas limitaciones en materia de datos, en los mismos países parece haber marcados gradientes socioeconómicos en el desarrollo cognitivo y del lenguaje. Al contrario, y en consonancia con lo que se observa en los países más ricos fuera de la región, los gradientes son mucho menos marcados en el desarrollo motor (sobre todo en las habilidades de motricidad gruesa), el desarrollo socioemocional y la incidencia de problemas de comportamiento.

Los gradientes socioeconómicos en lenguaje y cognición también son preocupantes porque constituyen aspectos fundamentales de la preparación temprana para la escuela. En realidad, los datos de panel de Estados Unidos (Duncan y Magnuson 2011; Duncan 2011) y Ecuador (Schady 2012) sugieren que los niños que comienzan la escuela con niveles adecuados de alfabetización temprana y habilidades numéricas tienen muchas más probabilidades de tener éxito en la misma. De esta manera, dado que los niños más pobres en numerosos países de América Latina y el Caribe tienen menos probabilidades de contar con una preparación temprana que sus pares con mejor situación económica, la desigualdad se transmite de una generación a la siguiente.

Notas

[1] Hay una literatura muy abundante sobre esto en los campos de la medicina, el desarrollo infantil y la economía. La literatura para los países en desarrollo se resume en Walker et al. (2007). Algunas referencias importantes de la literatura económica, principalmente de Estados Unidos y otros países desarrollados, son Almond, Chay y Lee (2005); Behrman y Rosenzweig (2004); Black, Devereux y Salvanes (2007); Currie y Hyson (1999); y Currie y Moretti (2007). Véase también Hack, Klein y Taylor (1995).

[2] Debe señalarse que estas pueden ser subestimaciones del efecto de los cuidados especiales debido a la selección en la supervivencia: la mortalidad es menor justo por debajo del umbral de 1.500 gramos, y es probable que los niños "adicionales" que sobreviven sean en promedio más débiles y que tengan menores capacidades de aprendizaje que otros niños.

[3] Las tasas de crecimiento del PIB suelen ser malos predictores de las reducciones de la mortalidad infantil (Deaton 2013; Vollmer et al. 2014). Por otro lado, las crisis económicas pueden producir aumentos bruscos de la tasa de mortalidad infantil. Véanse Bhalotra (2010) para India; Baird, Friedman y Schady (2011) para una muestra amplia de países en desarrollo; y Paxson y Schady (2005) para Perú.

[4] Históricamente, los países más exitosos han reducido la tasa de mortalidad infantil en casi la mitad cada década a lo largo de un período de entre 30 y 40 años. Se han producido importantes disminuciones en países donde la mortalidad infantil era alta (entre 1960 y 2012, Turquía redujo su tasa de mortalidad infantil de 171 x 1.000 a 12 x 1.000), así como también en países donde esta era baja (entre 1990 y 2010, Portugal redujo su tasa de mortalidad infantil del 12 x 1.000 a 3 x 1.000); en países que eran relativamente ricos (Singapur disminuyó su tasa de mortalidad infantil de 22 x 1.000 a 3 x 1.000 entre 1970 y 2000) así como en aquellos que eran muy pobres (Bangladesh redujo su tasa de mortalidad infantil de 100 x 1.000 a 33 x 1.000 entre 1990 y 2012). Los cambios a largo plazo en la tasa de mortalidad infantil en Brasil, Chile, El Salvador, Honduras y Perú son de una magnitud comparable a los observados en países fuera de América Latina y el Caribe que han tenido el mayor éxito en la reducción de la mortalidad infantil.

[5] Esto también ocurre en el caso de Colombia, Ecuador, y Trinidad y Tobago.

[6] Esto también ocurre en el caso de Paraguay.

[7] Esto también ocurre en Bolivia, Guatemala, México, Perú, Uruguay y Venezuela.

⁸ Esto también ocurre en la República Dominicana.

⁹ La metodología utilizada para los cálculos en este capítulo se basa en Baird, Friedman y Schady (2011), Bhalotra (2010) y Paxson y Schady (2005).

¹⁰ En consonancia con esto, las reducciones de la mortalidad infantil en Perú han sido mucho mayores en el altiplano, más pobre y aislado, con una alta concentración de población indígena, que en las zonas costeras más ricas, donde el porcentaje de población indígena es bajo.

¹¹ En Perú, como en muchos otros países, la tasa de mortalidad infantil de los niños es sistemáticamente más alta que la de las niñas. Las investigaciones médicas atribuyen esta ventaja de las niñas a diferencias sexuales en la constitución genética, por lo cual los niños son biológicamente más débiles que las niñas *in utero* y a edades tempranas. En los países cuyas sociedades dan un trato preferencial a los niños, la tasa de mortalidad infantil de los mismos puede ser inferior a la de las niñas, como en el caso de China e India. Sin embargo, esto no ocurre en ningún país en América Latina y el Caribe.

¹² Se trata de desgloses siguiendo la línea de Oaxaca y Blinder (véase Paxson y Schady [2005] para una aplicación más temprana del desglose de los cambios en la tasa de mortalidad infantil en Perú).

¹³ Las reducciones de la mortalidad infantil en Perú desde comienzos de los años ochenta también fueron desglosadas en disminuciones de la mortalidad neonatal (definida como la muerte en los primeros 28 días de vida) y de la mortalidad post neonatal (definida como la muerte después del día 28 pero antes del primer año de vida). Esta distinción es instructiva porque la mortalidad neonatal se debe en gran medida a las complicaciones en torno al parto (por ejemplo, prematuridad, bajo peso al nacer, malformaciones congénitas); la tecnología médica, como las unidades de cuidados intensivos neonatales para los bebés con bajo peso al nacer, tiene un efecto considerable en la mortalidad neonatal. Por otro lado, la mortalidad post neonatal es mucho más el resultado de infecciones (por ejemplo, neumonía, infecciones intestinales); el acceso al agua potable y a un saneamiento adecuado, las tasas de vacunación, la nutrición y el fácil acceso a la atención de salud primaria constituyen factores determinantes clave de la mortalidad post neonatal. La disminución de la tasa de mortalidad infantil en Perú ha sido consecuencia de las reducciones de la mortalidad neonatal y de la mortalidad post neonatal de casi exactamente la misma magnitud.

¹⁴ Véanse Deaton (2013), Fogel (1994; 2004), Fogel y Costa (1997), Fogel et al. (2011) y Victora et al. (2008), entre muchos otros. Hay pruebas

particularmente concluyentes de la región sobre los efectos de la mala nutrición en la temprana infancia en una diversidad de resultados en la edad adulta que se basa en el estudio INCAP de Guatemala (véanse Hoddinott et al. 2008; 2013; Maluccio et al. 2009, entre muchas referencias).

[15] Para asegurar que las diferencias en la distribución en edad y sexo de los niños no tengan un efecto fundamental en estas comparaciones entre países y a lo largo del tiempo, para todas las encuestas, la muestra se limitó a niños entre 48 y 59 meses. La estatura de niños y niñas en cada mes de edad se calculó posteriormente por separado. El promedio final se calcula como el promedio igualmente ponderado de estos 24 promedios individuales.

[16] Dado que la estatura en la infancia tiene una estrecha correlación con la estatura alcanzada en la edad adulta (Stein et al. 2010), se podría esperar que los adultos nacidos a finales de la década del 2000 eventualmente serán bastante más altos que los nacidos a finales de los años noventa en Honduras, Nicaragua y Perú.

[17] Esto se lleva a cabo con el uso de "tablas de crecimiento" ampliamente aceptadas por la Organización Mundial de la Salud (OMS). Estas tablas se basan en la distribución del peso y de la estatura de una población de referencia de niños bien nutridos. Las curvas de crecimiento más recientes producidas por la OMS, conocidas como Estudio Multicéntrico del Patrón de Crecimiento de la OMS (EMPC), se basan en datos recopilados a partir de una muestra de aproximadamente 8.500 niños en Brasil, Ghana, India, Noruega, Omán y Estados Unidos. Véase de Onis et al. (2004).

[18] La desnutrición crónica es una medida acumulativa. Diversos autores han sostenido que el retraso en el crecimiento es la mejor medida universal del estado nutricional (véase, por ejemplo, el documento de Horton y Hoddinot [2014], elaborado como parte del Consenso de Copenhague).

[19] El número exacto de nacimientos fue 9,95 millones en 1990; 10,15 millones en 2000, y 9,87 millones en 2010.

[20] De hecho, este cálculo subestima el progreso logrado en la región en la reducción de la mortalidad infantil porque, aunque el número total de nacimientos ha permanecido relativamente constante en torno a 10 millones, hubo una mayor proporción de nacimientos en años posteriores en países con una tasa de mortalidad relativamente alta, en comparación con años anteriores. Por ejemplo, el número total de nacimientos en Chile, un país de baja mortalidad, fue de aproximadamente 295.000 en 1990, pero solo de 225.000 en 2010. Por otro lado, el número total

de nacimientos en Guatemala, un país con una tasa de mortalidad más alta, fue de 315.000 en 1990, pero de 451.000 en 2010. Los cálculos sobre la evolución del número de muertes en la región en su conjunto ignoran estos cambios en el porcentaje de nacimientos en diferentes países. Otro motivo por el cual estos cálculos probablemente subestimen el progreso logrado es que actualmente hay un mayor porcentaje de bebés con problemas prenatales o con muy bajo peso que hoy nacen vivos, en comparación con años anteriores (y que, por lo tanto, se tienen en cuenta en los cálculos de la mortalidad infantil). Estos bebés tienen una mayor probabilidad de muerte en su primer año que otros bebés.

[21] El número exacto es 49,6 millones en 1990; 50,2 millones en 2000, y 49,8 millones en 2010.

[22] Este problema no es único en la región. En un influyente artículo, Grantham-McGregor et al. (2007) estimaron que en los países en desarrollo hay 200 millones de niños menores de 5 años que no alcanzan su nivel potencial de desarrollo cognitivo. Sin embargo, al no haber datos comparables sobre desarrollo cognitivo, los autores utilizan la pobreza y el retraso en el crecimiento para aproximar la cantidad de niños con retraso cognitivo en cada país en desarrollo.

[23] Esto establece un fuerte contraste con las medidas de salud y nutrición infantil, en cuyo caso suele aceptarse como adecuado, y como una medida útil del estado nutricional infantil, el comparar la estatura de los niños de cualquier país (o de cualquier subgrupo en un mismo país, como los indígenas) con niños de una edad similar en una población bien nutrida.

[24] Algunos de estos instrumentos (como las Escalas Bayley de Desarrollo Infantil) deben ser aplicados por psicólogos capacitados en un entorno controlado, mientras que otros (como la Prueba de Tamizaje del Desarrollo de Denver o el Cuestionario de Edades y Etapas) pueden llevarse a cabo razonablemente en el hogar de un niño por encuestadores que han sido adecuadamente capacitados, pero que no son necesariamente psicólogos.

[25] Se trata de promedios para los cuatro países. Concretamente, son diferencias en la puntuación promedio de niños en el quintil más pobre de cada país, en relación con la puntuación promedio de niños en el quintil más rico de cada país.

[26] La muestra de niños de cada país recogida en Schady et al. (2015) se elaboró de manera diferente pero, como señalan los autores, en zonas

rurales, la distribución de la riqueza se asemeja *grosso modo* a la distribución de la riqueza de las encuestas de hogares nacionalmente representativas en todos los países.

[27] Esto es digno de mencionarse porque la muestra ecuatoriana incluye solo a niños por debajo del percentil 50 de la distribución de la riqueza (supuestamente, las diferencias en el desarrollo infantil entre los niños más ricos y más pobres en el conjunto del país serían mayores).

3 La familia primero

La familia es el factor que más incide en el bienestar de los niños. Su relevancia abarca muchos aspectos. Los padres deciden cómo alimentar a sus hijos y cuándo llevarlos al médico. El entorno familiar en el que crecen los niños puede ser positivo y cálido, o severo y frío. Al hablar y jugar con ellos, leerles o contarles historias (o no), los padres y otros miembros de la familia determinan cuánta estimulación reciben los niños.

Todas estas decisiones tienen efectos profundos y duraderos en el desarrollo infantil. Este capítulo se refiere a aquellos aspectos en los cuales el entorno familiar impide que numerosos niños de la región alcancen todo su potencial. Luego, se analizan las políticas y los programas que los gobiernos han creado para influir en el tipo de inversiones que los padres y otras personas responsables realizan en los pequeños.

La familia y el desarrollo infantil

Todo comienza con una dieta sana

Una buena nutrición es crucial para un desarrollo adecuado, y esto empieza con la concepción (o previamente, dado que el estado nutricional de las madres antes del embarazo influye en el desarrollo del feto). Las organizaciones de salud pública internacionales recomiendan iniciar la lactancia una hora después del parto y alimentar al niño exclusivamente de esa manera durante los primeros seis meses de vida (OMS 2015). Se ha vinculado la lactancia materna exclusiva en los primeros meses de vida con la reducción de la mortalidad infantil y con mejores resultados infantiles.[1] La lactancia también puede fortalecer el vínculo entre madre e hijo(a) (Papp 2014).

Los países de América Latina y el Caribe exhiben grandes diferencias en cuanto al porcentaje de niños alimentados solo con leche materna

Cuadro 3.1 Lactancia materna exclusiva, niños de 6 meses o menos

País	Lactancia exclusiva (porcentaje)
Argentina	32,7
Barbados	19,7
Belice	14,7
Bolivia	60,4*
Brasil	38,6*
Chile	84,5*
Colombia	42,7
Costa Rica	32,5
Cuba	48,6
Ecuador	40*
El Salvador	31,4
Guatemala	49,6
Guyana	33,2
Haití	39,7
Honduras	29,7
Jamaica	23,8
México	14,4
Nicaragua	30,6*
Paraguay	24,4*
Perú	67,4
República Dominicana	6,7
Suriname	2,8
Uruguay	—

Fuente: Información de UNICEF (2014), excepto para Chile (2006), cuyos datos provienen del IndexMundi Blog de Miguel Barrientos (Chile, Salud, Nutrición).
Nota: Los datos se refieren al año más reciente disponible para el período 2009-13, a excepción de los países marcados con un asterisco, en cuyo caso la información se refiere al año más reciente disponible entre 2001 y 2008.

durante los primeros seis meses de vida (véase el cuadro 3.1). En 10 de los 22 países aquí considerados, las cifras oscilan entre el 25% y el 40%. Sin embargo, las tasas de lactancia exclusiva son considerablemente mayores en algunos países, como Bolivia (60%), Perú (67%) y Chile (82%), y muy bajas en otros, como República Dominicana (7%) y Suriname (3%). El gráfico 3.1 se centra en los cambios en las tasas de lactancia entre 2000 y 2012 en países con múltiples rondas de las Encuestas Demográficas y de Salud (DHS). En Bolivia y Perú las mujeres del primer quintil (el más pobre) alimentan a sus hijos exclusivamente con leche materna durante el doble de tiempo que las mujeres del quinto quintil (el más rico). Por otro lado, en

Gráfico 3.1 Duración media de la lactancia exclusiva por década y quintil de riqueza

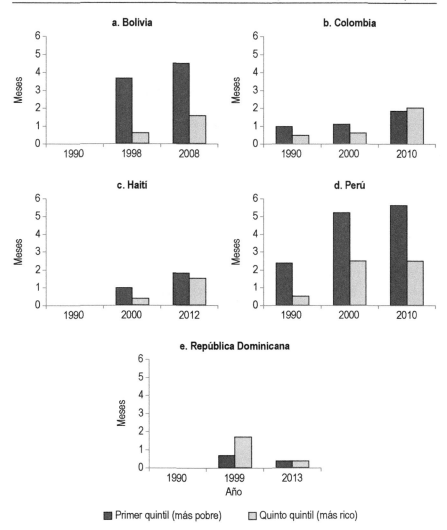

Fuente: ICF International (2012), DHS y Programa STATcompiler.
Nota: Los valores recogidos se refieren al último niño nacido.

Colombia, Haití y República Dominicana no hay gradientes socioeconómicos claros en la duración del período de amamantamiento. La extensión promedio de la lactancia materna exclusiva aumentó considerablemente en Bolivia, Colombia y Perú, pero no en República Dominicana.[2]

Después de los 6 meses, los niños deberían recibir alimentos sólidos o semisólidos, aunque continúen con la lactancia. En la mayoría de los países de la región la disponibilidad de alimentos y el consumo total de calorías no representan un problema. Sin embargo, un porcentaje muy alto de la ingesta total de calorías en numerosos países proviene de cereales, raíces y tubérculos, sobre todo en los hogares pobres. Esto es preocupante porque para que el niño goce del crecimiento adecuado y para su desarrollo en edades tempranas, no solo es importante la cantidad de alimentos sino también la diversidad de la dieta (Aboud y Yousafzai 2015; Daelmans, Dewey y Arimond 2009). En cinco países, entre el 11% (Perú) y el 31% (Guyana) de los niños de entre 6 y 23 meses no habían consumido productos de origen animal (pescado, carne, huevos) en las 24 horas anteriores a la recopilación de datos (véase el gráfico 3.2). La situación es mucho más grave en Haití, donde hasta las dos terceras partes de los niños de este grupo de edad no habían consumido productos animales. En algunos países también hay claros gradientes socioeconómicos. Por ejemplo, en Bolivia la probabilidad de que un niño haya consumido productos de origen animal es 16 puntos porcentuales menor entre los hogares más pobres que participaron de la encuesta que en los hogares más ricos.[3]

Una casa no es un hogar

Para lograr su pleno potencial de desarrollo, los niños deberían criarse en un entorno que sea cálido y positivo (Caldwell 1967). Sin embargo, ¿cómo medir el calor de un hogar o la calidad de las interacciones entre los niños y sus padres? Una manera de hacerlo es a partir de la observación directa realizada por encuestadores capacitados. Para ello, un instrumento que suele utilizarse es la Escala de Observación del Entorno y Ambiente Familiar (HOME, por sus siglas en inglés).

La Escala HOME general abarca seis áreas (véase el recuadro 3.1 para más detalles). Dos de ellas —la escala de receptividad (que mide, por ejemplo, si los padres responden a los niños y los estimulan de una manera positiva), y la escala de castigo (que mide, por ejemplo, si los padres gritan o golpean a sus hijos)— han sido aplicadas en diversos países de la región, entre ellos Ecuador (Paxson y Schady 2007; 2010), Nicaragua (Macours, Schady y Vakis 2012), un grupo de países del Caribe (Chang et al. 2015b) y Perú. La escala de receptividad oscila entre 0 y 6; la de castigo, entre 0 y 5; y la puntuación HOME "total" (solo para estos dos ámbitos) puede asumir valores de entre 0 y 11. En cada caso, las puntuaciones más altas señalan *peores* interacciones con los padres (menos sensibles y más punitivos).

Gráfico 3.2 Porcentaje de niños de 6–24 meses alimentados con productos de origen animal en las últimas 24 horas, por quintil de riqueza

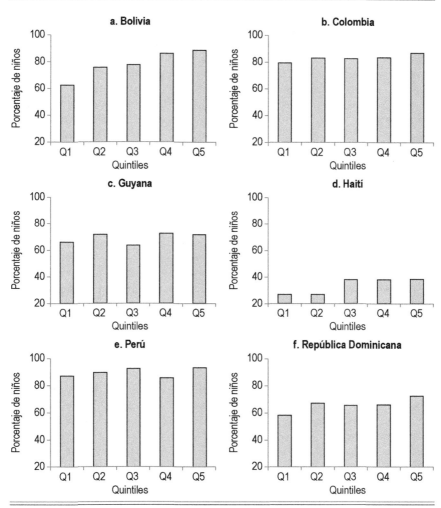

Fuente: Cálculos propios sobre la base de las DHS.
Nota: Los valores se refieren a Bolivia (2008), Colombia (2010), Guyana (2009), Haití (2012), Perú (2012) y República Dominicana (2013).

Cabe señalar que hay evidencia de una sólida correlación entre las puntuaciones HOME y el desarrollo mental de los niños en diversos entornos.[4]

En todos los países se observan gradientes socioeconómicos en la calidad del entorno familiar (véase el cuadro 3.2).[5] En el Perú rural, la diferencia en la puntuación HOME total entre madres con un nivel de educación "alto" (estudios secundarios completos o más) y madres con un nivel

RECUADRO 3.1. LA ESCALA DE OBSERVACIÓN DEL ENTORNO Y AMBIENTE FAMILIAR

La Escala de Observación del Entorno y Ambiente Familiar (HOME, por sus siglas en inglés) (Bradley 1993; Bradley y Caldwell 1977; Caldwell 1967; Caldwell y Bradley 1984) está diseñada para medir la naturaleza y calidad del entorno familiar de un niño. Desde que fue propuesta por primera vez por Caldwell en 1967, se han aplicado diferentes versiones de la escala en una diversidad de contextos. La escala completa para bebés y niños pequeños abarca seis áreas: 1) *receptividad emocional y verbal de los padres* (también denominada *sensibilidad*), área que mide, por ejemplo, si el cuidador responde verbalmente al niño, si lo elogia y si es físicamente afectuoso; 2) *aceptación de la conducta del niño* (también denominada *castigo*, cuando se puntúa con código inverso), dominio que mide, por ejemplo, si el cuidador grita o golpea al niño durante la entrevista; 3) *organización del entorno físico y temporal*, ámbito que mide, por ejemplo, si el entorno del niño es físicamente seguro y, cuando el cuidador principal no está, si el niño es cuidado por uno de tres sustitutos regulares; 4) *provisión de materiales de juego adecuados*, dominio que mide si hay juguetes apropiados disponibles para el niño; 5) *vinculación de los padres con el niño*, área que mide, por ejemplo, si el principal cuidador le habla al niño mientras lleva a cabo tareas del hogar y mantiene al niño en su campo visual; 6) *oportunidades de variedad en la estimulación diaria*, dominio que mide, por ejemplo, si el cuidador le lee al niño y come con él.

En la región se han aplicado diferentes versiones o subescalas de la escala HOME, por ejemplo en Brasil (Grantham-McGregor et al. 1998; Eickmann et al. 2003), en Chile (Lozoff et al. 2010) y en Costa Rica (Lozoff et al. 1987). Paxson y Schady (2007, 2010) y Macours, Schady y Vakis (2012) utilizaron una versión adaptada de las escalas de *castigo* y *receptividad* de HOME en Ecuador y Nicaragua, respectivamente. Hace muy poco estas escalas también se emplearon en una evaluación en curso de un programa de visitas domiciliarias realizado en Perú y en el Caribe (Chang et al. 2015b). Los ítems de las escalas de *castigo* y *receptividad* se miden mediante la observación de los encuestadores (por oposición a lo que informan las madres) durante el curso de una visita domiciliaria para una encuesta (por ejemplo, una encuesta para medir el desarrollo de un niño, que también contiene preguntas para la madre, como en el caso de Ecuador y Nicaragua). Al final de la visita domiciliaria, los encuestadores rellenan un formulario con 11 preguntas:

Receptividad:

1. ¿Le dijeron la madre o el padre palabras o frases cariñosas a los niños al menos dos veces durante la entrevista?
2. ¿Respondieron verbalmente la madre o el padre a la vocalización de un niño al menos una vez?
3. ¿Le dijeron al niño el nombre de un objeto al menos una vez?
4. ¿Elogiaron espontáneamente a uno de los niños al menos dos veces?
5. ¿Comunicaron la madre o el padre sentimientos positivos hacia los hijos al hablar con ellos o de ellos?

(continúa en la página siguiente)

RECUADRO 3.1. *(continuación)*

6. ¿Acariciaron o besaron la madre o el padre a alguno de los niños al menos una vez?

Castigo:

1. ¿Le gritaron la madre o el padre a alguno de los niños?
2. ¿Se mostraron molestos con alguno de los niños u hostiles hacia él?
3. Durante la entrevista, ¿golpearon la madre o el padre a alguno de los niños?
4. Durante la entrevista, ¿regañaron o criticaron la madre o el padre a alguno de los niños?
5. ¿Prohibieron la madre o el padre a cualquiera de los niños hacer algo más de tres veces durante la entrevista?

Cada pregunta recibe una respuesta de "sí" o "no". De acuerdo con Paxson y Schady (2007, 2010), la escala de receptividad es de código inverso, y los valores más altos constituyen un indicador de una relación más "fría" con los padres. En el caso de la segunda escala, los valores más elevados indican la presencia de padres "severos" o "punitivos". La puntuación HOME total de estas dos escalas oscila entre 0 y 11, y los valores más altos corresponden a padres menos receptivos y más severos.

educativo "bajo" (escuela primaria incompleta o menos) es de 1,3 puntos (0,6 desviaciones estándar). En las zonas rurales de Nicaragua, la diferencia asciende a 1,7 puntos (0,7 desviaciones estándar). En Ecuador, donde los datos abarcan las zonas rurales y urbanas, esta diferencia es más pequeña: 1 punto (0,4 desviaciones estándar). Además, en Ecuador las puntuaciones HOME totales son considerablemente menores (un mejor entorno familiar) en las zonas rurales en comparación con las zonas urbanas (una diferencia de 0,2 desviaciones estándar). En los tres países caribeños considerados (Antigua, Jamaica y Santa Lucía), que son en gran parte urbanos, no hay suficientes mujeres con estudios primarios incompletos o menos de modo de calcular un promedio razonable para las mujeres de este grupo. Sin embargo, en esta muestra se observa una diferencia de 0,6 puntos (0,3 desviaciones estándar) entre los graduados de la escuela primaria y los graduados de la escuela secundaria.

En diversas encuestas, entre ellas las DHS y las Encuestas de Indicadores Múltiples por Conglomerado (MICS, por sus siglas en inglés), se pregunta a las madres acerca de cómo disciplinan a sus hijos, lo cual significa señalar incluso si les dan nalgadas o los golpean.[6] Los investigadores que estudian los castigos corporales suelen distinguir entre el castigo corporal "leve", también llamado "dar nalgadas" (pegar a los niños en las

Cuadro 3.2 Gradientes socioeconómicos en las puntuaciones HOME

	Ecuador: población urbana y rural (2005)			Perú: población rural (2014)			Caribe: Antigua, Jamaica, Santa Lucía, población urbana (2011–12)			Nicaragua: población rural (2006)
	HOME			HOME			HOME			HOME
	Total	Frío	Severo	Total	Frío	Severo	Total	Frío	Severo	Total
Por quintil de riqueza										
Primer quintil (más pobre)	2,77	2,27	0,5	3,08	2,49	0,59	3,04	2,41	0,63	4,42
Segundo quintil	2,45	2,09	0,36	2,71	2,2	0,51	2,65	2,26	0,39	3,90
Tercer quintil	2,19	1,88	0,31	2,58	2,07	0,5	2,52	1,99	0,53	3,71
Cuarto quintil	2,02	1,77	0,24	2,26	1,81	0,44	2,40	2,03	0,38	3,67
Quinto quintil (más rico)	1,94	1,74	0,19	2,03	1,6	0,43	2,50	1,78	0,72	3,45
Test Q1 = Q5	<0,01	<0,01	<0,01	<0,01	<0,01	0,01	0,09	0,01	0,64	<0,01
Por nivel de estudios de la madre										
Escuela primaria incompleta o menos	2,83	2,46	0,37	3,07	2,39	0,69	—	—	—	4,07
Escuela primaria completa o secundaria incompleta	2,39	2,03	0,36	2,48	2,04	0,44	2,99	2,35	0,64	3,53
Escuela secundaria completa o más	1,83	1,59	0,25	1,79	1,5	0,29	2,37	1,97	0,40	2,38
Test E1 = E3	<0,01	<0,01	0,011	<0,01	<0,01	<0,01	—	—	—	<0,01

Fuente: Cálculos propios sobre la base de los datos de Paxson y Schady (2007, 2010) para Ecuador; Macours, Schady y Vakis (2012) para Nicaragua; cálculos propios para Perú y el Caribe.
Notas: El valor para "frío" es la suma de los ítems para la escala de receptividad, con código inverso (de modo que los valores más altos indican un peor entorno para cada escala así como para la puntuación total). La aplicación de la escala HOME contó con asesoría en el contexto de las encuestas de hogares en todos los países excepto en el Caribe, donde se llevó a cabo en centros de salud. Por otra parte, en el Caribe se excluyó una de las preguntas de la escala de severidad (o castigo) (se trata de la pregunta 5: "¿Prohibieron la madre o el padre a cualquiera de los niños hacer algo más de tres veces durante la entrevista?", véase el recuadro 3.1). En el cálculo de las puntuaciones de castigo y del total en la muestra del Caribe, a cada hogar se le dio el promedio de las otras 10 preguntas para esta pregunta no incluida. Asimismo, en el Caribe había solo tres madres con estudios primarios incompletos o menos, de modo que estas tres observaciones fueron excluidas del análisis.

nalgas o las extremidades con la mano abierta sin infligir daños físicos) y el castigo corporal "severo", también denominado abuso infantil (dar palizas o golpear con un objeto o con el puño cerrado, o golpear al niño en la cara o el pecho) (véanse, por ejemplo, Baumrind 2001; Gershoff 2002).

Los especialistas en desarrollo infantil coinciden en que el castigo corporal severo conlleva daños psicológicos duraderos, entre ellos: elevadas tasas de problemas de salud mental y agresividad en la adolescencia y la edad adulta. No existe un consenso parecido sobre los efectos de dar nalgadas. Algunos investigadores sostienen que esta práctica puede ser a la vez efectiva y conveniente, mientras que otros la consideran ineficaz y dañina (para opiniones contrapuestas, véanse Baumrind [2001] y Straus [1994]).[7] En parte, estos debates reflejan las dificultades para establecer efectos causales (en lugar de simples asociaciones o correlaciones) entre el castigo corporal y resultados posteriores (véase el recuadro 3.2).

Los castigos corporales severos constituyen un fenómeno generalizado en la región (véase el gráfico 3.3). En cuatro países (Belice, Bolivia, Jamaica y Santa Lucía), la incidencia de castigos corporales severos es

Gráfico 3.3 Incidencia de los castigos corporales severos por país y educación de la madre

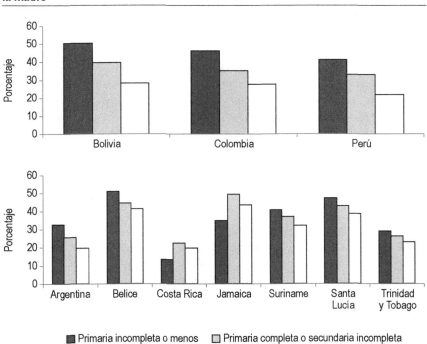

Fuente: Cálculos propios sobre la base de los datos de las Encuestas Demográficas y de Salud (DHS): Bolivia (2008), Colombia (2010) y Perú (2012); y de las Encuestas de Indicadores Múltiples por Conglomerado (MICS): Argentina (2011), Belice (2011), Costa Rica (2011), Jamaica (2011), Suriname (2011), Santa Lucía (2011), y Trinidad y Tobago (2006).

RECUADRO 3.2. LOS CASTIGOS CORPORALES SEVEROS: ¿CUÁNTO DAÑO HACEN?

Es relativamente sencillo establecer asociaciones entre el castigo corporal y una diversidad de resultados, pero determinar efectos causales es bastante más complicado. En numerosos estudios se utilizan encuestas transversales que preguntan a los adultos acerca de comportamientos y resultados actuales, así como acerca de la incidencia de diversas formas de castigos corporales en la infancia (Afifi et al. 2012, entre muchos otros). En otros trabajos se emplean datos longitudinales que vinculan la incidencia del castigo corporal en la infancia con resultados de aprendizaje o socioemocionales posteriores (Berlin et al. 2009, entre muchos otros). Una gran cantidad de estos estudios demuestra que los niños que han recibido castigos físicos tienen peores resultados de aprendizaje más tarde, una mayor incidencia de problemas de salud mental y más probabilidades de verse envueltos en actividades delictivas en la adolescencia y en la edad adulta (véase Gershoff 2002 para un meta-análisis de los trabajos disponibles).

Sin embargo, no queda claro si estas asociaciones tienen una interpretación causal. Las variables omitidas constituyen una preocupación seria, al menos por dos motivos. En primer lugar, numerosos estudios llegan a la conclusión de que los niños que pertenecen a hogares con un estatus socioeconómico más bajo están más expuestos a un trato severo por parte de los padres, lo que incluye castigos corporales (Berlin et al. 2009; Gershoff 2002, y las cuantiosas referencias allí presentadas). Sin embargo, el estatus socioeconómico tiene, en los resultados relacionados con los adultos, efectos que no están mediatizados por las prácticas de los padres. La literatura sobre desarrollo infantil ha intentado abordar esta preocupación controlando por varios "factores asociados" (educación de los padres, algún indicador aproximado del ingreso del hogar), pero es poco probable que estos expliquen toda la variación relevante. En segundo lugar, hay una variabilidad individual (por ejemplo, genética). Los niños que son más difíciles (irritables, quisquillosos o agresivos) tienen más probabilidades de sufrir castigos corporales (Berlin et al. 2009; Gershoff 2002). Sin embargo, puede que estos niños estén más predispuestos a tener malos resultados en la edad adulta por otros motivos.

En ambos casos, las asociaciones entre castigo corporal en la infancia y malos resultados en la edad adulta probablemente sobrestimen los efectos causales. Además, en las investigaciones basadas en una única transversalidad, preocupan los errores de la memoria y las posibles correlaciones entre la condición de salud mental actual y un historial de enfermedades en la infancia.

En resumen, si bien es muy probable que los castigos corporales severos tengan efectos duraderos y perjudiciales, es sumamente complejo presentar una demostración robusta de un efecto causal del castigo en resultados posteriores. Tal vez la mejor evidencia sería la de una intervención capaz de reducir significativamente la incidencia de los castigos corporales severos, que se implementara de manera aleatoria y evaluara los cambios en las prácticas de los padres, así como también en los resultados relacionados con el desarrollo infantil.

del 40% o más. En otros cuatro (Colombia, Perú, Suriname, y Trinidad y Tobago) se acerca al 30% o lo supera. En todos los países hay gradientes de la escolarización materna. Por ejemplo, tanto en Bolivia como en Perú los hijos de una madre con estudios secundarios completos o más tienen solo la mitad de probabilidades de ser castigados con severidad si se los compara con los hijos de una madre con escuela primaria incompleta o menos. En todos los países los varones sufren castigos corporales con más frecuencia que las niñas.

Una historia verídica sobre la lectura temprana

Además de tener interacciones cálidas, acogedoras y estables con sus cuidadores, los niños pequeños necesitan un entorno familiar que estimule el desarrollo cognitivo y del lenguaje. Si están expuestos a un mayor número de palabras, por ejemplo cuando los padres les hablan, les leen o les cuentan cuentos, desarrollan un vocabulario más rico a más temprana edad.[8] El vocabulario temprano de un niño es altamente predictivo de los resultados académicos en los primeros cursos de la escuela primaria. Los padres que leen o cuentan historias a sus hijos también pueden disfrutar de otros beneficios, como la posibilidad de establecer una relación más estrecha.

Los datos sobre el porcentaje de niños de la región a los que se les lee en el hogar están recopilados en distintas encuestas. Dado que estos datos provienen de una diversidad de fuentes, las comparaciones entre países deben formularse con mucha cautela. Sin embargo, el nivel de estimulación que los niños reciben en su hogar parece variar considerablemente entre los países (véase el cuadro 3.3). Por ejemplo, en el caso de los países que aplicaron la encuesta MICS, la probabilidad de que a un niño le lean es 29 puntos porcentuales más alta en Jamaica que en Costa Rica. Entre los países que aplicaron la encuesta del Programa Regional de Indicadores de Desarrollo Infantil (PRIDI), esta probabilidad es 14 puntos porcentuales más alta en Costa Rica que en Paraguay.

También hay importantes gradientes socioeconómicos en cada país. Los hijos de madres menos escolarizadas tienen menos probabilidades de que les lean que los hijos de madres con más estudios en todos los países de América Latina, con la excepción de Guyana, donde se lee muy poco a los niños, independientemente de la educación de sus madres. Por ejemplo, en los cuatro países que llevaron a cabo la encuesta MICS, los hijos de madres que completaron la escuela secundaria tienen entre 22 y 23 puntos porcentuales más probabilidades de que les lean que los hijos de madres

Cuadro 3.3 Gradientes de la educación de la madre en la estimulación en el hogar

País	Año	Edad en meses (rango) [percentiles 10° y 90°]	N	Leen libros o miran libros que contengan ilustraciones con el niño			
				Mediana	Primaria incompleta o menos	Primaria completa o secundaria incompleta	Secundaria completa o más
Argentina (nacional)[a]	2011–12	[38, 57]	3.574	0,766	0,633	0,679	0,862
Belice (nacional)[a]	2011	[39, 57]	719	0,807	0,695	0,8	0,912
Chile (nacional)[b]	2012	[23, 73]	67.723	0,483	0,342	0,409	0,522
Colombia (rural)[c]	2010	[6, 55]	1.535	0,437	0,34	0,46	0,577
Colombia (urbano)[c]	2010	[7, 53]	1.544	0,552	0,427	0,472	0,603
Costa Rica (nacional)[d]	2013	[28, 55]	1.556	0,621	0,577	0,578	0,701
Costa Rica (nacional)[a]	2011	[38, 57]	877	0,594	0,493	0,544	0,725
Ecuador (región costera)[e]	2012	[55, 66]	13.340	0,419	0,304	0,397	0,498
Ecuador (nacional)[f]	2012	[63, 74]	982	0,428	0,306	0,419	0,496
Ecuador (nacional)[g]	2005	[14, 75]	8.207	0,364	0,201	0,334	0,57
Guyana (nacional)[a]	2011	[38, 57]	907	0,235	0,19	0,252	0,216
Jamaica (nacional)[a]	2011	[38, 57]	666	0,888	—	0,867	0,91
Nicaragua (nacional)[d]	2014	[6, 64]	9.262	0,772	0,674	0,806	0,886
Nicaragua (nacional)	2013	[28,55]	1.681	0,504	0,348	0,551	0,621
Nicaragua (rural)[j]	2006	[8, 73]	3.063	0,137	0,131	0,141	0,229
Paraguay (nacional)[d]	2013	[28, 54]	1.341	0,483	0,372	0,439	0,662
Perú (nacional)[d]	2013	[27, 56]	2.407	0,575	0,4	0,567	0,622
Perú (rural)[k]	2013	[3, 22]	5.714	0,257	0,173	0,257	0,38

(continúa en la página siguiente)

Cuadro 3.3 Gradientes de la educación de la madre en la estimulación en el hogar *(continuación)*

				Leen libros o miran libros que contengan ilustraciones con el niño			
País	Año	Edad en meses (rango) [percentiles 10° y 90°]	N	Mediana	Primaria incompleta o menos	Primaria completa o secundaria incompleta	Secundaria completa o más
Perú (urbano)[k]	2013	[10, 23]	1.875	0,491	0,326	0,46	0,524
Santa Lucía (nacional)[a]	2012	[38, 57]	121	0,888	—	0,865	0,899
Suriname (nacional)[a]	2010	[38, 57]	968	0,568	0,434	0,575	0,726
Trinidad y Tobago (nacional)[a]	2008	[38, 57]	456	0,393	0,367	0,416	0,392
Caribe[l]	2011-12	[19, 21]	499	0,95	—	0,942	0,956

Fuente: Cálculos propios basados en las encuestas que se mencionan a continuación.
[a] MICS: estas encuestas están destinadas a ser nacionalmente representativas.
[b] Encuesta Longitudinal de la Primera Infancia (ELPI): esta encuesta está destinada a ser nacionalmente representativa.
[c] Encuesta Longitudinal Colombiana de la Universidad de los Andes (ELCA): muestra urbana representativa de toda la población excepto del 10% más rico; la muestra rural es representativa de cuatro subregiones geográficas.
[d] PRIDI: estas encuestas están destinadas a ser representativas a nivel nacional.
[e] Muestra representativa de los niños matriculados en jardines de infantes de la región costera del país.
[f] Muestra nacionalmente representativa de niños matriculados en jardines de infantes.
[g] Familias elegibles o casi elegibles para el programa de transferencias en efectivo Bono de Desarrollo Humano (BDH).
[h] Hogares representativos de 31 municipalidades definidas como objetivo para el programa de crianza Amor para los más Chiquitos.
[i] Hogares representativos de seis municipalidades rurales definidas como objetivo para el programa de transferencias de efectivo Atención a Crisis.
[j] Hogares elegibles para el programa de visitas domiciliarias Servicio de Acompañamiento a Familias (SAF) para zonas rurales.
[k] Hogares elegibles para el Servicio de Cuidado Diurno (SCD) en zonas urbanas.
[l] Madres de niños con edades de entre 0 y 18 meses que asisten a las clínicas pediátricas de la región de Kingston-St Andrews (Jamaica), Santa Lucía y Antigua.
Notas: Para Chile, Colombia y Ecuador, la pregunta se refiere a cualquier persona de 16 años o más que haya dedicado tiempo a leerle al niño en al menos uno de los últimos siete días. Para las encuestas del PRIDI, la pregunta se refiere a cualquier persona de 15 años o más que haya dedicado tiempo a leerle al niño en los últimos tres días. En el caso de las MICS, la pregunta se refiere a cualquier persona de 16 años o más, que haya dedicado tiempo a leerle al niño en los últimos tres días. Para Perú (rural y urbano), la pregunta se refiere a cualquier persona de 15 años o más que haya dedicado tiempo a leerle al niño al menos una vez en los últimos siete días. Para el Caribe, la pregunta se refiere a los padres que hayan dedicado tiempo a leer con su hijo "de manera regular". La muestra del Caribe solo efectúa comparaciones entre madres con escuela primaria completa o secundaria incompleta y madres con escuela secundaria completa o más.

que no acabaron la escuela primaria en Argentina, Belice y Costa Rica. Al contrario, hay gradientes de educación materna muy modestos en cuanto a la lectura en países del Caribe (Antigua, Jamaica, Santa Lucía y Trinidad y Tobago).

La intervención del gobierno en los asuntos familiares

En América Latina y el Caribe los niños se crían de maneras muy diferentes, de acuerdo con el país en el que nazcan, y los niveles de ingreso y educación de sus padres. Estas diferencias y las primeras inversiones efectuadas por los padres y por otras personas son cruciales para determinar las posibilidades de un niño a lo largo de la vida. Los gobiernos de la región han apoyado diversos tipos de programas para animar a las familias a invertir más en los niños, o a hacerlo de manera diferente. Estas intervenciones abarcan desde programas destinados a relajar las restricciones económicas mediante la transferencia de dinero a las familias, hasta programas que han intentado directamente cambiar el comportamiento y las prácticas de los padres.

El alivio del gasto: transferencias de efectivo y desarrollo infantil

En el capítulo 2 se señalaba que los niños de los hogares más pobres de la región tienen niveles considerablemente más bajos de desarrollo que los niños de hogares más ricos, sobre todo en el ámbito cognitivo y del lenguaje. Los padres de los hogares más pobres invierten menos en sus hijos. Afortunadamente, la pobreza entre los niños de América Latina y el Caribe ha disminuido mucho durante la última década (véase el recuadro 3.3).

Si la asociación entre ingreso y desarrollo infantil es causal —al menos parcialmente—, entonces las transferencias de efectivo a los hogares pobres pueden mejorar el bienestar de los niños.[9] Numerosos gobiernos de la región han diseñado e implementado programas de transferencias orientados a los hogares pobres. Estos programas tienen una amplia cobertura en algunos países (entre ellos Brasil, Colombia, Ecuador y México) y pueden representar hasta medio punto del producto interno bruto (PIB) (Levy y Schady 2013). Algunos de estos programas son "condicionales", es decir: para ser elegibles los hogares deben comprometerse a cumplir ciertas normas, como llevar a los más pequeños a revisiones médicas preventivas o matricular a los niños mayores en la escuela.

RECUADRO 3.3. LA EVOLUCIÓN DE LA POBREZA EN LA INFANCIA

Tener mayores ingresos no mejora el bienestar infantil por sí solo. Sin embargo, los recursos permiten que las familias compren más y mejores alimentos; que gasten más en materiales pedagógicos para los niños, como libros y juguetes; que vivan en lugares más seguros, con menos riesgos ambientales para los pequeños; y en algunos países que utilicen servicios de salud, jardines de cuidado infantil y escuelas de mejor calidad. La pobreza puede también provocar una mayor incidencia del estrés y de la depresión en los cuidadores de un niño, lo cual a su vez se ha asociado con peores resultados en el desarrollo infantil.

La pobreza entre los niños de la región ha disminuido notablemente en la última década, al margen de si se la mide con una línea de US$2,5 o de US$4 per cápita al día (véase el gráfico 3.3.1). Si nos centramos en la línea más limitada de US$2,5, la pobreza infantil ha disminuido en casi la mitad. En 2000 el 41% de los niños vivía en condiciones de pobreza, mientras que en 2013 el nivel comparable era de solo un 22%. Numerosos países se enorgullecen de este progreso, entre ellos algunos donde los niveles de pobreza eran inicialmente muy altos (en Bolivia, por ejemplo, la pobreza disminuyó de un 51% a un 20%); y otros donde los niveles de pobreza eran bajos (en Chile, los niveles de pobreza bajaron de cerca del 14% al 6%). Ha habido mejoras tanto en los países grandes (en Brasil, la pobreza se redujo del 45% al 20%), así como en países relativamente pequeños (en Ecuador, cayó del 51% al 18%). Las únicas excepciones destacables son México y muchos de los países de Centroamérica (Costa Rica, Honduras, Guatemala y República Dominicana), donde la disminución de la pobreza ha sido muy modesta.

Gráfico 3.3.1 Pobreza en niños de entre 0 y 5 años de acuerdo con la línea de pobreza internacional

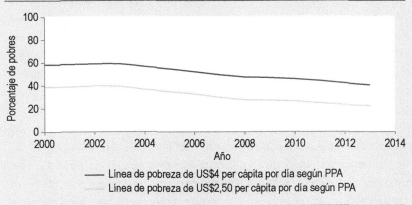

Fuente: Cálculos de los autores basados en las encuestas de hogares armonizadas del BID.
Notas: El ingreso ha sido ajustado en función del número de miembros. Se incluyen 19 países: Argentina, Bolivia, Brasil, Chile, Colombia, Costa Rica, Ecuador, El Salvador, Guatemala, Honduras, Jamaica, México, Nicaragua, Panamá, Perú, Paraguay, República Dominicana, Uruguay y Venezuela.
PPA = paridad del poder adquisitivo.

RECUADRO 3.4. EL IMPACTO DE LOS PROGRAMAS DE TRANSFERENCIAS EN EL ESTADO NUTRICIONAL DEL NIÑO

Hay diversas evaluaciones sobre los efectos de los programas de transferencias en la salud y en el estado nutricional de los niños (en particular, en la estatura según la edad) en América Latina. Las conclusiones varían. En algunos casos, como sucede con el programa Progresa-Oportunidades de México (Gertler 2004; Behrman y Hoddinott 2005; Rivera et al. 2004), y el programa Red de Protección Social (RPS) de Nicaragua (Maluccio y Flores 2005), hay evidencia de efectos positivos en la estatura de los niños. En otros casos, como en el programa Familias en Acción de Colombia (Attanasio et al. 2005), la Bolsa Alimentaçao en Brasil (Morris et al. 2004), el programa PRAF de Honduras (Hoddinott y Bassett 2008), el programa Atención a Crisis en Nicaragua (Macours, Schady y Vakis 2012), y el programa Bono de Desarrollo Humano (BDH) de Ecuador (Paxson y Schady 2010), los efectos estimados son pequeños y no resultan significativos a niveles convencionales.

Otras evaluaciones han estimado el efecto de los programas de transferencias en la anemia por deficiencia de hierro. En este caso también las conclusiones son diversas. Algunas evaluaciones reportan efectos positivos, como Gertler (2004) para Progresa-Oportunidades, y Paxson y Schady (2010) para el programa BDH de Ecuador. Otros no encuentran efectos (como Hoddinott 2010, que aborda la evidencia del RPS en Nicaragua y del PRAF en México). También debería señalarse que todas estas evaluaciones se centran en los efectos a corto plazo de los programas de transferencias.

Algunos programas de transferencias de la región han elaborado evaluaciones de impacto, a menudo a partir de una asignación aleatoria. La evidencia sobre los efectos de las transferencias condicionales en el estado nutricional de los niños es diversa (véase el recuadro 3.4), y ha sido resumida en otros estudios (Fiszbein y Schady 2009; Lagarde, Haines y Palmer 2009). Se sabe menos acerca del efecto de las transferencias en otros ámbitos del desarrollo, pero hay dos evaluaciones aleatorias que, entre otros resultados, reportan estimaciones del impacto de este tipo de programas en el desarrollo cognitivo y del lenguaje del niño.

El programa Bono de Desarrollo Humano (BDH) de Ecuador realizó transferencias equivalentes al 10% del consumo del hogar receptor medio. Las transferencias no estaban explícitamente condicionadas a ningún tipo de comportamiento especificado con anterioridad (como las revisiones médicas) en los hogares con niños pequeños. Hay dos estudios que analizan el impacto de este programa en el desarrollo cognitivo y del lenguaje de los niños ecuatorianos. Uno de ellos, que se centró en infantes de entre

12 y 35 meses, descubrió que las transferencias aumentaban el número de palabras que los niños usaban, según lo informado por sus madres (Fernald e Hidrobo 2011). Otro, centrado en pequeños de entre 36 y 59 meses, llegó a la conclusión de que las transferencias no mejoraban los resultados de los niños entre los beneficiarios en general. Sin embargo, sí tenían un impacto significativo en los resultados cognitivos y conductuales de los niños de los hogares más pobres, con un efecto de 0,18 desviaciones estándar (Paxson y Schady 2010).

Por su parte el programa piloto nicaragüense Atención a Crisis asignó aleatoriamente las comunidades a uno de estos tres grupos: un grupo de control y dos grupos de tratamiento, uno de los cuales recibió transferencias de magnitud considerablemente mayor (26% en lugar del 15% del consumo medio).[10] En este caso, las transferencias tampoco eran explícitamente condicionales. En promedio, el programa mejoró el desarrollo cognitivo, del lenguaje y conductual de los niños de entre 0 y 5 años en 0,12 desviaciones estándar (Macours, Schady y Vakis 2012).

El diseño de la evaluación de Nicaragua también permite efectuar un análisis de los efectos de las transferencias más grandes y más pequeñas. Las comparaciones entre los dos grupos muestran que el consumo total aumentó más entre los que recibían las transferencias más grandes, como era de esperar. Sin embargo, los resultados del desarrollo de los niños no mejoraron más en este grupo, lo cual sugiere la existencia de otros factores diferentes de las transferencias (o que se añaden a estas últimas). El programa mencionado también cambió diversos comportamientos asociados a mejores resultados en relación con los niños (por ejemplo, era más probable que los padres contaran cuentos, cantaran o leyeran a sus hijos). Además, los cambios en estos comportamientos son más marcados de lo que se podría esperar a partir de la sola transferencia de ingresos (Macours, Schady y Vakis 2012).

En resumen, hay evaluaciones rigurosas que demuestran que los programas de transferencias en la región han tenido impactos positivos, aunque modestos, en el desarrollo cognitivo, del lenguaje y conductual de los niños, sobre todo cuando las transferencias se realizan a los hogares más pobres.[11] Estos resultados reproducen los de los países desarrollados.[12] Las mejoras observadas en los mismos no se pueden explicar solo por el aumento de los ingresos. Más bien, los programas parecen haber transformado las conductas y los patrones de consumo de modo beneficioso para los niños. Una pregunta clave para las políticas es: ¿cuáles son las características de los programas BDH y Atención a Crisis que explican los cambios observados en los comportamientos y en el gasto?

Enseñar a papá y mamá

Recetas para mejorar las prácticas de alimentación

Una característica llamativa de la región es que hay grandes diferencias entre los países en cuanto a las tasas de lactancia materna. Los motivos de estas diferencias resultan difíciles de entender. Sin embargo, se han realizado diversas intervenciones que han demostrado ser eficaces para aumentar las tasas de amamantamiento en algunos entornos, tanto dentro como fuera de la región.

Algunas estrategias se implementan en el hospital. La evidencia más convincente sobre los efectos de la lactancia en una diversidad de resultados (salud del niño, estado nutricional, desarrollo cognitivo) proviene de un experimento con asignación al azar realizado en Bielorrusia (Kramer et al. 2001; 2002; 2008). Para el estudio, se asignaron aleatoriamente centros de maternidad a un grupo de tratamiento (en el cual se alentaba a las madres a la lactancia utilizando la Iniciativa Hospital Amigo del Niño de UNICEF/OMS) y un grupo de control (sin ese estímulo). La exposición a la intervención produjo un aumento considerable de las tasas de lactancia y una disminución de los casos de diarrea entre los niños. También hay evidencia de los efectos del programa en la cognición, aunque estos hallazgos son menos concluyentes (Der, Batty y Deary 2008; Oster 2015).

Las estrategias para aumentar la lactancia que se llevan a cabo en los centros de maternidad no llegan a muchas madres que dan a luz en su casa. Como puede apreciarse en el gráfico 3.4, el porcentaje de mujeres que dan a luz en un hospital o en un centro de salud ha aumentado considerablemente en numerosos países. Sin embargo, los partos en casa todavía son frecuentes, sobre todo en algunos países, y entre la población pobre y de zonas rurales. Por ejemplo, en Bolivia (2008) y Haití (2012) el 69% y el 91% de todos los partos del quintil más pobre, respectivamente, ocurren en el domicilio. Incluso en países de ingresos medios de la región, un porcentaje importante de los nacimientos entre los segmentos pobres de la población todavía se produce en el hogar. En Colombia (2010) y Perú (2012), el 14% y el 44% de todos los alumbramientos del quintil más pobre, respectivamente, tienen lugar en casa. Por lo tanto, en estos casos es necesario fomentar la lactancia mediante estrategias que no estén basadas en el hospital.

Gráfico 3.4 Porcentaje de mujeres que dieron a luz en un centro de salud, por década

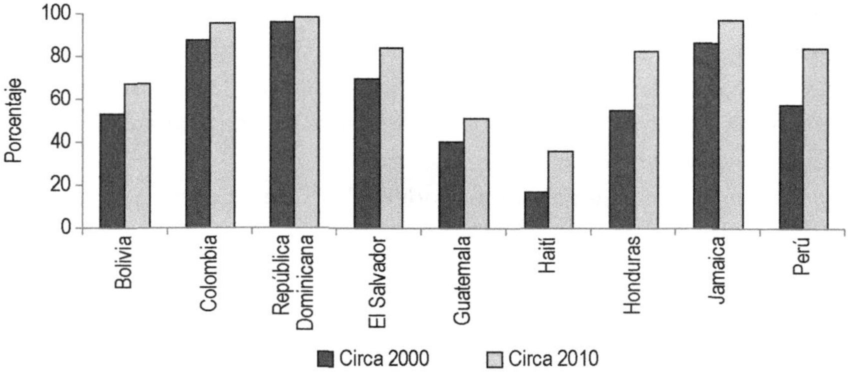

Fuente: ICF International (2012), DHS, Programa STATcompiler. Bolivia (1998, 2008); Colombia (2000, 2010); El Salvador (2002, 2008); Haití (2000, 2012); Honduras (2001, 2011); Jamaica (1997, 2008); Perú (2000, 2012); República Dominicana (1999, 2013).
Nota: Se consideran los nacimientos de los cinco años anteriores a la encuesta.

Hay cierta evidencia alentadora, tanto dentro como fuera de la región, acerca del éxito que pueden tener los programas que dependen de asesorías entre pares experimentados. Se ha observado la eficacia de estos programas para alentar a las madres a iniciar y ampliar la duración de la lactancia en las zonas periurbanas de la Ciudad de México (Morrow et al. 1999). También se ha informado de hallazgos similares en Burkina Faso, Uganda y Sudáfrica (Tylleskär et al. 2011), Bangladesh (Haider et al. 2000) e India (Bhandari et al. 2003).

En algunos países también se han implementado intervenciones a gran escala con numerosos componentes destinados todos a promover la lactancia. En Brasil se puso en marcha una estrategia de cambio de comportamiento de múltiples niveles que ha sido reconocida como impulsora de un aumento considerable de las tasas de lactancia desde 1975. Dicha estrategia incluía la implementación de Hospitales Amigos del Niño, un código internacional de comercialización de sucedáneos de la leche materna, nuevas orientaciones clínicas, coordinación multisectorial, un cambio en los beneficios de la licencia por maternidad, capacitación para el personal de salud, asesoría entre pares y movilización social a través de campañas en los medios de comunicación (Rea 2003; Pérez-Escamilla et al. 2012). Sin embargo, por su propia naturaleza, es difícil evaluar el impacto de estas estrategias nacionales de múltiples componentes.[13]

Numerosos países de América Latina y el Caribe han destinado grandes cantidades de recursos a la distribución directa de alimentos en los hogares pobres o a subsidios generalizados aplicables a los precios para ciertas partidas de alimentos.[14] En relación con las transferencias de dinero de valor comparable, las de alimentos son ineficaces.[15] Estas últimas también pueden contribuir al sobrepeso y a la obesidad en la infancia, un problema creciente en la región.

Los programas que intentan modificar las prácticas de alimentación suelen ser más prometedores que aquellos que solo transfieren alimentos. Hay diversos programas de este tipo en la región. La mayoría son iniciativas basadas en la comunidad que se centran en promover el crecimiento (por ejemplo, el programa de Atención Integral a la Niñez y a la Mujer en la Comunidad [AINM-C] de Guatemala, y programas similares en otros países de Centroamérica). El visitador domiciliario mide la estatura y el peso del niño y, en función de los resultados de esta evaluación, brinda consejos nutricionales a los padres. Un enfoque alternativo consiste en ofrecer asesoría según la edad, independientemente de cualquier medida antropométrica, como sucede en México. La Estrategia Integral de Atención a la Nutrición (EsIAN) mexicana consiste en impulsar un cambio de comportamiento a partir de la comunicación interpersonal que se brinda a través de los servicios de salud y en la comunidad. Esta asistencia se ofrece utilizando la plataforma de transferencias condicionales de Prospera y emplea los medios de comunicación como mecanismo de transmisión para mensajes clave.

La mayoría de los programas destinados a cambiar las prácticas de alimentación en la región no tienen evaluaciones verosímiles de su impacto, aunque hay excepciones. En Brasil la asesoría nutricional que ofrecen los médicos que siguen la estrategia de Gestión Integrada de las Enfermedades Infantiles (UNICEF/OMS) mejoró las prácticas maternas y las dietas de los niños (Santos et al. 2001). En Perú una intervención en la que el personal de salud distribuía mensajes nutricionales clave y enseñaba a los cuidadores de niños pequeños cómo preparar alimentos complementarios llevó a aumentar el porcentaje de niños que recibían alimentos ricos en nutrientes y a disminuir el porcentaje que no cumplía con los requisitos dietéticos de energía, hierro y zinc (Penny et al. 2005). Sin embargo, al igual que en el caso de los programas orientados a incrementar la lactancia, las intervenciones con base en los servicios de salud no llegan a los padres que no suelen utilizar esos servicios. En algunos casos, los niños de estos últimos hogares pueden estar expuestos a los peores riesgos para su desarrollo.

En resumen, cierta evidencia dentro y fuera de la región indica que es posible cambiar las prácticas de alimentación de los niños. Los programas que tienen éxito comparten algunas características sobresalientes: se centran en cambiar el comportamiento en lugar de solo brindar información nutricional, son culturalmente apropiados, asesoran a la persona a cargo del cuidado mientras esta prueba nuevas prácticas, y comprometen a otros miembros de la familia y a los líderes de la comunidad en este proceso.[16]

Optimizar el entorno familiar

Las prácticas de alimentación y el estado nutricional no son los únicos aspectos que distinguen a los niños de familias ricas de los niños pobres en América Latina y el Caribe. También hay grandes diferencias en términos de su desarrollo cognitivo y del lenguaje, y en cuanto al entorno familiar y a la cantidad de estímulos que reciben en su casa.

Los programas de crianza constituyen solo uno de los instrumentos de que disponen las políticas para mejorar las prácticas de los padres. Normalmente se emplean tres modelos: las visitas domiciliarias, las sesiones grupales y las citas a consultas médicas. En Estados Unidos hay una larga tradición de visitas domiciliarias destinadas a mejorar diferentes aspectos del entorno familiar en familias con niños pequeños, y para impedir el maltrato y el abandono infantil. Uno de los programas más conocidos y más exitosos es la Alianza entre la Enfermera y la Familia (*Nurse-Family Partnership*) (véase el recuadro 3.5).

En América Latina y el Caribe los programas de crianza se han centrado sobre todo (aunque no exclusivamente) en la estimulación cognitiva precoz. Esto parece razonable, dado que los déficits de desarrollo más grandes entre los niños pobres se encuentran en el lenguaje y la cognición, como se señalaba en el capítulo 2. Varios países de la región tienen amplios programas, entre ellos Argentina (Programa Nacional Primeros Años), Brasil (Primera Infancia Melhor, PIM), Cuba (Educa a tu Hijo), Ecuador (Creciendo con Nuestros Hijos), México (Programa de Educación Inicial, PEI-Conafe), Nicaragua (Amor Para los Más Chiquitos, APLMC) y Perú (Cuna Más). Estos programas varían en cuanto a su alcance, a los grupos de edad de los niños que abarcan, y en la medida en que se centran en un grupo específico de hogares (por ejemplo, los pobres). La cobertura varía sustancialmente: Argentina, Cuba, Ecuador y México tienen los más extensos, que comprenden entre 350.000 y medio millón de niños cada uno.

RECUADRO 3.5. EL PROGRAMA DE LA ALIANZA ENTRE LA ENFERMERA Y LA FAMILIA

En 2009 el Departamento de Salud y Servicios Humanos de Estados Unidos lanzó un estudio sobre la evidencia de la eficacia de las visitas a domicilio (Avellar et al. 2014). Se analizaron 40 programas que contemplaban la provisión de servicios sobre todo mediante visitas domiciliarias. La evaluación se centró en programas cuyo objetivo declarado era influir en al menos uno de los siguientes ocho resultados: salud infantil, desarrollo infantil y preparación para la escuela, autosuficiencia económica de la familia, vínculos y conexiones, salud materna, prácticas positivas de los padres, disminución del maltrato infantil, y disminución de la delincuencia juvenil, la violencia familiar y el delito.

El estudio calificó como exitosos 17 de los 40 programas evaluados (se considera que un programa es exitoso cuando tiene un suceso demostrado en al menos uno de los ocho dominios de resultados, como lo demuestra una evaluación de impacto rigurosa). Sin embargo, ninguno de los programas tuvo impacto en la disminución de la delincuencia juvenil, la violencia familiar y el delito. Además, Avellar et al. (2014) llegaron a la conclusión de que unos pocos programas de visitas domiciliarias imprimieron mejoras significativas en la autosuficiencia económica (dos programas), la coordinación de recursos y conexiones (dos programas), la salud materna (cuatro programas), y contribuyeron a disminuir el maltrato infantil (seis programas).

Un ejemplo evaluado con rigor y bien conocido de una visita domiciliaria es el de la Alianza entre la Enfermera y la Familia (NFP, por sus siglas en inglés), que actualmente funciona en 32 estados de Estados Unidos. Se trata de un programa gratis y voluntario que relaciona a madres primerizas de bajos ingresos con una enfermera visitadora domiciliaria registrada. Una enfermera especialmente capacitada visita a la madre a lo largo de su embarazo (empezando antes de la semana 28) y hasta que su hijo tenga 2 años. Las visitas se producen semanalmente durante el primer mes después de inscribirse y luego cada 15 días hasta el nacimiento. Después, la frecuencia varía con la edad, de visitas semanales a visitas mensuales. Las visitas domiciliarias suelen durar alrededor de una hora. El costo promedio de la NFP por familia por año se ha estimado en US$4.100 (Departamento de Salud y Servicios Humanos de Estados Unidos 2011).

El objetivo de los programas consiste en mejorar los resultados relacionados con el embarazo, la salud, la nutrición y el desarrollo infantil, y ayudar a las madres en las opciones de planificación familiar y las decisiones laborales. Durante la visita domiciliaria, la enfermera ofrece información y apoyo para fomentar una mejor relación entre madre e hijo. El programa promueve explícitamente los cuidados sensibles, receptivos y comprometidos.

La NFP ha sido evaluada mediante una serie de experimentos con asignación al azar que comenzaron a finales de los años setenta en la ciudad semi rural de Elmira (Nueva York), y continuaron en la ciudad de Memphis (Tennessee) a comienzos de

(continúa en la página siguiente)

RECUADRO 3.5. *(continuación)*

los años noventa, y en Denver (Colorado) a mediados de los años noventa. A partir de evaluaciones rigurosas (Kitzman et al. 1997, 2000; Olds et al. 1986, 2000, 2002, 2007, 2014; Olds, Henderson y Kitzman 1994), se han constatado los siguientes hechos (en uno o más lugares): mayor asistencia a cursos de preparación para el parto, un uso más extendido de los programas de complementos nutricionales, mejoras en la dieta, menos infecciones renales, menor hipertensión inducida por el embarazo, menos embarazos posteriores cercanos en el tiempo y menos cantidad de embarazos posteriores. Además, a los 2 años los niños acudían con menor frecuencia a las salas de emergencias y tenían menos probabilidades de ser hospitalizados a causa de lesiones o problemas de ingestión. A los 6 años tenían un mejor funcionamiento intelectual y vocabulario receptivo, menos problemas de conducta en el rango de caso límite o clínico, y menos probabilidades de ser clasificados como niños con problemas emocionales o de conducta. A los 9 años, manifestaban menos problemas de internalización y de atención disfuncional. Además, hay muchos otros efectos positivos en el grupo de madres y niños de mayor riesgo.

Brasil, Nicaragua y Perú cubren a alrededor de 40.000 niños cada uno, mientras que Chile, el más pequeño, cubre a menos de 5.000 niños.

El costo de los programas por niño también varía considerablemente y refleja, en gran medida, las diferencias en la frecuencia de las visitas domiciliarias o de las sesiones grupales y en las cualificaciones (y, por lo tanto, la remuneración) de esos visitadores domiciliarios o facilitadores de grupo (Araujo, López Boo y Puyana 2013).

Los programas de visitas domiciliarias pueden tener un significativo impacto en el desarrollo de los niños si sus estándares de calidad son elevados y siguen el currículo estipulado. Sin embargo, un reciente estudio cualitativo sobre la calidad de seis programas de visitas domiciliarias en América Latina y el Caribe (Leer, López Boo y Pérez Expósito 2014) señala que los visitadores domiciliarios suelen tener éxito en establecer una relación cálida y positiva con las familias y los niños, pero no tanto en la implementación del currículo, la ejecución de las actividades y el logro de las conductas establecidas en el programa. También hay evidencia concluyente sobre el impacto de diversos programas para los padres basados en rigurosas evaluaciones de impacto (a menudo aleatorias).

El estudio más influyente de un programa de visitas domiciliarias llevado a cabo en un país en desarrollo tuvo lugar en Jamaica entre 1986 y 1989. Para realizarlo, se asignaron aleatoriamente 129 niños desnutridos de entre 9 y 24 meses de los barrios más pobres de Kingston a una de las siguientes dos condiciones durante dos años: 1) un grupo de control y 2) un grupo objeto de una intervención de estimulación en el hogar que incluía visitas de una hora a la semana por parte de un trabajador de salud comunitaria. Este enseñaba técnicas de juego a las madres utilizando juguetes fabricados en casa y las animaba a practicarlas con sus hijos durante la semana que seguía a la visita. El programa estaba estructurado, ponía énfasis en la interacción verbal entre madre e hijo y enseñaba conceptos como colores, formas, tamaños, números y posición.[17]

Los resultados de este estudio son impresionantes. Veinticuatro meses después de comenzada la intervención, los investigadores observaron importantes efectos positivos en diversos resultados del desarrollo infantil en aquellos niños que habían recibido las visitas domiciliarias (Grantham-McGregor et al. 1991). En términos de desarrollo cognitivo, los niños del grupo de tratamiento obtuvieron puntuaciones aproximadamente 0,8 desviaciones estándar más altas que los del grupo de control. Otros estudios de pequeña escala de programas de visitas domiciliarias en Jamaica (Gardner et al. 2003; Powell y Grantham-McGregor 1989) también encuentran impactos positivos en el desarrollo infantil, aunque la magnitud del efecto parece disminuir marcadamente a medida que se reducen las frecuencias de las visitas domiciliarias. Los efectos positivos de dichas visitas también han sido recogidos en Brasil (Eickmann et al. 2003) y en Chile (Lozoff et al. 2010).

Un rasgo que merece particularmente la pena mencionar del estudio jamaicano original es que se efectuó un seguimiento de los participantes en la adolescencia y en la primera edad adulta. Los datos de las encuestas de seguimiento han demostrado un desvanecimiento parcial de los efectos de la intervención del desarrollo cognitivo a lo largo del tiempo. Al llegar los niños a los 11 años, los del grupo de tratamiento presentaban puntuaciones cognitivas que eran alrededor de 0,4 desviaciones estándar más altas que los del grupo de control. Sin embargo, 20 años después de la intervención, aquellos que habían recibido los estímulos de la misma seguían teniendo un coeficiente intelectual más alto y mejores resultados escolares, mejor salud mental (menos depresión e inhibición social), menos conductas violentas y salarios aproximadamente un 25% más altos que los sujetos del grupo de control (Gertler et al. 2014; Walker et al. 2011).

No obstante, los resultados del estudio jamaicano dejan sin responder diversas preguntas que son cruciales desde la perspectiva del diseño de las políticas. ¿Podría una intervención similar llevarse a cabo con éxito con la participación de miembros menos cualificados de la comunidad que fueran capacitados para ese fin? ¿Podrían replicarse los resultados con contingentes más grandes de niños y visitadores domiciliarios? ¿Cuáles son las dimensiones clave del contexto que determinan hasta qué punto este enfoque se podría generalizar? ¿Podría una intervención comparable llevarse a cabo efectivamente en grupos o en centros de salud con el fin de cubrir un mayor número de niños?

La investigación de Attanasio et al. (2014, 2015), efectuada recientemente en Colombia, puede contribuir a aclarar algunas de estas preguntas. En este estudio, se asignaron de manera aleatoria 1.400 niños de entre 12 y 24 meses para recibir estimulación psicosocial mediante visitas domiciliarias semanales o a un grupo de control.[18] El programa de la intervención jamaicana se adaptó a Colombia y fue gestionado por un grupo de madres de la comunidad elegibles para el programa nacional de transferencias condicionales Familias en Acción. Los visitantes domiciliarios eran seleccionados (o recomendados) por miembros destacados de la comunidad local y recibían capacitación durante tres semanas. La supervisión y la capacitación estuvieron a cargo de tutores licenciados en psicología o en trabajo social, que fueron contratados para el proyecto. Cada tutor era responsable de 24 visitadores domiciliarios.

A partir del estudio se pudo observar que las visitas domiciliarias aumentaron el desarrollo cognitivo y del lenguaje receptivo en 0,26 y 0,22 desviaciones estándar, respectivamente, y mejoraron la calidad del entorno familiar (Attanasio et al. 2014). Sin embargo, el programa fue más efectivo en el caso de niños con mejores niveles de desarrollo en la línea de base, y entre los hijos de madres con mayores capacidades, medidas aproximadamente por su nivel de escolarización, vocabulario y coeficiente intelectual (Attanasio et al. 2015).

Aunque el tamaño de la muestra de Colombia era bastante más grande que el del estudio jamaicano original, también se piensa en él sobre todo como un estudio piloto, implementado por investigadores, con un diseño cuidadoso y controlado. Se sabe menos acerca de los efectos de los programas aplicados a mayor escala. Una excepción la constituye un estudio de Ecuador en el cual se evaluaron las visitas domiciliarias llevadas a cabo por organizaciones no gubernamentales o comunitarias, con financiamiento del Fondo de Desarrollo Infantil (FODI), encargado de elaborar las directrices que seguían los visitadores. Estas directrices se centraban en una actitud cálida y receptiva por parte de los padres y en actividades enriquecedoras para el niño. La modalidad de la intervención dependía de la edad del pequeño: individual para niños de 35 meses o menos, y grupal para niños de 36 meses y más. Las visitas duraban una hora y eran semanales.

La intervención no se asignaba de forma aleatoria. Sin embargo, dado que el presupuesto para el programa era limitado y que el FODI seguía una fórmula para puntuar las propuestas y determinar la elegibilidad, es posible comparar a niños participantes de propuestas que habían logrado ser financiadas (grupo de "tratamiento") con aquellos que por poco no habían recibido financiamiento (grupo de "control"). Las estimaciones del impacto de las visitas domiciliarias del FODI basadas en esta estrategia de evaluación señalan efectos sustanciales en el desarrollo infantil. Veintiún meses después del comienzo de la intervención, los niños del grupo de tratamiento habían mejorado en lenguaje (0,4 desviaciones estándar), memoria (0,6 desviaciones estándar) y habilidades motrices finas (0,9 desviaciones estándar) en comparación con los del grupo de control (Rosero y Oosterbeek 2011).[19]

Una reciente evaluación aleatoria de un programa de crianza aplicado en clínicas del Caribe también arroja luz sobre modos alternativos de trabajo. La intervención fue grupal y se llevó a cabo en cinco visitas rutinarias de niños de entre 3 y 18 meses, mientras las madres esperaban su turno para ver a la enfermera. El uso de medios de comunicación, junto con la demostración de actividades adecuadas para la edad, fueron elementos clave de la intervención (véanse detalles en el recuadro 3.6). Se observaron considerables beneficios en la cognición de los niños y en los saberes de las madres sobre su crianza (Chang et al. 2015b). Esto señala que la combinación de visitas domiciliarias y reuniones grupales puede ser una modalidad costo-efectiva para prestar servicios a los padres (Grantham-McGregor et al. 2014; Aboud y Yousafzai 2015).

Además de los programas de crianza enfocados en infantes y bebés, hay otros programas que funcionan con padres y otras personas, destinados a mejorar la cognición y el lenguaje de los niños (por ejemplo, los programas de lectura). La evidencia de los países desarrollados sugiere que estos programas pueden tener cierto éxito (véase el recuadro 3.7), aunque el hecho de que las habilidades de numerosos padres de niños pobres de América Latina y el Caribe sean limitadas (por ejemplo, padres analfabetos o con escasa escolarización) puede ser un obstáculo importante en algunos contextos.

Los programas de crianza que resultan exitosos comparten ciertas características. Los visitadores domiciliarios y los facilitadores de los

RECUADRO 3.6. UNA INTERVENCIÓN HÍBRIDA PARA LOS PADRES EN EL CARIBE

Una reciente evaluación aleatoria realizada en Jamaica, Santa Lucía y Antigua se propuso determinar los efectos de un programa piloto en las modalidades de crianza de los niños por parte de las madres, en la estimulación ofrecida en el hogar, en los síntomas depresivos de la madre y en el desarrollo del lenguaje y psicomotor de los niños. El programa consistía en visitas domiciliarias combinadas con un enfoque basado en el centro de salud para la formación de los padres (Chang et al. 2015b).

Se ofreció un paquete de capacitación de los padres en clínicas donde las madres esperaban para ver a la enfermera. No se requería personal adicional en esta intervención del centro de salud, que comprendía videos breves realizados en el ámbito local con padres y sus hijos en interacciones positivas para promover el desarrollo. Las madres que figuraban en las películas eran de un entorno social similar al de la mayoría de las mujeres que concurren a las clínicas, lo cual puede haber ayudado a las madres a entender la relevancia de los comportamientos y actividades. La intervención del centro de salud se implementó para niños de entre 3 y 18 meses.

Los videos se reforzaron con mensajes sobre el desarrollo infantil. En cada una de las cinco visitas, las enfermeras entregaban tarjetas con indicaciones y material de juego (dos libros y un rompecabezas de tres piezas en las visitas a los 9, 12 y 18 meses). Se brindó capacitación a los asesores de salud comunitaria para que pudieran hablar sobre los mensajes y demostrar las actividades. Cada clínica tenía una caja de juguetes y los asesores daban a las madres la oportunidad de practicar actividades con sus hijos. Una persona supervisaba el trabajo de los asesores en la clínica una vez al mes para asegurarse de que la intervención se estuviera realizando como se había planificado y ofrecía apoyo de tutoría adicional a los asesores. También verificaba que las enfermeras entregaran las tarjetas con mensajes y los materiales.

La intervención demostró beneficios importantes para la cognición de los niños (con tamaños de efecto de 0,38 desviaciones estándar). El cambio observado en los conocimientos de las madres sobre la crianza (tamaños de efecto de 0,40 desviaciones estándar) señala que las madres recordaban los mensajes entregados. Se llevó a cabo un cálculo de costo-beneficio y los análisis más conservadores encontraron una razón de costo-beneficio de 5,3 (Chang et al. 2015a). Este modelo híbrido —con capacitación basada tanto en el hogar como en el centro de salud— es prometedor, porque tiene potencial para llegar a grandes contingentes de niños.

grupos establecen una relación de confianza con las madres (y, en algunos casos, con los padres) de los niños a los que se dirige la intervención; hay una filosofía clara que rige lo que la intervención intenta conseguir, y el personal la entiende bien; en el caso de los programas orientados

RECUADRO 3.7. LA BELLEZA DE UN CUENTO ANTES DE DORMIRSE

Las intervenciones de estimulación cognitiva que fomentan el juego entre padres e hijos proporcionan oportunidades para el desarrollo del vocabulario en los dos primeros años de vida. ¿Con qué otras estrategias se cuenta para fomentar aún más el desarrollo del lenguaje en el hogar y en los años preescolares? Una opción consiste en prácticas de lectura compartida: el padre o la madre le leen un libro de ilustraciones a un niño pequeño o un maestro o maestra le lee un libro a una clase de niños en edad preescolar.

Hay relativamente pocos estudios sobre el impacto de las intervenciones de lectura compartida en los países desarrollados (Panel Nacional de Alfabetización Temprana 2008). En algunos casos, los padres reciben libros apropiados para la edad y son capacitados para fomentar un rol activo de los niños en la lectura de libros haciéndoles preguntas y proporcionando una realimentación. Hay evidencia alentadora de que estas intervenciones han tenido efectos moderados en el vocabulario de los niños en edad preescolar y de jardines de cuidado infantil en pruebas de control aleatorias relativamente pequeñas.[a] No se han encontrado evaluaciones robustas de programas a gran escala. Además, la mayoría de las investigaciones se ha llevado a cabo en países desarrollados, sobre todo con niños anglófonos (Dickinson et al. 2012). La escasez de investigaciones en los países en desarrollo (para una excepción, véase Vally et al. [2014], sobre Sudáfrica) probablemente esté relacionada con las dificultades de los padres para fomentar el desarrollo del vocabulario de sus hijos cuando su propio vocabulario es limitado.

También hay una cantidad de intervenciones que se centran en aumentar la lectura y la alfabetización durante las vacaciones de verano, cuando los niños de entornos socioeconómicos bajos tienden a perder terreno en los logros de alfabetización en relación con sus pares más acomodados, un fenómeno que ha sido denominado "merma de verano".[b] Los investigadores especulan que esta desventaja se puede explicar en parte debido a la falta de lectura voluntaria de los niños de entornos socioeconómicos bajos a lo largo de las vacaciones. Se ha llevado a cabo una serie de pruebas de control aleatorias relativamente grandes de los programas de lectura estival. La evidencia de estos estudios sugiere que es posible obtener aumentos modestos en alfabetización a partir de programas de lectura voluntaria en verano. Su efectividad puede mejorarse si los padres y los maestros se comprometen con el proceso (White et al. 2014).

[a] Véanse Arnold et al. (1994); Huebner (2000); Jordan, Snow y Porche (2000); Lonigan y White-hurst (1998); Whitehurst et al. (1988).

[b] Entre las referencias cabe citar: Allington et al. (2010); Pagan y Sénéchal (2014), y White y Kim (2008).

---

a mejorar la estimulación precoz, durante las sesiones los visitadores domiciliarios y los facilitadores trabajan con los padres sobre un conjunto de actividades estructuradas, los estimulan para continuar estas actividades; y el personal cuenta con una capacitación considerable y una estrecha supervisión y tutoría.[20]

Un lugar para el gobierno en la mesa familiar

Tradicionalmente, los responsables de las políticas de los países en desarrollo han considerado a la familia como una realidad en gran parte ajena al dominio de las políticas públicas. Desde ese punto de vista, la crianza de los niños corresponde a los padres, no a los gobiernos, al menos hasta que el niño comience la educación formal. Esta visión es incorrecta o, en el mejor de los casos, parcial.

Desde luego, los padres deberían seguir siendo los actores centrales que modelan las vidas de sus hijos. Sin embargo, pueden llegar a tomar decisiones que no sean óptimas para el desarrollo del niño, por diversos motivos. Quizá tengan bajos ingresos y dificultades para acceder al crédito, lo cual les impide adquirir los bienes y servicios que beneficiarían el desarrollo del niño. Puede que tengan tasas de descuento superiores a lo que es socialmente óptimo. Acaso no conozcan los beneficios de ciertos comportamientos (por ejemplo, la lactancia materna); o bien no sepan cómo implementarlos (por ejemplo, cómo disciplinar a los niños sin castigos corporales severos); o puede que no sean capaces de llevar a cabo ciertas tareas (por ejemplo, una madre analfabeta no le puede leer a su hijo). En cualquiera de estas circunstancias, las inversiones en el desarrollo del niño serán inferiores a lo socialmente deseable, o no serán correctas. Modelar el entorno en el que los padres toman decisiones acerca de las inversiones en los niños pequeños es un rol adecuado (en realidad, necesario) de las políticas públicas.

Los programas de transferencias de efectivo han tenido cierto éxito en la mejora del desarrollo infantil en América Latina y el Caribe. Sin embargo, los programas de transferencias condicionales se han concentrado en el acceso a la salud, la nutrición y la escuela. En comparación con los niños de hogares más ricos, los niños de los hogares pobres están rezagados, sobre todo en lo que se refiere al desarrollo cognitivo y del lenguaje. En estas dos dimensiones, el impacto de las transferencias de efectivo ha sido modesto.

El efecto de las transferencias en el desarrollo infantil ha sido impulsado, al menos en parte, por cambios en el comportamiento de los hogares que no se pueden explicar únicamente en función del dinero. Es poco lo que se sabe acerca de los motivos de estos cambios. Acaso sea importante el hecho de que las transferencias se les otorguen a las mujeres.[21] También es posible que al alentar a las familias a que gasten las transferencias en los niños (incluso en ausencia de "condiciones" explícitas), estas piensen por adelantado en destinar en efecto ese dinero a los pequeños, como sugeriría la economía del comportamiento.[22] Los programas de transferencias de efectivo podrían ser rediseñados para tener un mayor impacto en los resultados del desarrollo infantil, si se comprendieran mejor estos temas.

La mala nutrición sigue siendo un reto en algunos países de la región, sobre todo entre los niños de hogares pobres de zonas rurales y entre los indígenas, y especialmente en Centroamérica y en la región andina. Un programa de complementos proteínicos para la primera infancia aplicado en Guatemala tuvo un impacto positivo considerable en los resultados relacionados con los adultos.[23] Las intervenciones que se han centrado en la educación para la nutrición y que son directas y están bien adaptadas a las circunstancias locales han logrado cambiar las prácticas de alimentación en diversos países en desarrollo (Dewey y Adu-Afarwuah 2008; Imdad, Yakoob y Bhutta 2011), aunque los efectos que han tenido en el desarrollo infantil han sido en general pequeños (Aboud y Yousafzai 2015).

Los programas que pretenden mejorar las prácticas de los padres son de lo más promisorios, pero también están rodeados de una enorme incertidumbre. Es difícil cambiar los comportamientos. Y hacerlo en función de algo tan íntimo y personal como las prácticas de crianza de los hijos es incluso más difícil. A pesar de esto, los programas para los padres han tenido un fuerte impacto en algunos contextos (Aboud y Yousafzai 2015; Howard y Brooks-Gunn 2009). En Jamaica han sido notables los efectos a largo plazo de la estimulación precoz en los resultados escolares, el coeficiente intelectual, la participación en actividades delictivas y los salarios (Gertler et al. 2014; Walker et al. 2011).

Los mayores retos de los programas de crianza en América Latina y el Caribe (y en otras regiones en desarrollo) son la implementación a escala y la posible autoselección de los beneficiarios. Los mejores resultados de los programas para padres, como se ha señalado más arriba, provienen de proyectos piloto de pequeña escala cuidadosamente controlados.[24] Reproducir a escala estos hallazgos implicaría crear un sistema de recursos humanos que proporcione profesionales bien formados, así como también capacitación y estrecha supervisión, de la mano de una compensación razonable. De lo contrario, el personal no estaría motivado para esta tarea y habría una alta rotación. Esto a su vez pondría en riesgo la credibilidad, continuidad y fidelidad de la implementación y no resultaría en una buena relación con las familias ni tendría impacto alguno en el desarrollo infantil.

Estos programas deben dirigirse a los niños y familias que se encuentren más en riesgo. Pero identificar a las familias en situación de riesgo y hacer que participen de un programa de crianza no es sencillo. En algunos casos, el desafío consiste en desarrollar la capacidad para prestar servicios en zonas rurales muy remotas. En otros, la principal preocupación es la autoselección. Los padres que se muestran preocupados e interesados por aprender formas y estrategias de crianza eficaces son, casi por definición, mejores padres que otros. En el caso de aquellos padres propensos a conductas más perjudiciales para el desarrollo del niño, puede resultar más difícil comprometerlos en una intervención para la crianza de los pequeños. Las intervenciones para niños que se hallan particularmente en riesgo requieren personal más calificado y mejor entrenado, pero los rendimientos de los programas efectivos para estos grupos tienden a ser especialmente altos.

El desarrollo de programas a escala eficaces destinados a niños en situación de riesgo es complejo, porque no es algo que el sector público tradicionalmente sepa hacer. No se trata de construir infraestructura (a diferencia, por ejemplo, de la ampliación de la cobertura de la educación preescolar), y no implica la oferta del mismo servicio a un gran número de gente (a diferencia, por ejemplo, de un programa de transferencias de efectivo). Por el contrario, se trata de una labor minuciosa mediante la cual los trabajadores sociales u otras personas capacitadas para este propósito procuran construir una relación de confianza con las familias, y animarlas a hacer ciertas cosas que no necesariamente harían por sí mismas, pero que se sabe que tienen importantes impactos en el desarrollo infantil.

Establecer a gran escala un programa para padres que sea efectivo implica tener una visión de largo plazo. Requiere que haya un gobierno comprometido con un proceso de diseño, ensayo, evaluación y rediseño, y al mismo tiempo requiere desarrollar las capacidades humanas para brindar un servicio de alta calidad de forma cada vez más eficaz. El hecho de que los programas para padres que han sido rigurosamente evaluados en la región hayan tenido importantes efectos positivos en el desarrollo de los niños, y en los adultos en los que esos niños se convertirán, sugiere que se trata de una inversión que la región no puede dejar pasar.

Notas

[1] Si bien la asociación entre lactancia y crecimiento y desarrollo positivo del niño está bien establecida, identificar un efecto causal del amamantamiento en los resultados del niño es bastante más complicado debido a la posibilidad de que haya variables (o factores de confusión) omitidas. Por ejemplo, entre los bebés que no se adaptan a la lactancia inmediata hay un número desproporcionado de criaturas que nacen de forma prematura, tienen bajo peso al nacer o sufren de otros problemas similares. Estos problemas han sido asociados negativamente a buenos resultados relacionados con el niño, de modo que la lactancia puede ser en gran parte una aproximación para otras variables. Desde luego, la misma advertencia vale para muchas otras conductas de los padres que han sido correlacionadas positivamente con el desarrollo del niño.

[2] Diversos estudios también se han centrado en la disminución de las tasas de lactancia en México, la cual bajó de aproximadamente un 29% a finales de los años ochenta a un 21% en 2006, y a un 14% en 2012, siendo una de las tasas más bajas de la región (Pérez-Escamilla et al. 2012; Colchero et al. 2015).

[3] Un cuadro similar surge a partir de los datos recopilados en las zonas más pobres de la región mesoamericana: El Salvador, Guatemala, Honduras, la región de Chiapas en México, Nicaragua y Panamá (IHME 2014). Con la excepción de El Salvador, menos de la mitad de los niños de estas zonas pobres tiene niveles mínimos de diversidad dietética (definida como la ingesta de alimentos de cuatro o más grupos alimentarios en el último día), con porcentajes particularmente bajos en Guatemala, Panamá y Chiapas. Por otra parte, un estudio realizado hace poco en Perú señala que la elasticidad de los gastos en productos alimentarios de origen animal es más alta para los hogares del quintil más bajo, y estos hogares han aumentado su consumo relativamente más que los hogares más ricos durante el período de reciente crecimiento en el país (Humphries et al. 2014).

[4] Entre las referencias más destacadas sobre el tema cabe citar: Aboud et al. (2013), Boivin et al. (2013), Hamadani et al. (2010), Tofail et al. (2012).

[5] Aunque parece haber diferencias entre los países, estos resultados podrían ser bastante sensibles para la población cubierta por las encuestas, y también en cuanto a las diferencias en la forma de capacitar a los encuestadores para que observen las interacciones entre padres e hijos.

6   Las preguntas sobre el castigo corporal no son plenamente equivalentes en las distintas encuestas, de modo que las comparaciones entre países deberían formularse con cautela.

7   La Academia Norteamericana de Pediatría (1998; 2012) se opone a todas las formas de castigo corporal de los niños (véase también Shelov y Altman 2009) y el Fondo de las Naciones Unidas para la Infancia (UNICEF), entre otros, insta a los gobiernos de todo el mundo a prohibir "todas las formas de violencia contra los niños en la familia" (ONU 2006).

8   El primer trabajo seminal en esta materia es el de Hart y Risley (1995), donde se compara el desarrollo del vocabulario de tres grupos de niños en Estados Unidos: niños de padres "profesionales", niños de familias de "clase trabajadora" y niños de familias que reciben asistencia social. A partir de observaciones detalladas y estructuradas, los autores llegaron a la conclusión de que los niños de los tres grupos de familias empezaban a hablar aproximadamente al mismo tiempo. Sin embargo, los niños de las familias de profesionales oían más palabras por hora: unas 2.153 palabras por hora en promedio, mientras que en el caso de los niños de familias dependientes de la asistencia pública esa cantidad se reducía a 616 palabras por hora. Como resultado, a los 4 años, un niño criado en una familia que recibía ayuda pública habría oído 32 millones de palabras menos que un niño proveniente de una familia con padres profesionales". A los 3 años, el vocabulario observado total de los niños de las familias de profesionales abarcaba unas 1.100 palabras, mientras que el vocabulario de los pequeños de familias que recibían asistencia social era apenas superior a las 500 palabras.

9   Aunque esto parezca sentido común, no tiene que ser necesariamente así. La asociación entre pobreza y desarrollo del niño, o entre pobreza y diversos comportamientos de los padres que influyen en el desarrollo, quizá no tengan una interpretación causal. Más bien, podría deberse a una diversidad de características omitidas de los padres (por ejemplo, sus niveles de educación o su inteligencia). Por este motivo, no se puede suponer sencillamente que si los hogares que son pobres hoy tuvieran más ingresos en el futuro, el desarrollo de los niños de estos hogares mejoraría. Esta es una hipótesis que debe ser puesta a prueba.

10 En rigor, la evaluación asignó las comunidades a uno de estos cuatro grupos: un grupo de control; un grupo de tratamiento 1, que recibía transferencias básicas de efectivo, equivalentes al 15% del consumo medio; un grupo de tratamiento 2, al que se le brindaban transferencias de la misma magnitud que a los hogares del grupo 1, pero a cuyas

comunidades además se les otorgaba una beca que permitía que uno de los miembros del hogar escogiera uno de los cursos de formación profesional ofrecidos en la sede municipal; y un grupo de tratamiento 3, que recibía las mismas transferencias que los hogares del grupo 1, pero a quienes también se les pagaba una determinada suma para comenzar una actividad no agrícola a escala reducida. Este pago equivalía al 11% del consumo del hogar receptor medio. Macours, Schady y Vakis (2012) comparan primero los hogares que hubieran recibido cualquiera de los tres tratamientos con el grupo de control, y luego se centran en comparar a los grupos de tratamiento 1 y 3. Estos valores son los que se recogen en este capítulo.

[11] En Ecuador, el programa BDH tuvo un efecto positivo en el desarrollo de los niños solo en los hogares más pobres, mientras que en Nicaragua no se observaron estas diferencias. Nicaragua es un país considerablemente más pobre que Ecuador. Como resultado, los beneficiarios del programa Atención a Crisis también eran mucho más pobres que los beneficiarios del programa BDH. En la práctica, el 82% de los hogares de la muestra de evaluación de Nicaragua tenía ingresos inferiores a US$1 per cápita por día (mientras que en Ecuador dicha cifra era del 34%), y el 93%, ingresos por debajo de US$2 per cápita por día. La conclusión de que los impactos parecen ser mayores cuando los receptores son más pobres cobra sentido porque en estos hogares una determinada transferencia de efectivo representa un aumento proporcional mayor de los ingresos.

[12] Las conclusiones más relevantes son aquellas que se centran en los niños pequeños (menores de 11 años). Løken, Mogstad y Wiswall (2012) analizan el auge del petróleo en Noruega, fenómeno que afectó a algunas comunidades más que a otras. Los autores observan que el shock positivo del ingreso proveniente de los recursos petroleros aumentó los logros escolares, sobre todo en los sectores más bajos de la distribución del ingreso. Milligan y Stabile (2011) se centran en las diferencias entre las provincias y a lo largo del tiempo en la generosidad del National Child Benefit de Canadá, y llegan a la conclusión de que el ingreso tiene un efecto positivo en las puntuaciones de matemáticas y vocabulario únicamente en los varones, sobre todo en el caso de niños cuyos padres presentan bajos niveles de escolarización. Duncan, Morris y Rodrigues (2011) utilizan una variación cruzada en el diseño y la implementación de una diversidad de programas de lucha contra la pobreza en Estados Unidos. Los autores concluyen que, en promedio, un aumento de US$1.000 en los ingresos familiares cuando los niños tienen entre 2 y 5

años provoca un incremento de 0,05 desviaciones estándar en los resultados de aprendizaje. Véase también Duncan, Magnuson y Votruba-Drzal (2014) para un debate en profundidad.

[13] Además, las tasas de lactancia exclusiva de niños de 6 meses o menos en Brasil (39%) siguen estando casi 30 puntos porcentuales por debajo de las observadas en Perú (67%) y Chile (82%), aunque son considerablemente más altas que las de México (14%).

[14] Por ejemplo, en Perú, en 2012, casi 1,2 millones de niños recibieron leche u otros alimentos del programa municipal Vaso de Leche, y un número aún mayor recibió alimentos del Programa Nacional de Apoyo Alimentario (PRONAA). En 2013 el PRONAA fue eliminado y reemplazado por Qali Warma, un programa que proporciona comidas en las escuelas a niños en preescolar y en primaria. En conjunto, estos programas tenían un presupuesto de 0,2% del producto interno bruto (PIB). En Uruguay, el Programa Alimentario Nacional tiene un presupuesto equivalente al 0,12% del PIB.

[15] Se puede encontrar evidencia de la región en Cunha (2014) para México y en Hidrobo et al. (2014) para Ecuador.

[16] Véanse los debates en Alive y Thrive (2014); Gilmore y McAuliffe (2013); Lassi et al. (2013); Pérez-Escamilla et al. (2012).

[17] La mitad de los niños del grupo de intervención y la mitad de los del grupo de control recibieron un complemento nutricional, que consistía en un kilo de leche en polvo a la semana. Aunque los niños receptores del complemento inicialmente exhibieron mejores resultados que los que no lo habían recibido, con tamaños de efecto comparables a aquellos encontrados en la intervención de estimulación precoz, los efectos del complemento ya no eran visibles después de terminada la infancia. Como resultado, los investigadores han trabajado normalmente solo con dos grupos: uno en el que la mitad de los niños constituyen un grupo de control puro y la otra mitad recibe el complemento nutricional únicamente (en su conjunto denominados grupo de control); y un grupo en el que la mitad de los niños recibe la intervención de estimulación únicamente y la otra mitad recibe la estimulación y el complemento nutricional (en su conjunto denominado el grupo de tratamiento). Este es el enfoque que se sigue en el debate de este capítulo.

[18] En Colombia, la mitad de los niños tanto del grupo de tratamiento como del grupo de control recibió una intervención nutricional (en este caso, complementos de micronutrientes), pero esto no tuvo ningún efecto en la condición nutricional del niño ni en otras medidas del desarrollo infantil.

[19] Se sabe relativamente poco acerca de la intervención del FODI (por ejemplo, sobre la calificación de los visitadores domiciliarios, el programa de la intervención, si fue implementado con fidelidad, o sobre el número de visitas que cada familia recibió en la práctica), y desde entonces el programa fue interrumpido. Los tamaños del efecto estimado son sorprendentemente grandes, sobre todo cuando se los compara con la intervención realizada en Colombia. Es importante corroborar estas conclusiones a partir de evaluaciones de programas a mayor escala en otros lugares de la región.

[20] Véase un debate sobre el tema en Aboud y Yousafzai (2015); Baker-Henningham y López Boo (2010); Howard y Brooks-Gunn (2009).

[21] Se suele considerar que es más probable que los ingresos controlados por mujeres se gasten en los hijos, en contraste con los ingresos controlados por los hombres (Lundberg, Pollack y Wales 1997; Ward-Batts 2008), aunque cierta evidencia reciente ha sembrado dudas sobre esta hipótesis (Benhassine et al. de próxima publicación; Undurraga et al. 2014).

[22] Entre las referencias se destacan Benhassine et al. (de próxima publicación); Kooreman (2000) y Thaler (1999).

[23] Véanse Behrman et al. (2009); Hoddinott et al. (2008); Maluccio et al. (2009).

[24] Se han iniciado tres evaluaciones aleatorias de intervenciones hechas a escala en Perú (programa Cuna Más), Brasil (Cresça com Seu Filho) y México (programa PEI-Conafe). Los resultados de las mismas serán cruciales para fines de políticas.

4 Los jardines de cuidado infantil: la calidad es lo que cuenta

Los jardines de cuidado infantil ofrecen cuidados fuera del hogar para los niños pequeños, sobre todo los que todavía no tienen edad para ingresar en el sistema escolar formal. Numerosos gobiernos de América Latina y el Caribe han subsidiado jardines de cuidado infantil o han proporcionado directamente este servicio.

Generalmente, la provisión de jardines de cuidado infantil tiene dos objetivos: i) permitir que las madres puedan trabajar y ii) mejorar el desarrollo infantil. Este capítulo trata de la cobertura y la calidad de los jardines de cuidado infantil en la región, y los impactos que han tenido en el desarrollo de los pequeños.

Los jardines de cuidado infantil en cifras

Según un estudio de los 36 programas más destacados de jardines de cuidado infantil de la región (Araujo, López Boo y Puyana 2013), los servicios de este tipo llegan a más de 3,1 millones de niños a través de 114.000 proveedores.[1] El cuadro 4.1 resume el porcentaje de niños desde recién nacidos hasta los 3 años de edad que son atendidos en jardines de cuidado infantil, en zonas urbanas y rurales por separado, en siete países para los cuales hay datos disponibles: Brasil, Chile, Colombia, Ecuador, Guatemala, Nicaragua y Uruguay.[2] Los datos revelan notables aumentos en el uso de las jardines de cuidado infantil en algunos países. En Brasil y Chile el porcentaje de infantes atendidos en jardines de cuidado infantil se duplicó en la última década, y en Ecuador se multiplicó por seis. Asimismo, en Brasil, Chile, Colombia y Ecuador, entre una quinta parte y una tercera parte

Cuadro 4.1 Matriculación en los servicios de cuidado infantil brindados en centros
(porcentaje)

País	2000			2010		
	Nacional	Rural	Urbana	Nacional	Rural	Urbana
Brasil	11,7	4,5	13,3	21,2	9,4	23,5
Chile	11,4	3,4	12,6	26,1	15,7	27,5
Colombia	n.d.	n.d.	n.d.	n.d.	13,5	34,0
Ecuador	3,7	2,8	4,3	23,2	23,1	23,3
Guatemala	1	0,5	2,1	1,2	0,5	2,2
Nicaragua	8	6,5	9,3	7,6	7,4	7,7
Uruguay	21,7	5,4	22,9	35,1	20,7	37,7

Fuente: Cálculos propios sobre la base de la Pesquisa Nacional por Amostra de Domicilios (PNAD) 2002, 2012 para Brasil; la Encuesta de Caracterización Socioeconómica Nacional (CASEN) 2000, 2011 para Chile; la Encuesta Longitudinal Colombiana de la Universidad de los Andes (ELCA) 2010, para Colombia; la Encuesta de Condiciones de Vida (ECV) 1997-1998, 2013-2014 para Ecuador; la Encuesta de Medición del Nivel de Vida (EMNV) 2001, 2009 para Nicaragua; y la Encuesta Continua de Hogares (ECH) 2006, 2013 para Uruguay.
n.d. = no se dispone de datos.

de todos los niños de entre 0 y 3 años se benefician de los servicios de los jardines de cuidado infantil. En Nicaragua —y sobre todo en Guatemala— la cobertura es mucho más baja. En todos los países, con la excepción de Ecuador, el porcentaje de niños que concurren a jardines de cuidado infantil es considerablemente mayor en las zonas urbanas que en las rurales.

La cobertura es amplia en numerosos países de la región. Sin embargo, ¿quién utiliza los jardines de cuidado infantil, sobre todo en los casos en los que el servicio se proporciona o financia con fondos públicos? Para contestar a esta pregunta, hay que considerar dos factores especialmente importantes: la edad de los niños y el estatus socioeconómico de sus familias.

La edad del niño es una consideración esencial por diversos motivos. Por un lado, a edades tempranas, cuando se está desarrollando el sistema inmune, los niños son mucho más vulnerables a infecciones y enfermedades que cuando son mayores. Esto significa que las condiciones de salud y saneamiento deben tenerse particularmente en cuenta en los jardines de cuidado infantil a los que acuden los más pequeños.

Otra razón de la relevancia de la edad la constituye el proceso de desarrollo infantil. Numerosas disciplinas coinciden en señalar que es crucial que los niños pequeños construyan un vínculo sólido y afectivo con al menos un cuidador primario. En el campo de la psicología y del desarrollo infantil, esta idea se remonta a los trabajos pioneros de Bowlby (1958) y Ainsworth (1969), y se la suele denominar Teoría del Apego. Un fuerte vínculo con al menos un adulto permite que los niños aprendan a regular sus sentimientos, a sentirse seguros cuando exploran su entorno y a cultivar la confianza. Bowlby et al. sostienen que los dos primeros años de la vida de un niño (quizá sobre todo el período que abarca entre los 6 y los 18 meses) son particularmente importantes para la formación de estas relaciones. Los jardines de cuidado infantil de jornada completa de baja calidad pueden perturbar el proceso de formación de vínculos entre los infantes y su cuidador primario.

Por último, la edad del niño resulta clave porque el costo de proveer jardines de cuidado infantil de calidad comparable es considerablemente más alto para los niños muy pequeños (sobre todo los lactantes) que para los niños algo mayores. Esta diferencia se debe a que las tasas aceptables de niños/cuidador son mucho más bajas entre los niños pequeños. Por ejemplo, la Academia Norteamericana de Pediatría recomienda una tasa de un cuidador por cada tres niños entre los 0 y los 11 meses, y de un cuidador por cada ocho niños entre 4 y 5 años (Academia Norteamericana de Pediatría 2005). Es preferible que haya tasas más bajas de niños/cuidador para los más pequeños porque los cuidadores de grupos reducidos tienen más tiempo para interactuar con cada niño. Además, pueden contribuir a disminuir la transmisión de enfermedades y mejorar la seguridad. Tan solo en este aspecto, el costo de proporcionar jardines de cuidado infantil de alta calidad para los lactantes es casi el triple de lo necesario para un niño en edad preescolar.[3]

El gráfico 4.1 se centra en los cambios que ha habido a lo largo del tiempo en la cobertura de jardines de cuidado infantil en Brasil, Chile, Ecuador, Nicaragua y Uruguay.[4] Muestra que este servicio se utiliza considerablemente mucho más para los niños mayores. Sin embargo, el aumento en el uso de jardines de cuidado infantil a lo largo de la última década se ha producido tanto entre los mayores como entre los más pequeños.

Por su parte, el estatus socioeconómico de los niños que reciben cuidados es fundamental por dos motivos. Uno de ellos es que la mayoría de los servicios públicos de jardines de cuidado infantil de la región son gratuitos o gozan de jugosos subsidios. Por lo tanto, hay un elemento redistributivo en los jardines de cuidado infantil públicos, y es importante entender quién se beneficia de la transferencia implícita.

El segundo motivo por el que cabe considerar el estatus socioeconómico de las familias es que el impacto de los jardines de cuidado infantil en el desarrollo de los niños depende de la calidad del jardín *en relación* con la calidad del cuidado que el niño habría recibido en un jardín de cuidado infantil si el servicio no hubiera estado disponible o si los padres hubieran decidido no utilizarlo. A esto se le suele llamar "contrafactual". Para la

Gráfico 4.1 Matriculación en los servicios de cuidado infantil brindados en centros

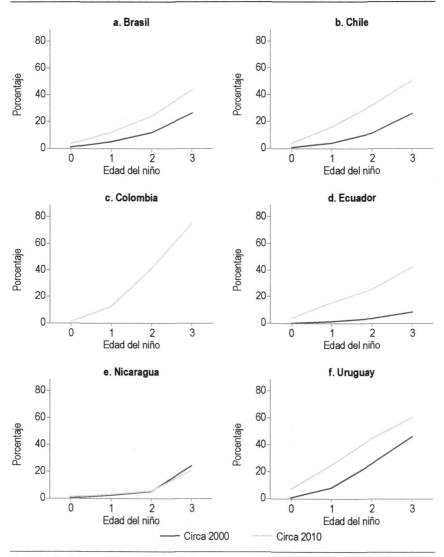

Fuente: Cálculos propios sobre la base de la Pesquisa Nacional por Amostra de Domicilios (PNAD) 2002, 2012 para Brasil; la Encuesta de Caracterización Socioeconómica Nacional (CASEN) 2000, 2011 para Chile; la Encuesta Longitudinal Colombiana de la Universidad de los Andes (ELCA) 2010, área urbana; la Encuesta de Condiciones de Vida (ECV) 1997-1998, 2013-2014 para Ecuador; la Encuesta de Medición del Nivel de Vida (EMNV) 2001, 2009 para Nicaragua; y la Encuesta Continua de Hogares (ECH) 2006, 2013 para Uruguay.

mayoría de niños de la región, el contrafactual de los jardines de cuidado infantil es el cuidado de los padres, otros parientes (a veces menores) en el hogar, o los cuidados informales de vecinos u otras personas. Actualmente se sabe poco acerca de la calidad del cuidado en estos entornos contrafactuales en la región.

En el capítulo 3 se presentaba evidencia concluyente de que el entorno del hogar para los niños pequeños de los hogares más ricos es más favorable para el desarrollo infantil de diversas maneras. Los niños de los hogares más ricos tienen más probabilidades de comer alimentos nutritivos, más probabilidades de que les lean y de recibir estimulación temprana, y más probabilidades de tener padres afectuosos que los apoyen, en comparación con los niños de los hogares más pobres. Si los cuidados son de alta calidad, desplazar a un niño pobre del hogar a un jardín de cuidado infantil mejorará su entorno en mayor medida que desplazar a un niño más rico.

El gráfico 4.2 se centra en las diferencias en la matriculación en jardines de cuidado infantil entre madres con un nivel de educación "alto" (estudios secundarios completos o más) y madres con un nivel de educación "bajo" (escuela primaria incompleta o menos).[5] En todos los países, con la excepción de Ecuador, el uso de jardines de cuidado infantil es mayor para las mujeres con niveles de escolaridad más altos. En Brasil, Colombia y Uruguay, estas diferencias son grandes. A los 3 años, la probabilidad de concurrir a un jardín de cuidado infantil es al menos 20 puntos porcentuales más alta para los niños de madres con un nivel educativo elevado que para los niños de madres con un nivel educativo bajo.

Los datos de las encuestas de hogares de la mayoría de los países no distinguen el tipo de jardines de cuidado infantil a los que asisten los pequeños, lo que incluye saber si son públicos o privados. Afortunadamente, hay excepciones. En Chile, Colombia y Ecuador, a los encuestados se les pregunta no solo si sus hijos van a un jardín de cuidado infantil sino también por el tipo de proveedor.

El cuadro 4.2 resume estas conclusiones por separado para niños de madres con un nivel de educación alto y con un nivel bajo, y limita la muestra a los niños que concurren a jardines de cuidado infantil. En los tres países mencionados, las madres con un nivel educativo alto tienen muchas más probabilidades de utilizar los servicios privados que las madres con un nivel bajo.[6] Sin embargo, incluso en el caso de los hijos de madres con un nivel educativo alto, la mayoría asiste a jardines de cuidado infantil públicos. (Por ejemplo, en Chile, en 2011, entre las madres cuyos hijos iban a jardines de cuidado infantil, el 96% de las que tenían un nivel de educación bajo y el 72% de las que ostentaban un nivel alto recurrían a los jardines de cuidado infantil públicos).[7] En Chile y Ecuador, donde estos valores están disponibles para más de un período a lo largo del tiempo, el mayor

Gráfico 4.2 Matriculación en los servicios de cuidado infantil brindados en centros, según nivel educativo de la madre

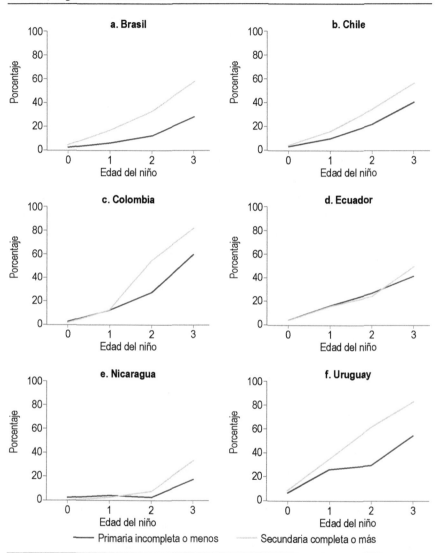

Fuente: Cálculos propios sobre la base de la Pesquisa Nacional por Amostra de Domicilios (PNAD) 2002, 2012 para Brasil; la Encuesta de Caracterización Socioeconómica Nacional (CASEN) 2000, 2011 para Chile; la Encuesta Longitudinal Colombiana de la Universidad de los Andes (ELCA) 2010, área urbana; la Encuesta de Condiciones de Vida (ECV) 1997–1998, 2013–2014 para Ecuador; la Encuesta de Medición del Nivel de Vida (EMNV) 2001, 2009 para Nicaragua; y la Encuesta Continua de Hogares (ECH) 2006, 2013 para Uruguay.

incremento en el uso de jardines de cuidado infantil en la última década se ha producido en el sector público.

Cuadro 4.2 Uso de jardines de cuidado infantil públicos y privados, por nivel educativo de la madre

País	Año	Nivel de estudios de la madre	Público (Porcentaje)	Privado (Porcentaje)
Chile	2000	Primaria incompleta o menos	73,8	26,2
		Secundaria completa o más	24,1	75,9
		Total	39,3	60,7
	2011	Primaria incompleta o menos	96,4	3,6
		Secundaria completa o más	71,5	28,5
		Total	77,1	22,9
Ecuador	1997–98	Primaria incompleta o menos	81,8	18,2
		Secundaria completa o más	44,3	55,7
		Total	65,8	34,2
	2013–14	Primaria incompleta o menos	91,5	8,5
		Secundaria completa o más	63,3	36,9
		Total	86,8	13,2
Colombia	2010	Primaria incompleta o menos	100,0	0,0
		Secundaria completa o más	67,2	32,8
		Total	74,3	25,7

Fuente: Cálculos propios sobre la base de la Pesquisa Nacional por Amostra de Domicilios (PNAD) 2002, 2012 para Brasil; la Encuesta de Caracterización Socioeconómica Nacional (CASEN) 2000, 2011 para Chile; la Encuesta Longitudinal Colombiana de la Universidad de los Andes (ELCA) 2010, área urbana; la Encuesta de Condiciones de Vida (ECV) 1997–1998, 2013–2014 para Ecuador; la Encuesta de Medición del Nivel de Vida (EMNV) 2001, 2009 para Nicaragua; y la Encuesta Continua de Hogares (ECH) 2006, 2013 para Uruguay.

En resumen, el uso de los jardines de cuidado infantil, sobre todo públicos, ha aumentado notablemente en algunos países de la región, y es mayor entre las madres con un nivel educativo alto que entre las madres con un nivel bajo. También lo es entre niños mayores que entre niños más pequeños, pero ha subido entre los niños de todas las edades, incluidos niños pequeños y bebés.

Un cuadro no demasiado agradable de los jardines de cuidado infantil

La provisión de jardines de cuidado infantil en América Latina y el Caribe se puede asignar en términos amplios a uno de estos dos modelos de operación: comunitario o institucional.

El primer modelo depende en gran medida de la comunidad en lo que se refiere al espacio y al tipo de trabajo. Las cuidadoras son madres de la comunidad que prestan el servicio en sus hogares o en un edificio comunitario que ha sido habilitado para ese fin. La escala es pequeña: cada proveedor (una madre o un grupo de madres) suele cuidar a no más de 30 niños. A menudo los niños pertenecen a un solo grupo de diferentes edades en la que puede haber lactantes, bebés y pequeños en edad preescolar. El programa le paga a la madre de la comunidad un subsidio por niño para cubrir el costo de la alimentación y le brinda una remuneración. Sin embargo, dicha madre no está formalmente empleada por el programa. Asimismo, puede que a los padres se les pida pagar una tasa por el servicio. Normalmente, los modelos comunitarios requieren poco de estos cuidadores en términos de sus cualificaciones, como formación académica y preparación laboral. A su vez, los cuidadores tienen escasas o nulas oportunidades de desarrollo profesional. Los modelos comunitarios suelen depender de un organismo estatal responsable de los niños y las familias, o de un ministerio de Desarrollo Social. Ejemplos de este tipo de modelos se pueden encontrar en Guatemala y Colombia (Hogares Comunitarios), Perú (Cuna Más, previamente llamado Wawa-Wasi), y Nicaragua (PAININ).

Por su parte, el modelo institucional funciona a través de centros más grandes que han sido construidos (o adaptados) exclusivamente para las actividades de un jardín de cuidado infantil. Debido al mayor tamaño de estos centros, se suele agrupar a los niños en salas por edades. A veces el programa proporciona directamente los servicios; otras, se subcontratan terceras partes que lo brinden. A los cuidadores normalmente se les exige que cuenten con un certificado técnico o profesional en educación de la primera infancia. Tienen una relación de empleados con el programa y disfrutan de beneficios laborales. En este modelo, puede que a los padres también se les pida pagar una tasa. Los modelos institucionales son más comunes en el cono sur (Argentina, Chile, Uruguay) y en México. Dado que los modelos de jardines de cuidado infantil institucionales dependen de educadores, a menudo tienen un vínculo formal con (o dependen de) los ministerios de Educación.

La modalidad comunitaria de jardines de cuidado infantil cobró gran popularidad en muchos países de la región en los años ochenta. Sin embargo, en la última década, países como Colombia y Perú han reformado significativamente sus servicios de jardines de cuidado infantil comunitarios. Por ejemplo, Colombia ofrece capacitación en el puesto de trabajo para profesionalizar a los cuidadores (madres comunitarias), y aprobó una reforma para asegurar que estos tengan un contrato formal, cobren un salario mínimo y gocen de beneficios laborales. En Perú se están eliminando los servicios proporcionados por hogares privados. En su lugar, se está desplazando a todos los niños y cuidadores a espacios comunitarios que han sido adaptados y equipados para este fin. Colombia, Ecuador y Perú están invirtiendo considerablemente en infraestructura para ampliar la cobertura de los servicios institucionales.

El impacto de los jardines de cuidado infantil en el desarrollo del niño depende sobre todo de su calidad. Sin embargo, ¿cómo definir a un jardín de cuidado infantil de alta calidad? Love, Schochet y Meckstroth (1996), citados en Blau y Currie (2006), proporcionan la siguiente descripción:

> Los cuidadores (en centros de alta calidad) estimulan a los niños para que participen activamente en diversas tareas; tienen interacciones frecuentes y positivas con ellos, como sonreír, tocar, sostener y hablar al nivel visual de los mismos; responden con prontitud a las preguntas o demandas de los niños, y los estimulan para que hablen de sus experiencias, sentimientos e ideas. Los cuidadores de un entorno de alta calidad también escuchan atentamente, formulan preguntas abiertas y amplían las actividades y verbalizaciones de los niños con ideas o materiales más complejos, interactúan con los niños individualmente y en pequeños grupos en lugar de hacerlo exclusivamente con el conjunto del grupo, utilizan técnicas de orientación positivas y estimulan una independencia adecuada.

Como sugiere esta detallada lista, son numerosos los elementos que determinan la calidad de los jardines de cuidado infantil. No obstante, en la práctica se distingue entre las dimensiones de calidad estructural y de proceso.

La dimensión de calidad estructural se refiere a la presencia (o ausencia) de recursos que pueden facilitar las interacciones que deberían tener lugar en un entorno de aprendizaje. Incluye considerar aspectos relacionados con la infraestructura (el espacio, la iluminación, el mobiliario y los equipos); elementos relacionados con la salud, el saneamiento y la seguridad (protocolos de salud, procedimientos de emergencia); las características de los educadores y los cuidadores (su formación laboral previa y en el puesto de trabajo, experiencia, salarios), y las particularidades del grupo de niños bajo su responsabilidad (tamaño, rango de edad, tasa cuidador/niños).

La dimensión de calidad de proceso se refiere a los elementos de los jardines de cuidado infantil que tienen un impacto directo en la experiencia cotidiana del niño, en su aprendizaje y desarrollo. Esta dimensión abarca la implementación del currículo (si este existe) y, sobre todo, la frecuencia, los tipos y la calidad de las interacciones entre los niños y sus cuidadores, entre los niños y sus pares, y entre los cuidadores y los padres.

Se han adoptado diferentes enfoques para medir la calidad en preescolar y en los jardines de cuidado infantil, tanto en los países desarrollados como en desarrollo. Uno de ellos se centra en medir un conjunto de "estándares mínimos" que los proveedores deberían cumplir. Por ejemplo, en Estados Unidos, el National Institute for Early Education Research (NIEER) ha propuesto un listado nacional de estándares de calidad (Barnett et al. 2003; 2004). Esta lista de control se basa en la calidad estructural, y comprende las cualificaciones que tienen los maestros y cuidadores; si reciben una formación en el puesto de trabajo; el tamaño de las clases y la tasa niños/cuidador; si hay servicios de detección y derivación, y si las comidas están incluidas.

De manera alternativa, la calidad se puede medir mediante observación directa en el jardín de cuidado infantil. Existe un conjunto de instrumentos que son ampliamente usados para este fin, entre los que cabe citar: la Escala de Calificación del Ambiente de la Infancia Temprana (ITERS-R) (Harms, Cryer y Clifford 1990); la Escala de Evaluación de Contextos Educativos Infantiles (ECERS-R) (Harms y Clifford 1980; Harms, Clifford y Cryer 1998), y la Escala de Calificación del Ambiente de Cuidado Infantil Familiar (FCCERS-R) (Harms y Clifford 1989).[8] La escala ITERS se centra en los cuidados de los centros para lactantes y bebés (0-29 meses). La ECERS, en los cuidados de los centros para preescolares (30-59 meses). Y la FCCERS lo hace en lactantes, bebés y preescolares (0-59 meses) en los contextos de cuidados familiares del niño. Los instrumentos evalúan siete aspectos o dimensiones de los cuidados: espacio y mobiliario, rutinas del cuidado personal, escuchar y hablar, actividades, interacciones, estructura del programa y padres y personal. Se asignan puntuaciones de entre 1 y 7 a cada dimensión. Una puntuación de 1 implica que la calidad es inadecuada; de 3 indica una calidad mínima; de 5 una buena calidad, y de 7 una calificación excelente.

Otro instrumento es el Sistema de Calificación para la Evaluación en el Aula (CLASS, por sus siglas en inglés) (Pianta, LaParo y Hamre 2008a; LaParo, Hamre y Pianta 2012; Hamre et al. 2014), que mide un aspecto clave de la calidad de proceso, a saber, el carácter de las interacciones entre los niños y sus maestros o cuidadores (véase el recuadro 4.1). Al igual que en los casos anteriores, la puntuación se basa en una escala de 1 a 7, y los resultados de 1-2 indican que la calidad es mala, entre 3 y 5 reflejan un grado de calidad mediano, y entre 6-7 señalan un elevado nivel calidad. El CLASS mide la calidad de las interacciones para los lactantes y bebés en dos aspectos: i) apoyo emocional y conductual y ii) apoyo comprometido con el aprendizaje.

Otros instrumentos se centran en los conocimientos factuales que los cuidadores tienen acerca de las prácticas de crianza, de los procesos de

RECUADRO 4.1. EL SISTEMA DE CALIFICACIÓN PARA LA EVALUACIÓN EN EL AULA

El Sistema de Calificación para la Evaluación en el Aula (CLASS, por sus siglas en inglés), como instrumento de observación, fue desarrollado por investigadores de la Universidad de Virginia para evaluar la calidad de las interacciones maestro-alumno que predicen el desempeño académico y social de los niños en el jardín de cuidado infantil, en preescolar y en la escuela primaria. El instrumento proporciona una métrica común validada y fiable para describir cómo los maestros usan los materiales que tienen a su alcance y cómo interactúan con sus alumnos (Pianta, LaParo y Hamre 2008a).

El CLASS aborda el hecho de que a medida que los niños crecen y se desarrollan, la complejidad y naturaleza de sus interacciones con los cuidadores y los maestros también cambia. Hay versiones del instrumento adecuadas por edad para clases de lactantes, bebés, niños en edad preescolar y jardín de infantes hasta el tercer curso (K-3). Mientras que el CLASS para bebés y lactantes describe dos grandes dominios de las interacciones efectivas entre maestro y alumno (apoyo emocional y conductual, y apoyo comprometido con el aprendizaje), el CLASS para preescolares y K-3 separa las interacciones en tres dominios (apoyo emocional, organización de la clase y apoyo pedagógico).

Cada dominio contiene diversas dimensiones que se centran en un aspecto particular de las interacciones efectivas maestro-alumno que son importantes para el éxito académico y social. Como ejemplo común a todas las versiones del instrumento (independientemente de la edad), el clima positivo es una de las dimensiones que se encuentra en los dominios de apoyo emocional y conductual o apoyo emocional, según la versión del instrumento. El clima positivo se define como la "conexión emocional entre maestros y alumnos y entre los alumnos, y la calidez, el respeto y el agrado que se comunica a través de las interacciones verbales y no verbales" (Pianta, LaParo y Hamre 2008a:23). La "proximidad física", la "ayuda de los pares", la "conversación social", "la sonrisa", el "afecto verbal", el "contacto visual", el "lenguaje respetuoso" y el "cooperar y compartir" constituyen el tipo de indicadores que los observadores de CLASS tienen en cuenta cuando puntúan una clase en la dimensión de clima positivo. El gráfico 4.1.1 describe los dominios y dimensiones que se hallan en las versiones de preescolar y K-3 del CLASS.

Para los niños de todas las edades, las puntuaciones del CLASS miden hasta qué punto aquella dimensión es característica de la clase. Las puntuaciones oscilan entre 1 (mínimamente observado) y 7 (de observación frecuente). (Las puntuaciones para la dimensión de clima negativo son de código inverso.) Las observaciones pueden comenzar al inicio del día escolar o en cualquier momento predeterminado acordado con el maestro. Las realizan observadores altamente formados y certificados, y se llevan a cabo a lo largo de cuatro o más ciclos de 20 minutos. El CLASS también ha sido aprobado y validado para su utilización con observaciones en el aula grabadas en video.

(continúa en la página siguiente)

RECUADRO 4.1. *(continuación)*

Asimismo, se ha destacado como un poderoso instrumento de desarrollo profesional y ha ayudado a los maestros a identificar y modelar los tipos de interacciones que han demostrado poder mejorar el desarrollo emocional y cognitivo del niño.

Gráfico 4.1.1 El Sistema de Calificación para la Evaluación en el Aula, preescolar y K–3

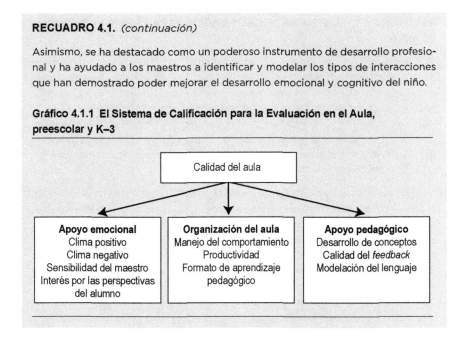

desarrollo infantil y de las normas de conducta del niño. Este es el caso del Inventario del Conocimiento sobre Desarrollo Infantil (KIDI, por sus siglas en inglés) (MacPhee 1981). Concretamente, en el KIDI, a los encuestados se les leen 58 afirmaciones a propósito de los niños y se les pide que elijan entre "estar de acuerdo", "no estar de acuerdo" y "no estar seguro".

¿Cuál es la calidad de los jardines de cuidado infantil en América Latina y el Caribe? Un punto de partida útil para responder a esta pregunta lo constituye el detallado estudio de calidad realizado en una muestra nacionalmente representativa de 400 jardines de cuidado infantil públicos del programa Centros Infantiles del Buen Vivir (CIBV) en Ecuador (Araujo et al. 2015). El CIBV subcontrata servicios de cuidado infantil en las comunidades, los gobiernos locales y las organizaciones de base. Los servicios están dirigidos a niños de 0–3 años, aunque en la práctica un alto porcentaje de los usuarios tiene más de 3 años. A diferencia de la mayoría de los jardines de cuidado infantil de la región, este programa funciona tanto en las zonas rurales como urbanas. A los cuidadores se les exige que cuenten con un certificado de estudios secundarios, aunque en la práctica el cumplimiento de este requisito dista mucho de ser perfecto. Son contratados por la organización que actúa como proveedora y perciben el salario mínimo. El 50% de los centros encuestados informó que se cobraba una tasa a los padres, aunque esto no está permitido de acuerdo con las directrices del programa. Se requiere que todos los centros tengan un profesional en el rol de coordinador central, con un título de nivel terciario. Cuando se recopilaron los datos para el estudio en 2012, el programa CIBV funcionaba a través de 3.800 centros y brindaba cobertura a 118.000 niños.

Los datos del CIBV revelan que los cuidadores tienen escasos conocimientos sobre desarrollo infantil. El cuidador medio respondió correctamente 31 de las 58 preguntas del KIDI. Adivinar aleatoriamente habría arrojado un resultado de 29 respuestas correctas, lo cual da una indicación de la baja puntuación de estos cuidadores.

Otras medidas más integrales también pintan un cuadro desalentador de la calidad de los CIBV. El gráfico 4.3 se centra en la ITERS. Dado que los responsables de las políticas en la región (y en otros países) suelen prestar más atención a la infraestructura física de un centro que a otros aspectos de la calidad, en el gráfico se presentan dos paneles. El panel a)

Gráfico 4.3 Medidas de la Escala ITERS de Calificación del Ambiente de la Infancia Temprana sobre la calidad de los jardines de cuidado infantil, Ecuador

a. Espacio y mobiliario

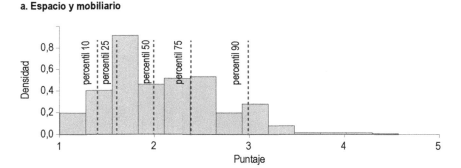

b. Otras dimensiones de calidad

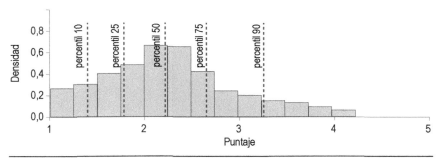

Fuente: Araujo et al. (2015).

abarca una dimensión de la ITERS: espacio y mobiliario, elementos que constituyen una medida de la infraestructura física del centro. El panel b) presenta el promedio en otros seis aspectos de la escala, que consisten en una combinación de indicadores de la calidad de "proceso" y "estructural". El centro promedio en Ecuador tiene una puntuación de aproximadamente 2 en espacio y mobiliario, y una puntuación de 1,5 en el conjunto de los otros aspectos; ambos se encuentran en el rango de "calidad inadecuada". Incluso los centros con mejores resultados tienen niveles muy bajos de calidad. Un centro en el percentil 90 tiene una puntuación de 3 en espacio y mobiliario (calidad mínima), y una puntuación de 2 en el conjunto de los otros aspectos (calidad inadecuada).

El gráfico 4.4 presenta resultados comparables para el CLASS. En la subescala emocional y conductual, la cual es clave para el desarrollo socioemocional de los niños, la mayoría de los centros se encuentran en el rango medio de calidad. En la subescala de apoyo comprometido con

Gráfico 4.4 Medidas del Sistema de Calificación para la Evaluación en el Aula sobre la calidad de los jardines de cuidado infantil, Ecuador

a. Apoyo emocional y conductual

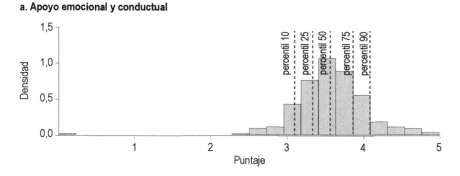

b. Apoyo comprometido con el aprendizaje

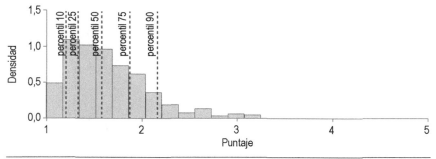

Fuente: Araujo et al. (2015).

el aprendizaje, esencial para el desarrollo cognitivo y del lenguaje, prácticamente todos los centros son de mala calidad. Los centros con menor calidad estructural en Ecuador suelen exhibir una peor calidad de proceso (véase el recuadro 4.2).

El análisis del programa CIBV de Ecuador señala que la calidad de los servicios de los jardines de cuidado infantil es muy baja. Sin embargo, ¿es inusual el caso de Ecuador en relación con otros países de la región? Al parecer, no. El programa de jardines de cuidado infantil públicos más

---

RECUADRO 4.2. CALIDAD ESTRUCTURAL Y DE PROCESO DE LOS JARDINES DE CUIDADO INFANTIL EN ECUADOR

Recientes investigaciones realizadas en Estados Unidos sugieren que las magnitudes de calidad estructural, incluidas aquellas que se miden en listas de verificación, como las propuestas por el National Institute for Early Education Research (NIERR), están solo ligeramente correlacionadas con la calidad de proceso y los resultados de desarrollo infantil (Mashburn et al. 2008). Sin embargo, debido al nivel mucho más bajo de la calidad estructural de los jardines de cuidado infantil considerados en América Latina y el Caribe, no queda claro si este resultado se extiende a toda la región. Una manera de analizar este detalle es observando si, en promedio, las medidas de calidad estructural están correlacionadas con las puntuaciones en la Calificación del Ambiente de la Infancia Temprana (ITERS) y en el CLASS.

En Ecuador las directrices del programa de Centros Infantiles del Buen Vivir (CIBV) exigen que los cuidadores sean graduados de la escuela secundaria. En la práctica, algo más de las dos terceras partes (68%) de todos los cuidadores cumplen con este criterio. El CIBV también requiere tasas máximas de ocho niños por adulto (para niños menores de 24 meses) y de 12 niños por adulto (para niños de 24 meses o más). En la práctica, parece darse una variación considerable en las tasas de niños/cuidador. En el percentil 10 de la distribución, hay seis niños por adulto, en el 50 hay nueve niños y en el 90 hay 12 niños por adultos. (A menudo coinciden niños de diferentes edades en una misma aula, de modo que no es fácil determinar si el programa está cumpliendo con sus propias directrices.) También hay una variación considerable en la experiencia de los cuidadores, que va desde de cero años de experiencia en el percentil 25 (es decir, cuidadores que comienzan su primer año de trabajo con los niños) a dos años en el percentil 50 y ocho años en el 90.

En el cuadro 4.2.1 se recogen las asociaciones condicionales entre calidad, medida por la ITERS o el CLASS, y la formación de los cuidadores, su experiencia y las tasas niño/adulto en el programa CIBV de Ecuador. Es importante recordar que estos valores pueden no tener una interpretación causal; debe haber otros motivos que expliquen por qué ostentan mejor calidad las aulas con menos niños por adulto y cuidadores con más experiencia y estudios (medida por la ITERS y el CLASS).

(continúa en la página siguiente)

RECUADRO 4.2. *(continuación)*

El cuadro muestra que algunas, aunque no todas, las medidas de calidad estructural están asociadas con mejores puntuaciones en la ITERS y el CLASS. Las puntuaciones de ambos instrumentos son entre 0,26 y 0,30 desviaciones estándar más altas en las clases cuyo cuidador es graduado de la escuela secundaria en comparación con aquellas cuyo cuidador no lo es. Las puntuaciones de la ITERS (pero no del CLASS) también son mejores en las clases donde hay menos niños por cuidador. Por cada niño adicional por cuidador, la puntuación ITERS disminuye en 0,05 desviaciones estándar. En otras palabras, reducir a la mitad el número de niños por cuidador de 12 a seis se asocia con una mejora en las puntuaciones de 0,30 desviaciones estándar. Por otro lado, tener un cuidador con más experiencia no es un predictor de la calidad, medida tanto por la ITERS como por el CLASS.

Cuadro 4.2.1 La ITERS, el CLASS y las características de los maestros y los jardines de cuidado infantil en Ecuador

	ITERS				CLASS			
El cuidador ha completado la escuela secundaria	0,26* (0,13)			0,30** (0,13)	0,26** (0,11)			0,29** (0,11)
El cuidador tiene más de tres años de experiencia		0,02 (0,12)		0,09 (0,12)		0,10 (0,12)		0,14 (0,12)
Tasa niños/adulto			−0,05** (0,02)	−0,05** (0,02)			0,01 (0,03)	−0,00 (0,03)
R cuadrado	0,016	0,000	0,018	0,040	0,014	0,002	0,000	0,018

Fuente: Cálculos de los autores basados en los datos de Araujo et al. (2015).
Nota: Todas las regresiones incluyen efectos fijos de cantón. N son 403 jardines de cuidado infantil. Los errores estándar robustos corregidos por agrupación en el cantón centro se encuentran entre paréntesis. *** $p<0,01$; ** $p<0,05$; * $p<0,1$.
ITERS = Escala de Calificación del Ambiente de la Infancia Temprana; CLASS = Sistema de Calificación para la Evaluación en el Aula.

importante de Perú, Cuna Más, y los jardines de cuidado infantil públicos del programa Crecer Bien Para Vivir Bien en Potosí y Chuquisaca, Bolivia, también son de muy mala calidad. El cuadro 4.3 recoge la media y la puntuación de la clase del percentil 90 de la distribución de la calidad en los dos programas. En el caso de la escala ITERS, el centro promedio de la muestra boliviana obtuvo una puntuación de 1,3, y un centro en el percentil 90 de calidad exhibió una puntuación de 1,8 (calidad inadecuada). En Perú, el centro promedio tenía una puntuación de 3,6 (calidad mínima) y un centro en el percentil 90 de calidad tenía una puntuación de 4,8 (buena calidad). Las puntuaciones CLASS para Perú también son desalentadoras, sobre todo en el aspecto de apoyo comprometido con el aprendizaje.

Cuadro 4.3 Calidad de los jardines de cuidado infantil en Bolivia y Perú

		Bolivia, CBPVB		Perú, Cuna Más	
		Media	Percentil 90°	Media	Percentil 90°
ITERS	Total	1,3	1,8	3,6	4,8
	Espacio y mobiliario	1,2	1,8	3,4	4,8
	Rutinas de cuidado personal	1,1	1,2	3,2	5,5
	Escuchar y conversar	1,3	3,0	3,3	5,3
	Actividades	1,2	1,7	2,9	3,8
	Interacción	1,4	2,8	5,0	6,8
	Estructura del programa	1,1	1,3	4,0	6,0
	Padres y personal	1,3	2,2	2,8	3,6
CLASS	Total	—	—	3,1	3,6
	Apoyo emocional y conductual	—	—	3,9	4,4
	Clima positivo	—	—	3,4	4,1
	Clima negativo	—	—	6,9	7,0
	Sensibilidad del maestro	—	—	3,3	4,0
	Respeto por la visión del niño	—	—	3,1	3,8
	Apoyo comprometido con el aprendizaje	—	—	1,8	2,3
	Orientación conductual	—	—	30,0	3,5
	Facilitación del aprendizaje y el desarrollo	—	—	2,5	3,0
	Calidad de la realimentación	—	—	1,3	1,8
	Modelación del lenguaje	—	—	1,5	2,1
KIDI	Cuidador	—	—	23	26
	Educador-coordinador	—	—	26	30
Observaciones		100		602	

Fuente: Los datos de Bolivia provienen de la encuesta de línea de base de la evaluación de impacto de Crecer Bien para Vivir Bien (CBPVB); los de Perú provienen de la encuesta de línea de base de la evaluación de impacto de Cuna Más 2013 (Servicio de Cuidado Diurno). Ambos estudios fueron realizados por personal del BID.
ITERS = Escala de Calificación del Ambiente de la Infancia Temprana; CLASS = Sistema de Calificación para la Evaluación en el Aula; KIDI = Inventario del Conocimiento sobre Desarrollo Infantil.
Nota: Los casilleros con una raya indican que no hay información disponible.

Incluso los centros con mejores resultados en la muestra presentaron una puntuación de 2,3 (mala calidad) en esta medida, lo que demuestra que a los niños no disfrutan de un entorno favorable para la promoción de las habilidades de cognición y de preparación escolar.

En Colombia, también se han utilizado la ITERS, la ECERS y la FCCERS para medir la calidad de los cuidados proporcionados por los hogares infantiles y los centros de desarrollo infantil (modalidades institucionales de los jardines de cuidado infantil públicos) y por los hogares comunitarios (modalidad comunitaria de los jardines de cuidado infantil) (Bernal 2014). En los tres programas, la calidad de los cuidados era muy baja, y oscilaba entre 1,7 y 2,1 para la modalidad institucional, y ascendía a 2,3 en el caso de la modalidad comunitaria. En Chile, un estudio de 63 jardines de cuidado infantil de la provincia de Concepción descubrió que la puntuación promedio de la ITERS era de 3,2, es decir: se situaba en el rango de calidad mínima (Herrera et al. 2005). Además, la calidad del 68% de todos los jardines de cuidado infantil se hallaba en el rango de 1-2 (inadecuada). Por último, en un análisis de los jardines de cuidado infantil (crèches) de Brasil, se midió la calidad de los cuidados en seis ciudades: Belém, Campo Grande, Florianópolis, Fortaleza, Rio de Janeiro y Teresina (Verdisco y Pérez Alfaro 2010). Para estos fines, se utilizó la ECERS pero, cuando las pruebas piloto iniciales señalaron que las puntuaciones generales serían muy bajas, la escala se redefinió con números del 1 al 10 (en lugar de 1-7). Así, 1-3 indicaba calidad inadecuada; 3-5 calidad básica; 5-7 calidad adecuada; 7-8,5 calidad buena, y 8,5-10 calidad excelente. De acuerdo con esta escala revisada de 10 puntos, los cuidados promedio proporcionados en las seis ciudades de la muestra oscilaban entre 2,2 (inadecuados) y 3,9 (básicos).

En resumen, la calidad de los jardines de cuidado infantil de numerosos países de la región, medida por la observación directa de los centros, es muy baja. Es lo que ocurre en países que proporcionan dicho servicio básicamente a través de la modalidad comunitaria (como Colombia y Perú), aquellos que utilizan la modalidad institucional (como Brasil y Chile) y aquellos que ofrecen una combinación de ambas modalidades (como Ecuador).

El impacto de los jardines de cuidado infantil en el desarrollo del niño: una cuestión nada banal

La literatura sobre los efectos de los jardines de cuidado infantil en el desarrollo del niño en los países desarrollados es amplia. Hay evidencia convincente de Estados Unidos de que proporcionar jardines de cuidado infantil intensivos de alta calidad para los niños de entornos menos favorecidos puede tener efectos notables en su desarrollo y en sus posibilidades vitales. Sin embargo, la evidencia proviene de pequeños programas piloto más que de programas a gran escala.

Un programa estadounidense que ha sido evaluado con gran cuidado es el programa Abecedarian. Este ofreció ocho horas de cuidados de alta calidad durante todo el año, para niños de 0 a 5 años, a través de un currículum estructurado que ponía el acento en el lenguaje, la regulación emocional y las destrezas cognitivas, y con bajas tasas niños/cuidador. Todos los participantes provenían de un entorno socioeconómico desfavorecido. En promedio, en solo uno de cada cuatro hogares vivían los dos padres. La mayoría de las madres había abandonado la escuela secundaria y tenía un coeficiente intelectual promedio de 85. En el programa se incluyó una evaluación cuidadosa, basada en una asignación aleatoria a un grupo de "tratamiento" y un grupo de "control".

A los 4 años, los niños que habían sido objeto de la intervención Abecedarian tenían puntuaciones cognitivas 0,74 desviaciones estándar más altas que las del grupo de control. A medida que los pequeños crecían, los efectos del programa en la cognición se iban desvaneciendo. Sin embargo, a los 15 años, aquellos que habían sido objeto de la intervención en la primera infancia seguían teniendo mejores resultados que los que habían sido asignados aleatoriamente al grupo de control, en 0,37 desviaciones estándar en cognición, y con una diferencia similar en las pruebas estandarizadas de lectura y logros en matemáticas (Campbell et al. 2002). A los 21 años, los beneficiarios tenían un 23 puntos porcentuales más de probabilidades de ingresar en una carrera universitaria de cuatro años (Barnett y Masse 2007). A los 35 años, los niños que habían sido objeto de la intervención de Abecedarian presentaban factores de riesgo de enfermedades cardiovasculares significativamente más bajos (por ejemplo, su presión arterial era más baja) que aquellos que habían sido asignados aleatoriamente al grupo de control (Campbell et al. 2014).

La mayoría de los estudios sobre los efectos de los jardines de cuidado infantil en los programas a gran escala de los países de ingresos altos (entre ellos Canadá, Dinamarca y Estados Unidos) llegan a la conclusión de que estos centros tienen un efecto positivo en el desarrollo cognitivo de los niños provenientes de entornos desfavorecidos. Sin embargo, numerosos trabajos también reportan efectos negativos relacionados con la asistencia a un jardín de cuidado infantil en el desarrollo socioemocional y de la conducta del niño, particularmente en el caso de los establecimientos de jornada completa para los más pequeños.[9]

¿Qué ocurre con la evidencia de América Latina y el Caribe? En la región, las evaluaciones creíbles de los impactos de los jardines de cuidado infantil en los resultados relacionados con el niño escasean. Dos investigaciones evalúan el impacto de los jardines de cuidado infantil de tipo comunitario en Bolivia (un programa conocido como Proyecto Integral de Desarrollo Infantil, PIDI) (Behrman, Cheng y Todd 2004) y Colombia (el programa Hogares Comunitarios) (Bernal y Fernández 2013).[10] En el momento en que fueron evaluados, ambos programas ofrecían servicios de jardines de cuidado infantil de jornada completa y alimentación para niños en casa de una madre de la comunidad. Las madres de la comunidad que trabajaban como cuidadoras recibían una formación mínima y cada una era responsable de alrededor de 15 niños. El costo anual del programa por niño se estimó en US$516 en Bolivia y US$430 en Colombia.

Las dos evaluaciones sugieren que el jardín de cuidado infantil tenía un efecto positivo aunque modesto en el desarrollo de los niños: cerca de 0,2 desviaciones estándar. Los impactos se deben a los efectos positivos entre niños algo mayores (aproximadamente 4 años o más). Entre los más pequeños, los efectos de los programas en general no son significativos, y en algunos casos son negativos (lo que señala que el programa condujo a peores resultados).

En Ecuador, el Fondo de Desarrollo Infantil (FODI) subsidiaba los jardines de cuidado infantil gestionados por organizaciones sin fines de lucro o comunitarias que habían sido aprobadas.[11] A todas las organizaciones que pretendían recibir un subsidio del FODI se les exigía que elaborasen una propuesta. El FODI estableció una puntuación y clasificó todas las propuestas a partir una fórmula, y financió aquellas que tenían la mejor puntuación hasta que el presupuesto del programa para ese año se agotó. Si la organización recibía el financiamiento, el FODI le entregaba US$488 por niño, y se esperaba que ofreciera un servicio de jornada completa (52 semanas al año, 5 días a la semana, 8 horas al día) utilizando un currículum desarrollado por el proyecto.

Rosero y Oosterbeek (2011) estiman que el FODI no tuvo ningún efecto en el desarrollo motor ni social. Sin embargo, los impactos del programa en el desarrollo cognitivo y del lenguaje son negativos y estadísticamente significativos (un promedio de aproximadamente 0,3 desviaciones estándar), lo cual implica que los niños que se habían integrado en el FODI estaban en condiciones considerablemente peores que aquellos que no lo habían hecho. También era menos probable que las madres cuyos pequeños iban a un jardín de cuidado infantil tuvieran una conducta receptiva para la crianza.

Hay dos estudios que evalúan las reformas efectuadas al programa Hogares Comunitarios de Colombia. El primero (Bernal de próxima publicación) evalúa una iniciativa para ofrecer una capacitación considerable en el puesto de trabajo y un certificado en desarrollo infantil para las madres de la comunidad que trabajaban como cuidadoras. La iniciativa comprendía casi 2.500 horas de clases (comparadas con las 40 horas de formación que las madres de la comunidad habían tenido previamente como requisito para poder postularse a los puestos de cuidadoras). Los temas del curso comprendían: salud infantil, nutrición y desarrollo, hitos del desarrollo, y las prácticas educativas y de estimulación adecuadas para las diferentes edades. La formación parece haber mejorado la calidad de los jardines de cuidado infantil, medida por la FCCERS, y ha tenido un impacto positivo en algunas medidas del desarrollo cognitivo infantil.

El segundo estudio (Bernal et al. 2014a) evalúa un aspecto clave de la reforma de los servicios de los jardines de cuidado infantil en Colombia. A partir de 2007, el gobierno comenzó un programa de construcción de grandes centros para atender entre 150 y 300 niños cada uno. El tamaño de estos centros nuevos permitía que los niños se agruparan por edad, como lo recomienda la literatura sobre desarrollo infantil. Inicialmente, la reforma contemplaba emplear a un educador profesional cada 25 niños y contratar a las madres de la comunidad como asistentes. Sin embargo, en la práctica, muchas de las madres de la comunidad sencillamente se convirtieron en cuidadoras en los nuevos centros. Además, cada centro tenía un equipo profesional de tres personas especializadas en salud y nutrición, apoyo socioemocional y apoyo pedagógico, respectivamente. También se empleó personal especializado para la cocina y la limpieza (tareas que anteriormente eran realizadas por las madres de la comunidad). La construcción de cada centro representó un gasto promedio de un millón de dólares. Y en relación con el servicio comunitario que las nuevas instalaciones vinieron a reemplazar, el costo aumentó más de tres veces, hasta US$1.500 anuales por niño (excluida la inversión inicial en infraestructura).

Para estimar el impacto del reemplazo de los jardines de cuidado infantil comunitarios por los de los nuevos centros, se elaboró una convincente evaluación, cuyos resultados fueron muy desalentadores. Algunas medidas de la calidad estructural habían mejorado (obviamente, la calidad de la infraestructura). Sin embargo, la calidad de proceso, medida por las escalas FCCERS, ITERS y ECERS, no arrojó mejores resultados en los nuevos centros que en los Hogares Comunitarios. En realidad, en diversas dimensiones, que incluían las rutinas y actividades, la relación entre cuidadores y niños, y la relación entre cuidadores y padres, la calidad de los nuevos centros era inferior a la de los Hogares Comunitarios. Y lo más decepcionante (pero quizá no sorprendente, dado que la calidad de proceso no había cambiado) fue que los niños de los centros grandes no experimentaron ninguna mejora firme en nutrición, desarrollo cognitivo o desarrollo socioemocional en relación con los pequeños que permanecieron en los Hogares Comunitarios.[12]

En resumen, solo hay un puñado de evaluaciones sobre el impacto de los servicios de los jardines de cuidado infantil en el desarrollo del niño en América Latina y el Caribe. Todas ellas manifiestan algunas limitaciones metodológicas, y ninguna cumple el estándar de oro de una prueba aleatoria con altos niveles de cumplimiento.[13] Sin embargo, el principal mensaje de estas evaluaciones es claro: los jardines de cuidado infantil de jornada completa de la región suelen ser de baja calidad y no mejoran de manera consistente el desarrollo infantil, sobre todo entre los más pequeños.

Trazando políticas

Actualmente, más niños pequeños que nunca asisten a jardines de cuidado infantil proporcionados o subsidiados por fondos públicos (jardines de cuidado infantil públicos) en América Latina y el Caribe. El principal objetivo de los mismos en numerosos países de la región ha sido facilitar el ingreso de las mujeres en la fuerza laboral. Hasta cierto punto, los jardines de cuidado infantil han cumplido este objetivo, aunque la magnitud del impacto depende de la medida en que los jardines de cuidado infantil públicos desplacen a los privados que ya estaban disponibles.[14]

Desde el punto de vista del desarrollo infantil, el tema crítico es si los cuidados proporcionados son de mejor calidad que los contrafactuales que los niños habrían recibido si no se contara con jardines de cuidado infantil públicos. Se sabe poco acerca de este contrafactual. Sin embargo, la característica más llamativa de los jardines de cuidado infantil públicos actualmente disponibles en la región es su muy baja calidad. Parece poco probable que un servicio de tan baja calidad pueda mejorar los resultados de los niños. Según lo confirma un puñado de evaluaciones de impacto de los programas de la región, los beneficios de este servicio para los niños son, en el mejor de los casos, inciertos.

Algunos países desarrollados brindan un generoso apoyo a los jardines de cuidado infantil. En ellos, por ejemplo Dinamarca (63%), Islandia (56%), Noruega (42%) y Suecia (45%), un alto porcentaje de niños de entre 0 y 2 años goza de cuidados formales. Sin embargo, allí los jardines de cuidado infantil son de alta calidad: los empleados casi siempre tienen un título postsecundario en educación de la temprana infancia y muy buena formación

(Ruhm 2011). Otros países desarrollados proporcionan solo un apoyo mínimo a los jardines de cuidado infantil. Estos dependen de una combinación de deducciones fiscales o subsidios para las familias con hijos pequeños, y generosos beneficios de las licencias por maternidad estipuladas. Allí, el porcentaje de niños de entre 0 y 2 años que concurren a jardines de cuidado infantil formales suele ser muy bajo, por ejemplo, en Alemania (14%), Austria (11%) y Suiza (menos del 10%) (Ruhm 2011). En algunos países de América Latina y el Caribe, sobre todo en aquellos donde el tamaño del sector informal es relativamente pequeño, quizá tenga sentido adoptar las licencias por maternidad o aumentar la duración de su cobertura (véase el recuadro 4.3).

En la práctica, es probable que numerosos países de América Latina y el Caribe sigan ofreciendo o subsidiando los jardines de cuidado infantil en un futuro previsible. Sin embargo, es necesario introducir importantes cambios si estos jardines han de ser beneficiosos (o al menos no perjudiciales) para los niños que acuden a ellos. Al pensar en estos cambios, es útil distinguir entre los jardines de cuidado infantil de zonas rurales y de zonas urbanas.

En las zonas rurales la densidad demográfica es baja y los educadores cualificados escasean. No queda claro qué aspecto tiene en este contexto un servicio de jardines de cuidado infantil costo-efectivo y de calidad razonable. Si en las zonas rurales el servicio sigue siendo sobre todo de modalidad comunitaria, una solución prometedora podría ser la oferta de capacitación en el puesto de trabajo para las madres de la comunidad, además de tutorías y una mejor supervisión.

En las zonas urbanas la densidad demográfica es alta y hay grandes diferencias en el desarrollo infantil entre los niños de hogares ricos y los de hogares pobres. En este contexto, se debería dar prioridad a los más desfavorecidos. Puede que se trate de niños de hogares muy pobres, o de pequeños que se encuentran en situación de riesgo particularmente alto (por ejemplo, en familias donde hay violencia doméstica, abuso infantil o consumo de drogas). Para ellos, la alternativa de los jardines de cuidado infantil (el contrafactual) es un entorno que no apoya el desarrollo infantil, y es muy probable que los servicios de jardines de cuidado infantil de alta calidad les resulten beneficiosos. Las evaluaciones creíbles de programas modelo como Abecedarian, en Estados Unidos, demuestran que los jardines de cuidado infantil de alta calidad focalizados en niños muy desfavorecidos tienen potencial para transformar sus vidas.

Los servicios de alta calidad se centran en el niño. Las tasas niños/cuidador son bajas, al igual que la rotación del personal. El resultado es que los

RECUADRO 4.3. LA LICENCIA OBLIGATORIA POR MATERNIDAD/PATERNIDAD

Numerosos países desarrollados apoyan a las familias con hijos pequeños mediante una licencia paga obligatoria por maternidad/paternidad. La mayoría de los estudios realizados a partir de datos de diversos países indica que dicha licencia reduce la mortalidad y la morbilidad infantiles (Ruhm 2000; Tanaka 2005). Algunos estudios también llegan a la conclusión de que ampliar la mencionada licencia mejora el desarrollo infantil. Por ejemplo, se estimaba que un aumento de las licencias pagas y no pagas por maternidad/paternidad en Noruega a finales de los años setenta había producido una disminución de 2 puntos porcentuales en las tasas de abandono escolar de la escuela secundaria y un aumento del 5% en los salarios a los 30 años (Carneiro, Løken y Salvanes 2015). Sin embargo, las estimaciones para la ampliación de estas licencias en Alemania (Dustmann y Schönberg 2012) y Canadá (Baker y Milligan 2010) no encuentran efectos significativos.[a]

La pregunta de si las políticas de licencias obligatorias son viables y deseables en América Latina y el Caribe es difícil, debido al gran porcentaje de trabajadores informales (más del 50% en la mayoría de los países), situación que impediría vigilar el cumplimiento de dichas licencias.[b] El financiamiento también constituye un problema, dado que los beneficios obligatorios no son baratos —en los países nórdicos (Dinamarca, Islandia, Noruega, Suecia) el promedio de los costos es de entre un 0,5% y un 0,8% del producto interno bruto (PIB) (Ruhm 2011)—, y porque las licencias de este tipo podrían influir en la decisión de tomar un empleo formal o uno informal, en función de cómo se las financie.[c]

---

[a] La mayoría de los estudios indican que los aumentos en las licencias pagas obligatorias disminuyen el desempleo e incrementan el empleo de largo plazo de las mujeres (Ruhm 1998; Baker y Milligan 2008).

[b] Levy y Schady (2013) demuestran que en numerosos países un porcentaje considerable de los trabajadores no son asalariados, o son asalariados pero contratados de manera ilegal. Estos trabajadores no contribuyen a la seguridad social y, en este caso, no se podría velar por el cumplimiento de un período obligatorio de licencia por maternidad/paternidad. El número de trabajadores "informales" varía en gran medida según el país, de un 81% en Perú a un 63% en México, un 44% en Brasil y un 17% en Chile. En todos los países, los trabajadores de bajos ingresos prevalecen entre los trabajadores informales. Véase también Bosch, Melguizo y Pagés (2013).

[c] Si los beneficios fueran financiados con los impuestos sobre los salarios, el grueso del costo probablemente pasaría a los trabajadores en la forma de salarios más bajos, a menos que existan barreras como el salario mínimo. Esto podría tener como resultado más o menos empleo formal, en función del valor asignado a estos beneficios. Una alternativa sería financiar los beneficios con los ingresos tributarios generales, en cuyo caso representarían una transferencia de los trabajadores informales a los formales y serían un incentivo para el empleo formal. Sin embargo, dado que los pobres son mayoría entre los trabajadores informales, esto implicaría una transferencia regresiva de los pobres a los ricos. Y allí surge otro problema, porque sería necesario legislar cuánto tiempo un trabajador tendría que tener un empleo formal antes de poder postularse para obtener la licencia obligatoria por maternidad/paternidad con el fin de evitar el cambio estratégico del empleo informal al formal para aprovechar estos beneficios.

---

cuidadores conocen bien a los pequeños a su cargo y pueden establecer relaciones estrechas y emocionalmente estables con ellos. Los cuidadores son profesionales, utilizan un lenguaje rico y proporcionan oportunidades de aprendizaje que resultan cognitivamente estimulantes. En la práctica, muy pocos niños de América Latina y el Caribe asisten a jardines de cuidado infantil de estas características.

Los cuidados de alta calidad no son baratos. El costo anual promedio del programa Abecedarian ascendía a aproximadamente US$18.000 por niño (en dólares de 2013). En Colombia, el programa aeioTU, cuyo objetivo es proporcionar cuidados de alta calidad a niños pobres, cuesta US$1.870 por niño al año, cerca de cuatro veces el costo de los cuidados básicos proporcionados en muchos de los programas a gran escala de la región (en particular aquellos que funcionan con una modalidad comunitaria). La mejora sustancial de la calidad de los servicios significa que, con un determinado presupuesto, el jardín de cuidado infantil estaría disponible para un número mucho más reducido de niños en la región que en la actualidad.

Si los jardines de cuidado infantil públicos de alta calidad apuntan a los niños pobres como objetivo principal, más familias se volverán hacia otras formas de cuidados. Esto suscita la pregunta de si los proveedores de jardines de cuidado infantil privados, sin fines de lucro o informales deberían estar acreditados y regulados, y si se debería velar por el cumplimiento de un estándar mínimo en los cuidados. No hay una respuesta simple a esta pregunta. La acreditación es una manera de dar a los padres información (limitada) acerca de la calidad. Esto es útil porque a los padres les cuesta evaluar la calidad (los jardines de cuidado infantil, como los hospitales, los talleres mecánicos y una diversidad de otros servicios, constituyen un *bien de experiencia*, con asimetrías de información considerables entre proveedores y consumidores). Sin embargo, la acreditación y los estándares mínimos no constituyen una panacea. En algunos países de América Latina y el Caribe, la capacidad del sector público para evaluar, monitorear y vigilar adecuadamente el cumplimiento de los estándares de calidad es limitada. Además, los estándares elevarían los precios promedio de los jardines de cuidado infantil formales y desplazarían a los proveedores de baja calidad fuera del mercado, dejando a los hogares pobres con menos elecciones. Algunos de estos últimos ya no serán capaces de pagar por un servicio de mayor calidad y regulado, y se volverán hacia el mercado completamente desregulado (por ejemplo, los cuidados de una vecina o un miembro de la familia). En algunos casos, el nivel de calidad incluso será inferior al de los cuidados formales que reemplaza, de modo que los niños podrían salir perdiendo debido a la regulación (Hotz y Xiao 2011).

El mayor reto para los países de América Latina y el Caribe es encontrar el equilibrio adecuado entre calidad y cobertura en los jardines de cuidado infantil públicos. En numerosos países de la región, la participación de las mujeres en el mercado laboral es baja. Ayudar a que ellas ingresen en la fuerza laboral constituye un objetivo legítimo para los gobiernos, por diversos motivos. Acaso permita aumentar el crecimiento económico y reducir las disparidades entre géneros. Los jardines de cuidado infantil pueden alentar a trabajar a mujeres que de otra manera no estarían empleadas. Sin embargo, los cuidados de baja calidad no beneficiarán al niño y, a la larga, pueden perjudicarlo. Por lo tanto, los beneficios de incrementar el empleo femenino podrían producirse a expensas del desarrollo infantil. Los costos, traducidos en un aumento de los problemas conductuales entre los niños, peores resultados escolares y, eventualmente, peor salud mental y menor productividad en la edad adulta, pueden ser considerables.

Para un determinado presupuesto, hay un *trade-off* potencial entre los programas de jardines de cuidado infantil que ofrecen cobertura extensa y producen efectos sustanciales en la oferta laboral femenina, aunque implican pocos beneficios para los niños, y aquellos que tienen cobertura limitada, ejercen efectos modestos en la oferta laboral femenina, pero generan beneficios sustanciales para los pequeños que utilizan los servicios. El auge de la oferta de jardines de cuidado infantil públicos en la región en la última década, y la muy baja calidad de estos servicios, señala que los gobiernos deben centrarse mucho más en mejorar la calidad de lo que lo han hecho hasta ahora.

Notas

1. Algunas de las encuestas de hogares de la región no distinguen entre preescolar y jardines de cuidado infantil. Véase Mateo y Rodríguez (2015) para un debate sobre estas dificultades metodológicas.
2. En Colombia la muestra urbana es representativa de toda la población, excepto aproximadamente del 10% más rico, mientras que la muestra rural es representativa de toda la distribución de los hogares en solo cuatro subregiones geográficas (véase Schady et al. 2015, cuadro 1). Por eso, los datos no pueden fusionarse para calcular un promedio nacional.
3. Los lactantes son niños de entre 0 y 11 meses de edad; los niños pequeños tienen entre 12 y 35 meses, y los preescolares entre 36 y 59 meses.
4. Los datos para Colombia cubren solo las zonas urbanas, y no hay información disponible para comienzos de la década de 2000. Guatemala queda excluida del gráfico debido a su muy baja cobertura.
5. La categoría media, madres que han terminado la escuela primaria, queda omitida de estos cálculos.
6. Estas conclusiones coinciden con las reportadas en Evans y Kosec (2012) para Brasil, que muestran que, entre las familias que utilizan los jardines de cuidado infantil (*crèches*) para niños de entre 0 y 3 años, el 81% de los hogares del quintil de ingresos más alto recurre a proveedores privados en lugar de públicos, comparado con solo el 15% del quintil de ingresos más bajos.
7. En Chile, aproximadamente una cuarta parte (22%) de los niños que van a los jardines de cuidado infantil privados asiste a un centro que recibe un subsidio público.
8. La ITERS-R es una versión revisada de la ITERS; la ECER-S es una versión revisada dela ECER, y la FCCER-R es una versión revisada del FCCER. El capítulo también se refiere a las escalas como ITERS, ECERS y FCCERS, sin hacer una distinción entre la primera versión y la versión revisada de las mismas.
9. Véanse, entre otras importantes referencias, Baker, Gruber y Milligan (2008); Berry et al. (2014); Currie (2001); Deming (2009); Garces, Thomas y Currie (2002); Gupta y Simonsen (2010); Loeb et al. (2007); Ludwig y Phillips (2008).
10. El programa boliviano PIDI ya no existe, mientras que el programa colombiano Hogares Comunitarios aún funciona y actualmente cubre a más de 1,2 millones de niños en 80.000 centros (Bernal y Camacho 2012).

[11] Desde entonces, el FODI ha sido reemplazado por el programa CIBV descrito anteriormente en el capítulo.

[12] La encuesta de seguimiento se realizó entre 6 y 18 meses después de que los niños se cambiaran de los Hogares Comunitarios a los nuevos centros. Es posible que la ausencia de efectos se deba parcialmente al breve horizonte temporal y a la dificultad de realizar la transición de una modalidad a la otra.

[13] Para identificar el impacto, las evaluaciones del PIDI y de Hogares Comunitarios dependen de comparaciones entre niños que han pasado más o menos tiempo en el programa. Si estos niños y sus familias difieren en maneras no medidas, los resultados podrían estar sesgados. En Ecuador, el programa FODI fue evaluado con un diseño de regresión discontinua, que puede proporcionar estimaciones creíbles del impacto, pero solo en aquellos centros en torno al umbral que determinaban la elegibilidad para obtener financiamiento. El programa de capacitación para madres de la comunidad en Colombia fue evaluado mediante emparejamiento por puntajes de propensión, lo cual deja abierta la posibilidad de sesgos de variables omitidas. Por último, para evaluar la transición del cuidado comunitario al institucional en Colombia se utilizó la asignación aleatoria, pero se observó un grado de incumplimiento considerable.

[14] Diversas evaluaciones sugieren que los jardines de cuidado infantil han aumentado las tasas de participación de la mujer en la fuerza laboral en la región. El estudio más convincente (Paes de Barros et al. 2011) analiza el hecho de que el acceso a las *crèches* de la ciudad de Rio de Janeiro se asignó sobre la base de loterías públicas. Los autores demuestran que la asistencia a los jardines de cuidado infantil aumentó el empleo de las madres en 10 puntos porcentuales (de 36% a 46%). Otros estudios de la región también sugieren que el acceso a jardines de cuidado infantil incrementa el empleo femenino. Por ejemplo, el acceso proporcionado por el FODI en Ecuador parece haber casi triplicado la probabilidad de que una madre trabaje, de una tasa de línea de base cercana al 20% (Rosero y Osterbeek 2011).

5 Escolarización temprana: los maestros marcan la diferencia

La matriculación en los primeros años escolares es casi universal en América Latina y el Caribe, pero la calidad de la educación suele ser pobre. Como resultado, muchos niños de la región aprenden poco en esos primeros años. Dado que la educación temprana se considera clave para el progreso económico y social, el fracaso de la región en este aspecto es motivo de gran preocupación.

La falta de habilidades cognitivas (y de otro tipo) de los trabajadores de América Latina y el Caribe suele citarse como uno de los grandes motivos que subyacen a las bajas tasas de crecimiento económico (Hanushek y Woessmann 2012). Los gobernantes suelen ser conscientes de los malos resultados de los estudiantes de la escuela secundaria en las pruebas del Programa para la Evaluación Internacional de Alumnos (PISA, por sus siglas en inglés). Sin embargo, la formación de habilidades es un proceso acumulativo: sin bases sólidas, se torna difícil aprender en la infancia tardía y en la adolescencia. Quizá solucionar el problema de la baja calidad de la escuela secundaria no sirva de mucho si no se atiende también a la calidad de la escolarización en los primeros años.

La matriculación temprana: un éxito regional

En general, en América Latina y el Caribe los niños pequeños asisten a la escuela. El gráfico 5.1 muestra el porcentaje de niños matriculados entre 1990 y 2014 en seis países: Brasil, Chile, Honduras, Jamaica, México y Panamá.[1] Los cambios en estos países son representativos en términos

Gráfico 5.1 Matriculación escolar, 1990–2014

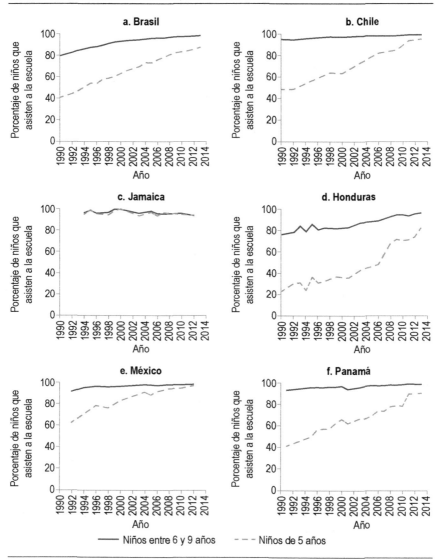

Fuente: Cálculos propios sobre la base de las encuestas de hogares armonizadas del BID.

amplios de los cambios que han tenido lugar en toda la región. La línea continua se centra en los estudiantes de entre 6 y 9 años. En el caso de aquellos que comienzan la escuela en el momento debido y no repiten ningún curso, esto corresponde aproximadamente a la matriculación desde el primero hasta el tercer o cuarto grado de la escuela primaria, de acuerdo con la fecha exacta de nacimiento.[2] Prácticamente en todos los países de la región, incluso en los más pobres, la asistencia escolar de los niños de entre 6 y 9 años es universal o casi universal. En numerosos países, esto ya ocurría al menos desde los inicios de la década del 2000.

La evidencia válida de la región, sobre todo de los países del cono sur, muestra que los niños que asisten a la escuela preprimaria están mejor preparados para avanzar en cursos posteriores. Entre 1993 y 1999 Argentina implementó un programa de gran alcance para ampliar la cobertura de la escuela preprimaria. Los niños que se beneficiaron de esta medida demostraron mejores resultados en las pruebas de matemáticas y lengua de tercer grado. Un año de escuela preprimaria aumentó las puntuaciones de las pruebas de los niños en 0,23 desviaciones estándar. También demostraron tener habilidades de colaboración superiores, como la atención, el esfuerzo, la participación en la clase y la disciplina, según lo informado por sus maestros (Berlinski, Galiani y Gertler 2009).

En Uruguay la asistencia de los niños de 4 y 5 años a la escuela preprimaria dio como resultado un efecto significativo y positivo en el número de años de escolarización completados. A los 15 años, los niños que habían asistido a algún tipo de escuela preprimaria tenían un 27% más de probabilidades de seguir estudiando en comparación con sus pares que no lo habían hecho, y —en promedio— habían completado 0,8 años más de escolarización (Berlinski, Galiani y Manacorda 2008).[3]

La línea discontinua del gráfico 5.1 muestra que numerosos países de la región han hecho un gran esfuerzo para ampliar la cobertura de la educación de los niños de 5 años.[4] Además, los gradientes de riqueza en la matriculación han disminuido de manera notable. Por ejemplo, en Chile, la diferencia en el porcentaje de niños de 5 años que asisten al colegio entre el primer y el quinto quintil de riqueza se redujo de 29 a 5 puntos porcentuales entre 2000 y 2013; en República Dominicana de 33 a 7 puntos porcentuales, y en Panamá de 45 a 15 puntos porcentuales (véase el cuadro 5.1). La brecha de matriculación entre ricos y pobres en los jardines de infantes se está cerrando cada vez más, de manera muy similar a lo que sucedió en los primeros cursos de la escuela primaria en décadas anteriores.

Una baja calificación en el desempeño escolar

A pesar de que los niños pequeños de América Latina y el Caribe concurren al colegio, muchos parecen aprender muy poco. Los datos de las

Cuadro 5.1 Asistencia escolar, por quintil de riqueza

	Diferencia entre los quintiles más ricos y más pobres (puntos porcentuales)			
	Niños de 5 años		Niños de entre 6 y 9 años	
País	2000	2013	2000	2013
Argentina	16	5	2	0
Bolivia	30	31	9	1
Brasil	35	13	9	2
Chile	29	5	4	0
Colombia	33	13	9	1
Costa Rica	36	28	4	2
Ecuador	21	8	5	1
El Salvador	52	35	25	7
Honduras	42	26	20	4
México	21	4	5	2
Panamá	45	14	4	2
Paraguay	23	30	9	2
Perú	36	12	3	3
República Dominicana	33	7	7	5
Uruguay	16	5	2	0

Fuente: Cálculos propios sobre la base de las encuestas de hogares armonizadas del BID.
Nota: Ante la falta de datos disponibles para 2000 o 2013, se utilizaron los del año más próximo. Para 2000, se usó información de 2001 en los casos de Brasil, Costa Rica, Honduras, Nicaragua y Paraguay. Para 2013, se emplearon datos de 2012 en los casos de México y Nicaragua. Los datos para Uruguay corresponden solo a zonas urbanas.

puntuaciones de las pruebas de los primeros cursos de preprimaria y primaria escasean y (como ocurre con el desarrollo infantil) las comparaciones son problemáticas. Solo dos países de la región, Chile y Honduras, participaron en la aplicación de 2011 del Estudio Internacional de Tendencias en Matemática y Ciencias (TIMMS, por sus siglas en inglés) para los alumnos de cuarto grado, y también solo dos países, Colombia y Honduras, lo hicieron en la edición de 2011 del Estudio Internacional de Progreso en Comprensión Lectora (PIRLS, por sus siglas en inglés) para alumnos del mismo grado.

No es posible establecer una referencia creíble para los primeros resultados del aprendizaje de los niños latinoamericanos en relación con los de otros países fuera de la región. Sin embargo, numerosos países de América Latina han participado de la prueba regional de lenguaje y matemáticas que se aplicó a los alumnos locales de tercer grado en 2007 (Segundo Estudio Regional Comparativo y Explicativo, SERCE) y 2013 (Tercer

Estudio Regional Comparativo y Explicativo, TERCE). Por lo tanto, estos datos se pueden utilizar para comparar los resultados del aprendizaje de los niños pequeños en diferentes países de la región.

El cuadro 5.2 muestra que en 2013 ha habido diferencias sustanciales en las puntuaciones de las pruebas de matemáticas según los países.[5] Chile, Costa Rica, Uruguay y México tuvieron resultados relativamente buenos; en cambio, no ha sido este el caso de Nicaragua, Panamá, Paraguay y República Dominicana. Los alumnos de tercer grado de Chile, el país con los mejores resultados, registraron puntuaciones superiores en 0,9 desviaciones estándar, en promedio, a las de los niños de República Dominicana, el país con las puntuaciones promedio más bajas.[6]

Por sus características, el SERCE y el TERCE son comparables en cuanto a su grado de dificultad. Esto permite analizar los cambios en los resultados de un país a lo largo del tiempo. Así, puede verse que las puntuaciones de las pruebas han aumentado en todos los países, pero la magnitud de estos cambios varía en gran medida. En Perú, Chile, República Dominicana y Ecuador, las puntuaciones de las pruebas han aumentado 0,3 desviaciones estándar o más. En cambio, en Paraguay, Nicaragua, Uruguay, México, Costa Rica y Colombia, los progresos han sido más modestos: 0,15 desviaciones estándar o menos.

Los países también discrepan en el porcentaje de la variación total de las puntuaciones del TERCE que se explica por diferencias *entre* los colegios y *dentro* de una misma institución. El componente entre colegios explica casi la mitad de la variabilidad en las puntuaciones de las pruebas en Panamá, Paraguay y Perú. Por el contrario, dicho componente es mucho más reducido (cerca de una cuarta parte) en Chile, Costa Rica y México. Esta conclusión sugiere que las políticas para

Cuadro 5.2 Puntuaciones de las pruebas de matemáticas, por país y año

	SERCE (2007)	TERCE (2013)
Argentina	0,03	0,22
Brasil	0,03	0,27
Chile	0,19	0,55
Colombia	−0,01	0,13
Costa Rica	0,25	0,39
Ecuador	−0,18	0,16
Guatemala	−0,29	0,01
México	0,21	0,33
Nicaragua	−0,18	−0,10
Panamá	−0,25	−0,04
Paraguay	−0,09	−0,08
Perú	−0,17	0,22
República Dominicana	−0,69	−0,35
Uruguay	0,26	0,34

Fuente: Cálculos propios sobre la base de los datos de SERCE y TERCE.
Nota: Todas las puntuaciones han sido redefinidas como unidades de desviación estándar de la puntuación de 2007.
SERCE = Segundo Estudio Regional Comparativo y Explicativo; TERCE = Tercer Estudio Regional Comparativo y Explicativo.

mejorar los resultados del aprendizaje de los alumnos con peores calificaciones que se centran en escuelas concretas, en lugar de dirigirse hacia los niños dentro de los colegios, tienen más probabilidades de ser efectivas en algunos países (como Perú) que en otros (como Chile). El recuadro

---

RECUADRO 5.1. LA VARIACIÓN EN LAS PUNTUACIONES DE LAS PRUEBAS: ¿SE TRATA DEL NIÑO O DEL COLEGIO?

Desde el punto de vista de las políticas públicas, es importante saber si la variación en las puntuaciones de las pruebas al comienzo de la escuela primaria en un país se debe sobre todo a que algunos colegios tienen puntuaciones promedio más bajas que otros o, más bien, a diferencias entre los estudiantes de un mismo colegio. Un desglose de la varianza en las puntuaciones de las pruebas en dos componentes, a saber: *entre* colegios y *dentro* de un mismo colegio, intenta responder a esta pregunta. Un cálculo de este tipo se llevó a cabo utilizando el Tercer Estudio Regional y Comparativo TERCE 2013, una prueba regional que se aplicó a los alumnos de tercer grado de primaria en América Latina en 2013.

En su forma más sencilla, este desglose se puede calcular mediante una regresión de las puntuaciones de las pruebas en un país en efectos fijos de colegio. El R cuadrado en esta regresión mide la variación entre colegios en las puntuaciones de las pruebas, y ascendía aproximadamente a 0,5 en Panamá, Paraguay y Perú, pero solo a 0,25 en Chile, Costa Rica y México. Sin embargo, puede que el error de muestreo sea un problema para estas estimaciones "ingenuas" de los componentes de variación entre colegios y dentro de un mismo colegio. Esto se debe a que el número de escuelas y el número de alumnos por las escuelas que se sometieron a la prueba varía en gran medida entre los países en el TERCE.

La robustez de los resultados del desglose básico (en particular, la clasificación relativa de los países) ante la presencia de un error de muestreo se puso a prueba de dos maneras. En un caso, se creó una nueva muestra. Por su construcción, esta tenía exactamente el mismo número de colegios y el mismo número de alumnos por colegio en cada país. Concretamente, se descartaron los colegios con ocho o menos alumnos sometidos a la prueba (el valor en el 25º percentil para el conjunto de la muestra), y en cada país se escogió aleatoriamente una muestra de 158 escuelas (el número de colegios del país con el menor número de colegios de la muestra, Colombia) y nueve alumnos por escuela (la muestra para cada país tiene exactamente 1.422 niños). Se llevaron a cabo 100 iteraciones de este procedimiento, se efectuaron regresiones de las puntuaciones de las pruebas en los efectos fijos de colegio en cada muestra y se calculó el R cuadrado promedio para estas 100 iteraciones. Utilizando este procedimiento, se estimó que Perú, Panamá y Colombia (en lugar de Paraguay) tenían la varianza más alta entre co-

(continúa en la página siguiente)

RECUADRO 5.1. *(continuación)*

legios, mientras se estimó que Chile, Costa Rica y México tenían la varianza más baja entre colegios, como anteriormente.

En el segundo caso, el enfoque se inspiró en la literatura sobre valor agregado del maestro (véase el recuadro 5.2). En ella, es estándar calcular la varianza de los efectos del docente. Sin embargo, desde hace tiempo se reconoce que el error de muestreo tiende a exagerar la verdadera varianza de los efectos del docente. Concretamente, $V_o = V_t + V_e$, donde V_o es la varianza observada, V_t es la varianza verdadera, y V_e es la varianza del error de medición. Una manera de corregir la varianza observada consiste en estimar la varianza del error de medición usando un procedimiento bayesiano empírico.[a] Se puede utilizar el mismo enfoque para corregir la varianza de los efectos de la escuela (en lugar de los efectos del docente) en el error de la muestra en el TERCE. Cuando la varianza no se corrige, los tres países donde los efectos de la escuela explican la mayor fracción de la varianza total en las puntuaciones de las pruebas son Paraguay, Perú y Honduras. Estos son también los países donde las diferencias entre colegios explican la fracción más grande de la varianza total después de la corrección bayesiana empírica. De la misma manera, cuando la varianza no se corrige, los tres países donde los efectos de la escuela explican la fracción más pequeña de la varianza total en las puntuaciones de las pruebas son Chile, Costa Rica y México; estos son también los países donde las diferencias entre colegios explican la fracción más pequeña de la varianza total después de la corrección bayesiana empírica.

En resumen, al margen de cómo se desglose la varianza, hay algunos países, como Perú, donde una gran parte de la variación en las puntuaciones de las pruebas de los niños se debe a diferencias entre los colegios, y otros, como Chile, donde gran parte de esta variación se debe a diferencias entre los estudiantes dentro de un mismo colegio.

[a] Véase Kane y Staiger (2002a) para una primera aplicación; Chetty et al. (2011) para una aplicación a la estimación de los efectos del docente en preprimaria en Tennessee; y Araujo et al. (2014) para una aplicación de la estimación de los efectos del docente en preprimaria en Ecuador.

5.1 presenta un debate metodológico sobre cómo se pueden estimar estos componentes entre colegios y dentro de una misma institución.

Los datos sobre las características socioeconómicas de los niños y sus padres recogidos en el SERCE y en el TERCE son limitados y, en numerosos casos, no existen. Hay mejores datos disponibles para estudiar los gradientes de riqueza en los resultados del aprendizaje en tres pruebas específicas de países: el estudio Cerrando Brechas, de los alumnos de los jardines de infantes ecuatorianos (2012), los Exámenes de la Calidad y el Logro Educativos (EXCALE), de los alumnos mexicanos de primer grado

(2011), y la Evaluación Censal de Estudiantes (ECE), de los alumnos de segundo grado de Perú (2010).

Para analizar los gradientes socioeconómicos en las puntuaciones de matemáticas, los niños participantes de los programas Cerrando Brechas, ECE y EXCALE se clasificaron en quintiles de la distribución nacional de riqueza de cada país.[7] Estos resultados, que se recogen en el cuadro 5.3, muestran que los niños más ricos ostentan una puntuación de 0,5 desviaciones estándar más alta que los niños más pobres en Ecuador y México, y 1 desviación estándar completa más alta en Perú.[8] El cuadro 5.3 también revela que en Ecuador y Perú los varones tienen puntuaciones más altas que las niñas, mientras que en México sucede lo contrario.

También es posible estimar los gradientes socioeconómicos en los primeros resultados de los aprendizajes en Jamaica. Samms-Vaughan (2005) analiza la evolución de las puntuaciones de las pruebas utilizando una muestra (relativamente pequeña) de unos 250 niños, a los cuales se les efectuó un seguimiento desde el jardín de infantes hasta tercer grado. Samms-Vaughan compara los resultados de los niños en las subescalas de lectura, ortografía y aritmética de la Prueba de Logros de Amplio Rango (WRAT, por sus siglas en inglés) en los hogares ricos en activos y pobres en activos. A la edad de asistir al jardín de infantes, la principal diferencia entre

Cuadro 5.3 Gradientes de riqueza en las puntuaciones de matemáticas

	Prueba Cerrando Brechas (Preescolar, Ecuador)	EXCALE (Primer grado, México)	ECE (segundo grado, Perú)
Segundo quintil	0,069 (0,042)	0,070 (0,064)	0,100*** (0,018)
Tercer quintil	0,159*** (0,052)	0,202*** (0,063)	0,458*** (0,022)
Cuarto quintil	0,296*** (0,055)	0,384*** (0,060)	0,712*** (0,023)
Quinto quintil	0,532*** (0,070)	0,524*** (0,045)	0,996*** (0,031)
Niñas	−0,036** (0,017)	0,061* (0,032)	−0,057*** (0,013)
R cuadrado	0,022	0,063	0,110
Observaciones	14.243	6.776	60.646

Fuente: Cálculos propios sobre la base de la prueba Cerrando Brechas (2013) de los alumnos de preescolar en Ecuador, los Exámenes de la Calidad y el Logro Educativos (EXCALE) de los alumnos de primer grado de México (2011), y los datos para la Evaluación Censal de Estudiantes (ECE) de los alumnos de segundo grado en Perú (2010).
Nota: Los coeficientes y errores estándar se encuentran entre paréntesis. Las unidades se expresan en desviaciones estándar. Los niños en el primer quintil (más pobre) de riqueza constituyen la categoría omitida. Los errores estándar están agrupados a nivel de escuela. Significancia = *** p<0,01; ** p<0,05; * p<0,1.

los pequeños que pertenecen a los grupos ricos en activos y los que provienen de hogares pobres en activos era de entre 0,6 y 0,8 desviaciones estándar. En tercer grado los gradientes socioeconómicos se habían ampliado de manera considerable, hasta entre 1 y 1,3 desviaciones estándar.[9]

En resumen, la evidencia deja en claro que los resultados de los aprendizajes en América Latina y el Caribe son malos, sobre todo en algunos países y entre los niños de hogares más pobres y de padres con menor nivel de escolarización.

Poniéndole una calificación a la calidad del aula

El hecho de que los niños estén matriculados pero que muchos parezcan aprender muy poco sugiere que la calidad de la escolarización temprana es un problema grave en la región.[10]

La calidad del aula es un fenómeno complejo y multifacético, pero (como sucede en gran medida con la calidad de los jardines de cuidado infantil, tema que se aborda en el capítulo 4) se puede separar en dos componentes discernibles: calidad estructural y calidad de proceso. La primera se centra en las características de la experiencia en el aula, y abarca el entorno, el carácter y el nivel de la formación y experiencia del maestro, la adopción de ciertos currículos, el tamaño de la clase y las tasas alumnos/maestro. Por su parte, la calidad de proceso se relaciona con las interacciones directas de un estudiante con los recursos y las oportunidades que encuentra en el aula. Esto comprende la manera en que los maestros imparten las lecciones, el carácter y la calidad de las interacciones entre adultos y alumnos o entre los niños y sus pares, así como también la disponibilidad de cierto tipo de actividades.

La calidad estructural: un factor menor

De acuerdo con algunos estudios realizados en Estados Unidos, el hecho de que las tasas alumnos/maestro sean más bajas en los primeros cursos mejora los resultados de los aprendizajes. El estudio más conocido de este tipo es el proyecto STAR, llevado a cabo en Tennessee, una intervención que asignó aleatoriamente a los niños desde preescolar hasta tercer grado a clases "reducidas" (de 13 a 17 alumnos por maestro) o "grandes" (de 22 a 25 alumnos). Aquí se pudo observar que los niños de las clases más pequeñas obtuvieron mejores resultados a corto plazo que aquellos que asistieron a las clases grandes (Krueger 1999), aunque algunos de estos efectos se fueron desvaneciendo a medida que los niños crecían (Krueger y Whitmore 2001). Chetty et al. (2011) llegan a una conclusión notable: que los alumnos asignados aleatoriamente a clases más reducidas tienen mejores resultados que aquellos en clases más grandes en diversas medidas del desempeño en la edad adulta, como el ingreso a la universidad unas dos décadas después.

Sin embargo, estos resultados no parecen ser la norma. Las reseñas de cientos de intervenciones en Estados Unidos indican que la evidencia de que estos rasgos estructurales tengan un impacto directo en los resultados académicos de los niños o en su desarrollo social es diversa (Hanushek 2003; NICHD Early Child Care Research Network 2002).

Estos hallazgos también han sido corroborados por investigaciones efectuadas en países en desarrollo. En efecto, Murnane y Ganimian (2014) analizan 115 evaluaciones de impacto bien diseñadas de intervenciones educativas en más de 30 países de ingresos bajos y medios, y llegan a la conclusión de que los resultados de los aprendizajes no mejoran gracias a la presencia de mejores materiales, tecnología en las aulas, subvenciones para una educación flexible o clases reducidas, a menos que también se trabaje en las interacciones cotidianas de los niños con los maestros. Kremer, Brannem y Glennerster (2013) llegan a una conclusión similar.[11]

La calidad de proceso: la verdadera prueba

Cuando los adultos se muestran receptivos y sensibles ante las señales y necesidades de los niños, estos comienzan a aprender y a desarrollarse (National Scientific Council 2012). Una vez que ingresan en la escolarización formal, las interacciones entre maestros y alumnos en el aula empiezan a desempeñar un rol crítico en el desarrollo.

Cómo utilizan el tiempo los alumnos. Un componente clave de la calidad de proceso es cómo los alumnos emplean su tiempo en el aula. Un corpus creciente de bibliografía señala que el grado de participación de los estudiantes en actividades centradas en cuestiones educativas en el aula predice resultados académicos y sociales. Concretamente, cuando la instrucción se enfoca en una habilidad concreta, se logra el desarrollo de dicha habilidad (NRP 2000; Snow, Burns y Griffin 1998). Por ejemplo, la enseñanza del lenguaje y de la alfabetización está relacionada con la adquisición de mayores habilidades en dichos campos (Piasta et al. 2012), mientras que un mayor énfasis en las matemáticas y las ciencias se asocia, precisamente, con la adquisición de mayores destrezas en dichas materias (Clements y Sarama 2011; Sarama y Clements 2009). En el ámbito social y emocional, los maestros que modelan explícitamente y enseñan acerca de las emociones ayudan a los alumnos a desarrollar conocimientos acerca de las emociones y la regulación (Denham, Bassett y Zinsser 2012).

Diversos trabajos a gran escala realizados en Estados Unidos han analizado cuidadosamente cómo se utiliza el tiempo en el aula (Early et al. 2005; Hamre et al. 2006; La Paro et al. 2009). Estos estudios normalmente llegan a la conclusión de que una parte sustancial del tiempo en la mayoría de las aulas se dedica a actividades no relacionadas con la enseñanza, como las rutinas y las transiciones.

América Latina y el Caribe presenta un cuadro similar. Bruns y Luque (2015) informan sobre los resultados de la aplicación de la Metodología Stallings (Stallings 1977) en más de 15.000 aulas en seis países de la región (Brasil, Colombia, Honduras, Jamaica, México y Perú).[12] El gráfico 5.2 reproduce algunos datos destacados de su investigación. En promedio, solo entre el 50% y el 65% del tiempo en el aula en los seis países mencionados se dedica a la enseñanza, cifras muy inferiores a la referencia de buenas prácticas de Stallings, que indican un 85%. Esto significa que, en los países con mejores resultados de la región, se pierde un día entero de enseñanza a la semana en relación con las buenas prácticas de referencia. En todos los países latinoamericanos, se pierde entre un 8% y un 14% de tiempo porque los maestros están físicamente ausentes del aula (por ejemplo, llegan tarde o terminan temprano), o se dedican a interactuar con otros adultos (por ejemplo, conversando en la puerta del aula). Por lo tanto, en un año escolar de 200 días, los alumnos pierden en promedio 20 días enteros de clases. Incluso cuando un maestro asigna el tiempo a la enseñanza, es comparativamente raro que todos los alumnos participen; lo que suele ocurrir es que más de la mitad de los niños no presta atención, y se desentiende o se aburre (Bruns y Luque 2015).

La calidad de las interacciones maestro-educando. A lo largo de las dos últimas décadas, los investigadores de Estados Unidos se han centrado en otro aspecto clave de la experiencia de los alumnos en el aula: los elementos de las interacciones de los maestros que fomentan un desarrollo positivo. Este trabajo considera las experiencias de aprendizaje que los estudiantes tienen con su maestro y sus pares en cada momento. Diversos estudios han descubierto que la calidad de las interacciones entre los alumnos y con sus maestros es más importante para su rendimiento en

Gráfico 5.2. Cómo emplean su tiempo en el aula los maestros

a. Porcentaje del tiempo dedicado a diferentes actividades en el aula

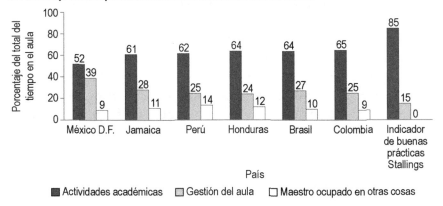

b. Desglose del tiempo del maestro ocupado en otras cosas

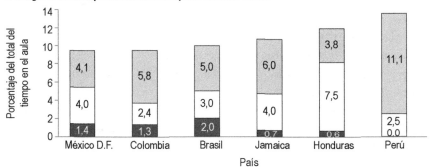

c. Tiempo dedicado a la enseñanza y tiempo dedicado a la enseñanza con la participación de toda la clase

Fuente: Bruns y Luque (2015).

las evaluaciones de desempeño académico que los aspectos de calidad estructural.[13]

Ante este corpus cada vez más extenso de evidencia, otros trabajos más recientes se han centrado en articular un marco claro a propósito de qué aspectos caracterizan las interacciones efectivas. A partir de descripciones ya existentes sobre una enseñanza de calidad (Brophy y Good 1986; Eccles y Roeser 2005), el marco de Enseñanza Basada en la Interacción (Hamre y Pianta 2007) se ha convertido en un modelo aceptado y ampliamente usado para comprender y medir la calidad de las interacciones maestro-educando. El marco está alineado con un instrumento de observación en clase, el Sistema de Calificación para la Evaluación en el Aula (CLASS, por sus siglas en inglés) (Pianta, La Paro y Hamre 2008b), que se utiliza en muchas de las investigaciones en este ámbito (véase el recuadro 4.1). El marco de Enseñanza Basada en la Interacción describe tres áreas de interacciones que tienen un fuerte fundamento teórico y empírico: el respaldo emocional, la organización del aula y el apoyo pedagógico.

El respaldo emocional. En las aulas con altos niveles de apoyo emocional, las relaciones entre alumnos y docentes son positivas, y ambos disfrutan del tiempo que comparten. Los maestros son conscientes y receptivos ante las necesidades de los niños, y priorizan las interacciones que ponen énfasis en los intereses, motivaciones y puntos de vista de los mismos. En cambio, en las aulas con bajos niveles de respaldo emocional, docentes y estudiantes parecen emocionalmente distantes unos de otros, y hay momentos de frustración en las interacciones. Los maestros rara vez atienden las necesidades de mayor apoyo de los niños y, en general, se sigue el programa del docente, con escasas oportunidades para que los alumnos aporten lo suyo. Numerosos estudios realizados en Estados Unidos han descubierto asociaciones entre la actitud de los profesores que proporcionan interacciones de respaldo emocional en el aula y el desarrollo socioemocional de los alumnos.[14]

La organización del aula. En las aulas que están muy bien organizadas, los maestros se muestran proactivos en la gestión de la conducta, y lo hacen fijando expectativas claras; las rutinas permiten que los alumnos aprovechen al máximo el tiempo dedicado a actividades significativas, y los docentes promueven activamente la participación de los niños en esas actividades. En las aulas que están menos organizadas, puede que los maestros pasen una gran parte del tiempo reaccionando ante problemas de conducta; las rutinas no son evidentes; los alumnos pasan el tiempo distraídos o no participan de las actividades, y los docentes no hacen mucho para cambiar esta realidad. Cuando los maestros manejan la conducta y la atención de manera proactiva, los estudiantes les dedican más tiempo a las tareas y son más capaces de regular su atención (Rimm-Kaufman et al. 2009). Los niños que están en aulas mejor organizadas y gestionadas también demuestran un mayor desarrollo cognitivo y académico (Downer et al. 2010).[15]

El apoyo pedagógico. En las aulas que manifiestan altos niveles de apoyo pedagógico, el maestro promueve reflexiones de un orden superior y proporciona una realimentación de calidad para ampliar el aprendizaje de los alumnos. Si dicho apoyo no existe, pueden ser habituales el aprender de memoria o el uso de actividades basadas en la repetición; los alumnos reciben poca o nula realimentación acerca de su trabajo, más allá de que sea correcto o no. En estas aulas, normalmente habla el maestro o la clase permanece en silencio. La calidad del apoyo pedagógico proporcionado en un aula está vinculada de manera muy coherente con mayores ganancias en el desempeño académico, como la calificación recibida en pruebas de aprendizaje.[16]

Si bien los tres aspectos de las interacciones maestro-educando son conceptualmente distintos y se pueden medir por separado, a menudo se observa que los docentes que obtienen buenos resultados en un dominio también los obtienen en los otros dos. Por eso, cuando se les observa en su conjunto, las conductas asociadas con mayores niveles de respaldo emocional, organización del aula y apoyo pedagógico se pueden describir como "enseñanza receptiva" (Hamre et al. 2014).

Pese a que los alumnos aprenden y se desarrollan más en aulas con una mejor calidad de las interacciones maestro-educando, en realidad pocos niños experimentan este tipo de interacciones en los primeros años de escolaridad. Por ejemplo, en Estados Unidos, el apoyo emocional y la organización del aula suelen ser de calidad moderada en los salones de clases de la escuela primaria, y el apoyo pedagógico es moderado a bajo.[17] Un estudio reciente sobre la base de datos de Finlandia observó resultados cualitativamente similares (Salminen 2013).

Hay un conjunto pequeño pero creciente de evidencia de América Latina sobre las prácticas docentes en los primeros cursos, que se centra en las interacciones entre maestros y alumnos. Cruz-Aguayo et al. (2015) informan sobre los resultados de la aplicación de dos instrumentos que miden diferentes aspectos de la calidad del aula en una muestra de 78 salones de clases de preescolar, primer grado y segundo grado en tres países latinoamericanos: Brasil, Chile y Ecuador. El primero es el SNAPSHOT (Richie et al. 2001), que (como la Metodología Stallings) se centra en la actividad que tiene lugar en un aula en un determinado momento.[18] El segundo es el ya mencionado CLASS. Además de estos dos instrumentos, se recopilaron datos sobre algunos aspectos de la calidad estructural, entre ellos las tasas niños/maestro.

Los resultados del SNAPSHOT señalan que el grueso del tiempo dedicado a la docencia en los tres países comprendía el trabajo de los alumnos en una actividad de todo el grupo (por ejemplo, los estudiantes estaban sentados en sus pupitres y copiaban las frases que el maestro escribía en la pizarra, o reproducían letras) o una actividad individual (por ejemplo, los alumnos trabajaban en páginas idénticas en sus textos de estudio). Normalmente, los niños se sentaban en pupitres pequeños que miraban hacia el frente del salón de clases y rara vez trabajaban colaborando en pequeños grupos. En las aulas de los tres países no había actividad alguna durante gran parte del tiempo, y a los alumnos se les proporcionaban escasas o nulas instrucciones.

Los resultados del CLASS, que se resumen en el gráfico 5.3, señalan que en los tres países las puntuaciones de dicho sistema en los ámbitos de respaldo emocional y organización del aula se situaban en el espectro medio, mientras que las puntuaciones de apoyo pedagógico eran —de manera congruente— muy bajas, sobre todo (pero no únicamente) en Ecuador.[19] Según se informa en Araujo et al. (2014), una muestra nacionalmente

Gráfico 5.3 Puntuaciones por dominio del CLASS, Brasil, Chile y Ecuador

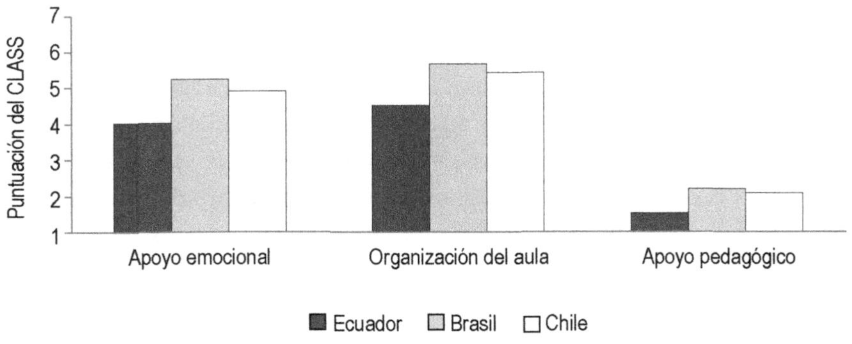

Fuente: Cruz-Aguayo et al. (2015).

representativa de aulas de preescolar en Ecuador arrojó resultados similares. Como en otros casos (Bruns y Luque 2015), Cruz-Aguayo et al. (2015) también destacan que las experiencias de los alumnos solían ser muy diferentes entre las distintas aulas dentro de un mismo colegio.

Leyva et al. (2015) evalúan el uso del tiempo y la calidad de las interacciones maestro-educando, medidas por el CLASS, y la asociación entre estas dimensiones de la calidad de proceso y los resultados de los alumnos en una muestra de 91 aulas de jardín de infantes en Chile. Una cantidad sustancial de tiempo se dedicaba a actividades no pedagógicas, como a tomar las colaciones, a las transiciones y a los recreos.[20] Los niveles más altos de apoyo pedagógico estaban asociados con mejores resultados en una de las tres pruebas de lenguaje y alfabetización temprana administradas y en una de las dos pruebas de función ejecutiva.

Uno de los estudios mejor diseñados sobre los efectos de la calidad del docente y del entorno del aula en los resultados de los aprendizajes es el de Araujo et al. (2014), que analiza una muestra de 454 aulas de jardines infantiles en la zona costera de Ecuador. El documento comienza con un debate acerca de la dificultad de identificar creíblemente los efectos de mejores maestros o mejores prácticas docentes si los alumnos son asignados a los distintos maestros sobre la base de características no observadas. Para evitar este problema, se asigna aleatoriamente a los docentes una cohorte de alrededor de 15.000 alumnos de jardín de infantes de 202 colegios (en todos los cuales había al menos dos clases de jardín infantil). El cumplimiento con la asignación aleatoria fue muy alto: 98%.

Durante el año escolar, Araujo et al. (2014) recopilaron datos muy útiles sobre los alumnos y los maestros, y utilizaron el CLASS para medir la calidad de sus interacciones en el aula. También recolectaron más información sobre los docentes, entre otros datos: si eran titulares o contratados; sus años de experiencia en la profesión; su inteligencia, medida por la Escala Wechsler de Inteligencia para Adultos (WAIS-IV); su personalidad, medida por el Modelo de los Cinco Grandes Factores; la función ejecutiva docente; y una diversidad de características acerca de los maestros y sus entornos cuando eran niños. Al final del año, recopilaron 12 pruebas diferentes de aprendizaje infantil, entre ellas cuatro pruebas sobre alfabetización temprana, adquisición temprana de matemáticas y la función ejecutiva.

Sobre la base de este cuidadoso diseño, Araujo et al. (2014) muestran en primer lugar que un niño asignado aleatoriamente a un maestro en el percentil 95 de la distribución de calidad aprende, en promedio, 0,18 desviaciones estándar más que un niño asignado a un maestro promedio. En términos de magnitud, este efecto es comparable al que se encuentra en una evaluación aleatoria de un programa que otorgaba transferencias equivalentes a alrededor del 10% de los gastos del hogar a familias extremadamente pobres en Ecuador (0,18 desviaciones estándar, según informan Paxson y Schady 2010), y a estimaciones del impacto de un año de educación preprimaria en Argentina (0,23 desviaciones estándar, según informan Berlinski, Galiani y Gertler 2009).[21] Los efectos también son similares a los recogidos en la literatura sobre el impacto de los maestros en Estados Unidos (resumida en Hanushek y Rivkin 2012).

Además, los mismos docentes mejoran los resultados del aprendizaje infantil en todos los dominios (lenguaje, matemática y función ejecutiva) y estos maestros mejoran los resultados del aprendizaje de todos los niños en un aula (aquellos con niveles básicos más altos y más bajos de desarrollo, aquellos cuyos padres tienen un nivel educativo superior o inferior, y aquellos que pertenecen a hogares con niveles de riqueza más altos o más bajos) en aproximadamente la misma proporción. Como lo expresaron los autores, "una marea en ascenso" (en este caso, una asignación aleatoria a un maestro mejor) "levanta todas las embarcaciones" (en este caso, optimiza los resultados del aprendizaje de todos los niños).

¿Hasta qué punto influyen las diferentes características o conductas del docente en el aprendizaje de los niños de jardín de infantes? De manera muy similar a lo que ocurre en Estados Unidos, los maestros con muy poca experiencia (tres o menos años) producen menos aprendizaje: un niño asignado aleatoriamente a un maestro "novato", definido de esta manera, aprende en promedio 0,16 desviaciones estándar menos que un niño asignado a un maestro con más experiencia. (Después de tres años, no hay retornos de la experiencia en términos de los resultados del aprendizaje.) Que un niño sea asignado a un docente titular o a uno contratado no incide en sus avances en el aprendizaje. Los maestros más inteligentes, medidos por el WAIS-IV, producen más aprendizaje, pero los efectos son reducidos.[22] Ninguno de los rasgos de la personalidad correspondientes al Modelo de los Cinco Grandes Factores (estabilidad emocional, extraversión, apertura a la experiencia, cordialidad/amabilidad y responsabilidad) están significativamente asociados con un mayor o menor grado de aprendizaje de los alumnos. De la misma manera, la puntuación de un docente en una prueba de función ejecutiva y diversas medidas de su entorno en los primeros años (como la educación de los padres) no predicen el aprendizaje de los estudiantes. Por otro lado, las interacciones maestro-educando, medidas por el CLASS, son claramente predictivas de los resultados del aprendizaje del niño (Araujo et al. 2014).

Lecciones para las políticas públicas

En la mayoría de los países en América Latina y el Caribe, la matriculación en los primeros cursos de la escuela primaria es esencialmente universal, y el porcentaje de niños que concurren al jardín de infantes (lo cual incluye a los pequeños de hogares pobres) está aumentando con rapidez. No es exagerado pues suponer que, como ya sucedió en gran parte con la matriculación en la escuela primaria, en un futuro cercano la inscripción en los jardines infantiles deje de ser un reto para la mayoría de los países de la región.

El verdadero desafío de la región es la calidad, sobre todo la calidad de proceso. Hay evidencia clara y consistente de que la calidad de la educación que reciben muchos niños es mala, y que no se les prepara adecuadamente para la escolarización en cursos posteriores o para la vida en general.

Algunos problemas parecen ser comunes a numerosos países y a la mayoría de las aulas. Se dedica demasiado tiempo al aprendizaje de memoria, con un maestro que habla o escribe cosas en la pizarra y alumnos que las repiten o las copian. Los niños no suelen trabajar en grupos en tareas que estimulen el pensamiento creativo o que desarrollen facultades críticas de orden superior. Sin embargo, en muchos otros sentidos, los docentes —a menudo aquellos que están en la misma escuela y que les enseñan a niños de características comparables— varían notablemente en cuanto a su eficiencia.

¿Por qué numerosos maestros de América Latina y el Caribe son mucho menos efectivos que otros? ¿Se trata sobre todo de un problema de habilidades, porque no se da suficiente importancia a los instrumentos prácticos que se centran en las prácticas docentes durante la capacitación previa y en el puesto de trabajo? ¿O se trata en esencia de un problema de incentivos, porque los maestros en la región no suelen verse recompensados por un mejor desempeño? Estas son preguntas clave, dado que los probables efectos de las alternativas de políticas dependen de los motivos que explican el bajo rendimiento de numerosos docentes de los primeros cursos en las escuelas de la región.

Si los maestros carecen de habilidades, puede que les sean útiles las herramientas de desarrollo profesional. Estas pueden mejorar las prácticas en el aula y los resultados del aprendizaje de los niños. Sin embargo, la mayoría de los programas de desarrollo profesional de la región dirigidos a los docentes son ineficaces. Son de carácter teórico en lugar de práctico; no ofrecen instrumentos prácticos que les ayuden a convertirse en mejores maestros; además, son genéricos en lugar de centrarse en las fortalezas y debilidades de un docente en concreto.

Numerosos estudios de Estados Unidos demuestran que los maestros que hacen cursos y son objeto de una asesoría personalizada en prácticas docentes efectivas pueden cambiar sus interacciones diarias con los niños de maneras que tengan consecuencias significativas para el aprendizaje y el desarrollo de los mismos.[23] El reto consiste en encontrar modelos para los países de la región que sean eficaces y que puedan aplicarse a gran escala. Esto requerirá un diseño e implementación cuidadosos, y una evaluación rigurosa, preferiblemente basada en la asignación aleatoria. Con muy pocas excepciones, esta evidencia no existe en la región.

Sin embargo, puede ocurrir que algunos maestros no se apliquen con suficiente esfuerzo. En estas circunstancias, puede resultar útil remunerar a los maestros en virtud de su desempeño. La evidencia experimental y cuasi experimental de Estados Unidos presenta un cuadro diverso a propósito de la efectividad del pago a los docentes sobre la base de su desempeño.[24] En los países en desarrollo, los resultados han sido más positivos. Los programas de pago por méritos mejoraron significativamente los resultados en India (Muralidharan y Sundararaman 2011), Israel (Lavy 2002; 2009) y México (Behrman et al. 2015), aunque esta evidencia se refiere sobre todo a niños algo mayores.

Diversos países y ciudades de la región, entre ellos Brasil (con Pernambuco) y Chile (con el Sistema Nacional de Evaluación del Desempeño, SNED) recompensan a los maestros o a las escuelas (o a ambos) que producen mejoras particularmente importantes en los aprendizajes. Sin embargo, en todos los países de América Latina y el Caribe, en la gran mayoría de los casos, la remuneración de los docentes está determinada por los años de servicio y por su estatus contractual (si son titulares o no).

En general, los economistas se muestran más entusiastas que los maestros en lo que respecta a la remuneración por desempeño. Una pregunta fundamental es qué tipo de cosas deberían recompensarse. La mayoría de los sistemas de remuneración por desempeño recompensa a los docentes sobre la base de cálculos de valor agregado. El valor agregado es una medida del aumento promedio en el aprendizaje que tiene lugar entre alumnos plausiblemente comparables asignados a diferentes maestros (véase el debate en el recuadro 5.2).

RECUADRO 5.2. EL VALOR AGREGADO DEL MAESTRO

Estimar el valor agregado de un maestro es una manera de medir su efectividad. El valor agregado se centra en las ganancias en el aprendizaje entre los estudiantes a los que les enseña un mismo maestro en un determinado curso. Por ejemplo, para comparar el valor agregado de tres maestros que enseñan en primer grado en diferentes aulas en el mismo colegio, se estimaría el aumento promedio en el desarrollo infantil o en las puntuaciones de las pruebas entre el final de la preprimaria y el final de primer grado, por separado para los niños en cada aula. Esta es una estimación del valor agregado de cada docente. Para ver cuánto mejor es un maestro en comparación con otro, también se calcularía el aumento medio para todos los alumnos de primer grado de esa escuela. La diferencia entre las ganancias en el aprendizaje de los niños en el aula de un docente y las ganancias en el aprendizaje promedio obtenidas por los tres maestros de primer grado de esa escuela sería una estimación de su efectividad relativa.

La estimación del valor agregado del maestro ha ganado popularidad entre los economistas desde el trabajo pionero de Hanushek (1971) y Murnane (1975). Este trabajo, y mucho de lo que le siguió, fue en parte una respuesta a un consenso entre los investigadores acerca de que, si bien había grandes diferencias en la efectividad de los maestros, las características observadas de los mismos, incluidos su experiencia, su estatus contractual y sus credenciales, explicaban poca cosa de estas diferencias. Al centrarse directamente en los resultados del aprendizaje del niño, las medidas de valor agregado alejan el foco de las características del docente. Esto es a la vez una fortaleza y una limitación. Si se sostienen los supuestos necesarios para que las estimaciones del valor agregado tengan una interpretación causal, el valor agregado se centra directamente en lo que de verdad importa: el desarrollo infantil o los resultados del aprendizaje. Sin embargo, puede que los supuestos no siempre se sostengan, y las estimaciones del valor agregado de un maestro no dicen nada acerca de qué hay en la práctica de ese maestro que lo hace más efectivo que otro.

La hipótesis más importante en la estimación del valor agregado se relaciona con las características no observadas de los niños. Los estudiantes se suelen asignar a las aulas de manera aleatoria. Los directores saben que unos maestros son más efectivos que otros. Un director que pretenda igualar los resultados dentro de un colegio podría asignar los niños más difíciles a los mejores docentes. Si no se "controla" adecuadamente por la información que el director utiliza para realizar estas asignaciones, el verdadero valor agregado del mejor maestro estaría subestimado (porque tuvo a los alumnos más difíciles). A la inversa, puede que los mejores maestros tengan más poder de negociación, y el director que quisiera retener a los mejores en una escuela podría asignarles estudiantes más fáciles a esos docentes. En este caso, el verdadero valor agregado del mejor maestro podría ser sobrestimado (porque tuvo alumnos más fáciles). Los padres, sobre todo aquellos que son más conscientes del aprendizaje de sus hijos y se interesan más en ello, también pueden ejercer presión para que sus niños estén en un aula y no en otra. Sin em-

(continúa en la página siguiente)

RECUADRO 5.2. *(continuación)*

bargo, es probable que estos padres tengan características no observadas que en sí mismas generen un impacto en las ganancias en el aprendizaje al margen del maestro que se les asigne a sus hijos. Esto también crearía sesgos.

Dado que no pueden medirse todas las características relevantes de maestros y alumnos, las estimaciones del valor agregado tienen un supuesto crítico: cualesquiera sean las diferencias en los niños asignados a uno u otro docente, estas son capturadas por la medida de "línea de base" del aprendizaje o del desarrollo (que, normalmente, son los resultados del aprendizaje al final del curso anterior). Dicho de otra manera, las estimaciones del valor agregado suponen que cualquier diferencia en las *ganancias* del aprendizaje, por oposición a los *niveles* de aprendizaje, se puede atribuir a los maestros, sobre todo cuando la comparación se limita a estudiantes a los que les enseñan distintos docentes en un mismo colegio.

Numerosas investigaciones se han dedicado a poner a prueba esta hipótesis. En su influyente trabajo, Rothstein (2010) utilizó abundancia de datos de Carolina del Norte para demostrar que los maestros del *futuro* predicen ganancias en el aprendizaje *más temprano*. Esto es una señal de que los docentes y los alumnos del estudio no estaban emparejados unos con otros de manera aleatoria, y que las características de unos y otros que determinaron el emparejamiento podrían sesgar las estimaciones del valor agregado. No obstante, las investigaciones más recientes de Chetty, Friedman y Rockoff (2014) sostienen que las estimaciones del valor agregado de un maestro son un buen indicio del efecto de ese maestro en el aprendizaje, no contaminado por posibles diferencias entre los alumnos. Por ejemplo, en un conjunto de estimaciones, los autores se centran en los maestros que cambian de colegio. Los directores de un colegio pueden tener objetivos diferentes a los de otro colegio, y la población escolar puede variar considerablemente entre colegios. Aun así, cuando un docente con un valor agregado positivo cambia de institución, el valor agregado de la escuela que deja disminuye y el valor agregado del colegio en el que se integra aumenta proporcionalmente en la misma medida, en promedio. Esto sugiere que un maestro lleva consigo su "valor agregado" y que esto es en gran parte independiente del colegio, del director o del alumnado.

Otra preocupación relacionada con las estimaciones del valor agregado es que, aunque sean causales, estas estimaciones parecen variar en gran medida para el mismo maestro de un año a otro. Esa variación se debe en parte a que algunos docentes son más efectivos enseñando a un grupo particular de alumnos, y porque la composición de su clase cambia de un año al siguiente, aunque esto solo sea producto de la suerte. También puede ocurrir que los maestros tengan un año particularmente bueno o malo. Por último, el error de medición de diversos tipos tenderá a empañar la correlación del valor agregado estimado para un determinado maestro en diferentes años. Dicho de otra manera, puede que el mismo maestro sea igualmente efectivo un año y el siguiente, pero el error de medición lo hará parecer como si su efectividad hubiera cambiado a lo largo de los años.

Recompensar a los maestros sobre la base del valor agregado es atractivo porque se centra en lo que importa: el aprendizaje, en lugar de hacerlo en lo que no importa: las características observables de los docentes. El pago por desempeño también podría tener otras ventajas. En América Latina los maestros no parecen tener malos salarios en general, en relación con otras ocupaciones de oficina o de tinte profesional (como el personal administrativo). Sin embargo, la distribución de los salarios está comprimida en la parte alta, en relación con la de otros trabajadores en empleos similares, lo que sugiere que a los maestros más efectivos se les paga demasiado poco para mantenerlos en la profesión (Mizala y Ñopo 2012). Una escala salarial más pronunciada, con aumentos de sueldo y promociones que en parte dependan del desempeño, podría contribuir a atraer a personas más talentosas a este *métier*.[25]

Sin embargo, recompensar a los maestros sobre la base del cálculo del valor agregado no es sencillo. Algunos aspectos son prácticos. Calcular el valor agregado es un ejercicio intensivo en datos. Si, por ejemplo, se pretende recompensar a los maestros de primero a cuarto grado sobre la base del valor agregado, habría que aplicar pruebas al final de preprimaria, primero, segundo y tercer grado a todos los alumnos todos los años.[26] Además, el valor agregado es una medida ruidosa de la calidad docente, como puede observarse en el hecho de que las estimaciones del valor agregado para el mismo maestro pueden variar considerablemente de un año al siguiente (Araujo et al. 2014, para Ecuador).

Otras inquietudes están relacionadas con las posibles respuestas conductuales de los docentes ante la introducción de pruebas de alta exigencia. La remuneración por desempeño sobre la base del valor agregado podría alentar a los maestros a hacer trampa, a enseñar solo para la prueba (en lugar de poner el acento en el aprendizaje en términos más generales) o a centrarse en grupos concretos de alumnos (por ejemplo, aquellos que se encuentran justo por debajo de un determinado umbral de conocimientos). Algunos de estos aspectos pueden mitigarse con un diseño cuidadoso de los detalles del sistema de remuneración por desempeño (Neal 2011). De manera alternativa, sería posible recompensar a los docentes por las conductas en el aula que predicen los resultados del aprendizaje, más que por las puntuaciones de las pruebas, aunque este enfoque también tiene grandes limitaciones.[27]

Las estimaciones del valor agregado del maestro también podrían utilizarse para identificar a los docentes que, año tras año, logran un escaso aprendizaje y desarrollo en sus educandos. Si, después de recibir

RECUADRO 5.3. ¿CUÁNTO IMPORTA LA EFECTIVIDAD DEL MAESTRO?

Las investigaciones realizadas en Estados Unidos estiman que reemplazar a un maestro con un pobre desempeño (en el 10º percentil de la distribución de calidad) por un docente promedio aumentaría el ingreso a lo largo de la vida de cada niño de esa clase en aproximadamente US$40.000, lo cual para una clase de 25 alumnos equivale a un aumento en el total de los ingresos de cerca de US$1 millón (Hanushek 2009; 2011; Kane y Staiger [2002a] proporcionan estimaciones de magnitud comparable).

¿Son relevantes estos resultados para América Latina y el Caribe? Estimaciones como estas siempre implican la intervención de diversos supuestos, aunque algunos cálculos sencillos sugieren que el valor de mejorar la efectividad de los maestros con peor desempeño (o reemplazarlos con otros maestros) en la región también puede ser considerable. Manteniendo constantes los años de escolarización, se ha estimado que un aumento de una desviación estándar en las destrezas de alfabetización en Chile incrementa los salarios promedio en un 15% (Hanushek y Zhang 2006). En Ecuador, las simulaciones sugieren que reemplazar al 10% de los maestros de preprimaria que exhiben el peor desempeño por docentes promedio elevaría los resultados medios del aprendizaje en preprimaria en 0,11 desviaciones estándar (Araujo et al. 2014).[a] Si las mejoras en el aprendizaje se prolongan desde la preprimaria hasta la edad adulta, y si las estimaciones de Chile se pueden utilizar para aproximar los rendimientos del mercado laboral en Ecuador, reemplazar al 10% de los maestros de preprimaria con más bajo desempeño por maestros promedio arrojaría un aumento en los salarios de todas las cohortes afectadas de alrededor de un 1,6% al año. Además, si un maestro con una mejor calidad motiva a los niños a permanecer más tiempo en la escuela, como parece plausible, habría un beneficio adicional porque se extendería su escolarización.

---

[a] Concretamente, esto implica tomar el 10% de los maestros de preprimaria con el menor valor agregado y reemplazarlos por un maestro cuyo valor agregado sea equivalente al del maestro de preprimaria promedio en su colegio (promedio que excluye al docente de peor desempeño) y volver a estimar la distribución total de las puntuaciones de las pruebas con estos cambios. Por lo tanto, debe considerarse que el incremento estimado en el aprendizaje vale para toda la distribución de los alumnos de preprimaria, y no solo para aquellos que hubieran tenido al mejor maestro (para quienes, desde luego, los beneficios son mucho mayores).

---

capacitación de alta calidad en el puesto de trabajo, estos maestros siguen teniendo malos resultados, debería considerarse seriamente despedirlos u ofrecerles una jubilación anticipada.[28] Despedir a los maestros es un asunto polémico y políticamente difícil, pero hay enormes intereses en juego, en términos de posibles mejoras en el aprendizaje de los niños y resultados posteriores. Las estimaciones razonables para Ecuador, que se basan en cálculos para Estados Unidos (Hanushek 2009; 2011; Kane y

Staiger 2002b), sugieren que reemplazar por docentes promedio al 10% de los maestros de preprimaria que obtienen los peores resultados aumentaría los salarios de todas las cohortes afectadas en cerca de un 1,6% (véase el recuadro 5.3).

Mejorar la calidad es más difícil que incrementar el acceso. No hay una única política adecuada para todos los países. Sin embargo, una combinación inteligente de incentivos monetarios por un desempeño docente sobresaliente, programas innovadores de capacitación en el puesto de trabajo, asesoramiento y orientación, así como el despido de aquellos docentes que presenten resultados persistentemente bajos es prometedor en numerosos contextos.

Notas

[1] Utilizamos los términos "matriculación" y "asistencia" de manera indistinta. En algunas encuestas de hogares se les pregunta a los entrevistados por la matriculación, y en otras por la asistencia.

[2] Los países de la región emplean diferentes términos para los primeros años de la escolarización formal. A los fines de este capítulo, la "escuela primaria" se define como aquella que comienza con el curso que los niños deber empezar a los 6 años ("primer grado"); y la "preprimaria" se define como el preescolar (para niños de 5 años) y el jardín de infantes (para niños de 4 años o menos).

[3] Sin embargo, un aspecto importante es que no había diferencias en la escolarización completa entre los que habían cursado un año de educación preprimaria (preescolar) y aquellos que habían asistido dos años (jardín de infantes y preescolar) (Berlinski, Galiani y Manacorda 2008).

[4] Nótese que los valores en el gráfico 5.1 no son comparables con las estimaciones de la Organización de las Naciones Unidas para la Educación, la Ciencia y la Cultura (UNESCO) (2015) para la matriculación bruta en la escuela preprimaria, y eso por diversos motivos. En primer lugar, los rangos de edad suelen ser diferentes. Esto se debe a que la UNESCO calcula las tasas de matriculación en preprimaria sobre la base de la "edad teórica de ingreso" en un determinado país, lo cual varía de un país a otro. Por ejemplo, en Argentina, Honduras y Jamaica, las tasas de matriculación en preprimaria corresponden a niños de entre 3 y 5 años; en Chile, Costa Rica y México, a niños de entre 4 y 5 años; en Brasil a niños de entre 4 y 6 años; y en Guatemala a niños de entre 5 y 6 años. En cambio, los cálculos recogidos en este capítulo siempre corresponden al porcentaje de niños de 5 años que asisten al colegio. En segundo lugar, las fuentes de datos varían. Los valores de la UNESCO se calculan a partir de la población total de diferentes edades de un país (utilizando el censo más reciente y las proyecciones de población basadas en él) y el número de niños matriculados en la escuela (utilizando datos administrativos). En cambio, los cálculos realizados en este capítulo se basan en los datos de las encuestas de hogares. No queda claro cuál es la fuente de datos más precisa.

[5] Las comparaciones de las puntuaciones de lenguaje son más complicadas por las diferencias entre los países en el porcentaje de niños que no son hispanohablantes nativos.

[6] Los promotores de las pruebas SERCE y TERCE también reportan los porcentajes de niños con puntuaciones desde el nivel 1 (el más bajo)

hasta el 4 (el más alto) en cada país. Así, el 75% de todos los niños de República Dominicana que rindieron el TERCE obtuvieron puntuaciones que los situaron en el nivel más bajo. Estos alumnos no podían solucionar problemas de sumas o multiplicaciones sencillas utilizando números naturales, ni eran capaces de reconocer la organización del sistema numeral decimal posicional. Incluso en Chile y Costa Rica, los dos países con los mejores resultados de América Latina, el 10% y el 16% de los niños, respectivamente, se ubicaron en el nivel más bajo del TERCE.

[7] Se construyeron agregados de riqueza utilizando solo aquellas características y activos de los hogares por los que se preguntaba de manera comparable, tanto en la muestra de los niños que se sometieron a las pruebas como en las encuestas de hogares nacionalmente representativas para cada país: la Encuesta Nacional de Empleo, Desempleo, Subempleo (ENEMDU) de 2012 en Ecuador, la Encuesta Nacional de Ingresos y Gastos de los Hogares (ENIGH) de México y la Encuesta Nacional de Hogares (ENAHO) de Perú. Esto permite establecer comparaciones entre la distribución de la riqueza de los niños que rindieron la prueba y la distribución de la riqueza de los hogares con niños en el mismo rango de edad en las encuestas nacionalmente representativas. Esto, a su vez, permite asignar a los niños que tomaron la prueba a quintiles de la distribución nacional de la riqueza (como en Schady et al. 2015).

[8] Estos gradientes son similares a los que se observan en Estados Unidos, donde los niños de 5 años del cuartil más bajo de ingresos tienen puntuaciones en matemáticas que son 0,8 desviaciones estándar inferiores a las del cuartil más alto (Cunha y Heckman 2007).

[9] En cambio, los gradientes en los problemas conductuales eran modestos: los informes de los maestros señalan que los niños del grupo de activos más bajos tenían 0,18 desviaciones estándar más de probabilidades de presentar problemas de internalización (es decir: ser retraídos o carecer de autoestima) en el jardín de infantes que aquellos del grupo de activos más altos, pero 0,30 menos de probabilidades de exhibir problemas de externalización (esto es: agresión y conducta desafiante).

[10] Esta sección se basa en gran medida en un documento preparado como antecedente de este trabajo por Yyannu Cruz-Aguayo, Tomás Guanziroli, Bridget Hamre, Sadie Hasbrouck, Marcia E. Kraft-Sayre, Jennifer LoCasale-Crouch, Carolina Melo, Robert Pianta y Sara C. Schodt.

[11] Numerosos ejemplos de países en desarrollo demuestran que mejorar una u otra dimensión de la calidad estructural no mejora los resultados

del aprendizaje infantil (o lo hace solo de forma modesta). En un caso particularmente desalentador, Duflo, Dupas y Kremer (2011) analizan un programa que redujo a la mitad las tasas de alumnos/maestro en Kenia, partiendo de un nivel de línea de base de cerca de 80 niños por maestro. Los autores llegan a la conclusión de que el programa no mejoró los resultados del aprendizaje, al parecer porque no modificó las prácticas docentes, no condujo a una atención más individualizada de los maestros hacia los alumnos y, por lo tanto, no cambió las experiencias diarias de los niños en el aula. Por otra parte, en un reciente estudio de la región se distribuyeron ordenadores portátiles a niños de tercero a sexto grado en Lima, Perú, como una manera de mejorar sus resultados del aprendizaje. Este programa piloto, relacionado con una iniciativa más amplia del gobierno peruano para adquirir y distribuir 860.000 laptops a los alumnos, fue evaluado de manera aleatoria. De acuerdo con los resultados obtenidos, los estudiantes asignados aleatoriamente para recibir portátiles declararon usar computadores con mayor frecuencia que los del grupo de control. Sin embargo, no se hallaron diferencias entre los niños destinatarios de las laptops y aquellos que no las habían recibido en términos de las puntuaciones obtenidas en las pruebas de lenguaje y matemáticas, ni en cuanto a sus habilidades cognitivas, medidas por el Test de Matrices Progresivas de Raven (Beuermann et al. 2015).

[12] La Metodología Stallings, originalmente elaborada para una investigación sobre la calidad de los colegios en Estados Unidos en los años setenta (Stallings 1977; Stallings y Mohlman 1988), toma tres "fotografías" separadas a intervalos regulares en el curso de una hora en el aula. Cada fotografía dura 15 segundos. Durante ese lapso, el observador hace un barrido del aula y registra cuatro aspectos clave de la dinámica de la clase: si el maestro se compromete con la enseñanza, en la gestión del aula o si está dedicado a otra cosa; si el tiempo se utiliza en efecto para la enseñanza, qué prácticas pedagógicas se emplean (por ejemplo, leer en voz alta o pregunta y respuesta); si el tiempo se invierte en la enseñanza, qué materiales pedagógicos se utilizan; y cuántos alumnos participan visiblemente en la actividad liderada por el maestro, en lugar de dedicarse a otra cosa o no prestar atención (Bruns y Luque 2015, particularmente 99–105).

[13] Entre las referencias sobresalen: Blair (2002); Burchinal, Lee y Ramey (1989); Campbell y Ramey (1995); Greenberg, Domitrovich y Bumbarger (2001); Hamre y Pianta (2007); Howes y Hamilton (1993); Kisker et al. (1991); Kontos y Wilcox-Herzog (1997); Phillips et al. (2000).

14 Perry, Donohue y Weinstein (2007) descubrieron, en 14 aulas de primer grado, que un mayor apoyo emocional al comienzo del año se asociaba con una conducta más positiva de los pares y menos problemas de conducta a medida que progresaba el año. De la misma manera, en un análisis de 36 clases de primer grado a las que concurrían 178 alumnos de 6 y 7 años, se observó que en las aulas donde se brindaba apoyo emocional había una disminución de las agresiones de los pares a lo largo del año (Merritt et al. 2012). Al parecer, el clima emocional también influye en los resultados académicos. En una muestra de 1.364 alumnos de tercer grado, se notó que el respaldo emocional en el aula se relacionaba con las puntuaciones de los niños en comprensión lectora y matemáticas al final del año (Rudasill, Gallagher y White 2010).

15 Por ejemplo, los datos de 172 alumnos de primer grado en 36 aulas en una zona rural de Estados Unidos demostraron que la organización del aula era significativamente predictiva de las mejoras en alfabetización (Ponitz et al. 2009).

16 Entre las referencias se incluyen Burchinal et al. (2008, 2010); Hamre y Pianta (2005); Mashburn et al. (2008). Por ejemplo, al analizar 1.129 alumnos de bajos ingresos matriculados en 671 aulas de jardín de infantes en Estados Unidos, Burchinal et al. (2010) observaron una asociación significativa entre el apoyo pedagógico y las habilidades académicas; los alumnos de aquellas aulas que demostraban brindar un mayor apoyo pedagógico obtenían puntuaciones superiores en medidas de lenguaje, comprensión lectora y matemáticas que los estudiantes que recibían un apoyo pedagógico de baja calidad. De la misma manera, Mashburn et al. (2008) utilizaron datos de Estados Unidos y llegaron a la conclusión de que el apoyo pedagógico en un aula se relaciona con los cinco resultados académicos medidos (lenguaje receptivo, lenguaje expresivo, nombres de las letras, rimas y problemas matemáticos aplicados).

17 Entre las referencias cabe citar Denny, Hallam y Homer (2012); Hamre et al. (2013); La Paro, Pianta y Stuhlman (2004); LoCasale-Crouch et al. (2007); Pianta et al. (2007).

18 Sin embargo, los datos proporcionados por el SNAPSHOT son algo más detallados que los recopilados mediante la Metodología Stallings. Se observan sistemáticamente el tipo de entorno académico (por ejemplo, si se trata de todo un grupo, de un pequeño grupo, con tiempos individuales, centros de libre elección, rutinas) y la actividad académica (por ejemplo, si a los alumnos se les lee, si estos leen en voz alta, aprendizaje de letras/sonidos, escritura, matemáticas, ciencias, estudios sociales,

estética, actividad física, lengua extranjera o ninguna actividad) de la cual participan los niños. El hecho de que los datos recopilados a partir del SNAPSHOT sean más detallados que los obtenidos con la Metodología Stallings es una ventaja, pero también significa que las cualificaciones y la formación que los observadores necesitan es más alta en el SNAPSHOT. Y esto constituye una desventaja, dado que limita la posibilidad de aplicar el instrumento a gran escala.

[19] Este patrón (puntuaciones en respaldo emocional y organización del aula superiores a las de apoyo pedagógico) es similar en Estados Unidos, pero las puntuaciones en apoyo pedagógico en Brasil, Chile y Ecuador eran consistentemente más bajas que en Estados Unidos, en un punto CLASS o más, en promedio.

[20] Esto coincide con otro estudio de las aulas chilenas. Strasser, Lissi y Silva (2009) analizaron 12 aulas de preescolar en Chile durante aproximadamente tres horas cada uno, detallando cómo los maestros hacían participar a los alumnos, y observaron que el 53% del tiempo del aula se dedicaba a actividades no pedagógicas.

[21] Otra manera de poner la magnitud de los efectos en contexto es compararlos con los gradientes socioeconómicos en las puntuaciones de las pruebas de escuelas preescolares. En promedio, la diferencia entre dichas puntuaciones en el caso de niños cuyas madres han abandonado la escuela primaria y el de alumnos cuyas madres han terminado la escuela secundaria es de aproximadamente 0,8 desviaciones estándar. De modo que ser asignado a un maestro sobresaliente en lugar de un maestro promedio durante un solo año tiene un impacto equivalente a una quinta parte de la diferencia en el aprendizaje acumulado entre los niños de madres con un nivel educativo alto y bajo.

[22] Ser asignado a un maestro que tiene un coeficiente intelectual de una desviación estándar más alta da como resultado 0,04 desviaciones estándar más de aprendizaje.

[23] Entre otras referencias importantes, se destacan Brennan et al. (2008); Domitrovich et al. (2009); Fox et al. (2011); Hamre et al. (2012); Pianta et al. (2008).

[24] Como referencias destacadas cabe citar: Fryer (2013); Rouse et al. (2013); Springer et al. (2010); Vigdor (2008), entre muchas otras.

[25] Las investigaciones de Estados Unidos señalan que la aptitud de los maestros ha disminuido notablemente desde los años sesenta, sobre todo como resultado de la reducción de sus salarios (y no los bajos salarios en general) (Hoxby y Leigh 2004).

[26] Las puntuaciones del curso anterior sirven como una medida de los resultados del aprendizaje de línea de base para el curso actual.

[27] Por ejemplo, a los maestros se les podría recompensar sobre la base de una versión modificada a nivel local del Marco de Educación Basada en la Interacción (TTI, por sus siglas en inglés). Esto evita muchas preocupaciones relacionadas con las pruebas de alta exigencia (hacer trampa, enseñar para que se apruebe el examen, centrarse sobre todo en un grupo concreto de alumnos). Sin embargo, es probable que las observaciones en el aula sean al menos tan ruidosas como medida del desempeño que el valor agregado del maestro. Araujo et al. (2014) muestran que en Ecuador las puntuaciones del CLASS para el mismo docente varían en gran medida de un día para el otro, e incluso más aún de un año para el otro. Dado que tienen más de una cohorte de niños a los que les enseña el mismo maestro, Araujo et al. pueden probar si el valor agregado del docente y sus puntuaciones en el CLASS con una cohorte de alumnos (cohorte 1) son buenos predictores de los resultados del aprendizaje con un grupo diferente de alumnos (cohorte 2). Cuando se utiliza solo una de las dos medidas (valor agregado del maestro con la cohorte 1, las puntuaciones del CLASS cuando se enseña a la cohorte 1) como predictor, los dos están significativamente asociados con los resultados del aprendizaje de la cohorte 2. Sin embargo, el CLASS no es significativo y no tiene poder predictivo cuando se controla por el valor agregado con la cohorte 1. En otras palabras: el valor agregado del docente con una cohorte de niños está mucho más robustamente asociado que el CLASS con los resultados del aprendizaje infantil con otro grupo de niños, una medida de las conductas del maestro.

[28] Muchos países, entre ellos Brasil y Chile, tienen leyes que permiten despedir a los maestros con bajo desempeño durante los primeros años de su carrera, antes de que se les otorgue la titularidad. En la práctica, estas disposiciones se utilizan rara vez.

6 La alternativa más rentable: invertir en el desarrollo infantil

Destinar recursos a la primera infancia quizá sea una de las mejores inversiones que un gobierno puede hacer. Para empezar, cuanto más temprano invierta un gobierno en un niño, más prolongado será el horizonte que el país tiene para cosechar los beneficios. Además, puede que la tasa de retorno de algunas inversiones sea más baja si estas se llevan a cabo más tarde en la vida (por ejemplo, acaso sea difícil mejorar el coeficiente intelectual después de una determinada edad). Por último, destinar recursos al desarrollo de la primera infancia genera potenciales efectos dominó en las inversiones que se realicen posteriormente. En otras palabras: los retornos de la inversión en capital humano son mayores si se efectuaron inversiones durante los primeros años de vida. Por otro lado, existen disparidades en el desarrollo infantil antes de que los niños ingresen en la escuela primaria. La inversión pública en la primera infancia puede ser un instrumento poderoso para promover la igualdad. ¿Reflejan las prioridades de gasto de los gobiernos estas oportunidades? ¿Cómo pueden los gobiernos de los países de América Latina y el Caribe maximizar los retornos de las inversiones en el desarrollo de la primera infancia?

Menores de 5 desatendidos: el gasto del gobierno en el desarrollo de la primera infancia

Si bien el aumento del gasto no siempre va acompañado de mejores resultados, los presupuestos públicos revelan las prioridades de los gobiernos. Históricamente, invertir en los más pequeños ha sido un objetivo clave para los gobiernos de la región, pero hasta hace poco la atención no estaba en la primera infancia (de 0 a 5 años).[1]

El gasto público en los niños (entre 0 y 12 años) aumenta con la edad (véase el cuadro 6.1). Los países de la región gastan un promedio de solo el 0,4% del producto interno bruto (PIB) en la primera infancia (entre 0 y 5 años), comparado con el 1,6% del PIB en promedio en la infancia intermedia (entre 6 y 12 años). En algunos países, solo el 10% del presupuesto para la infancia se asigna a esa primera etapa. El gasto en servicios y programas destinados a la primera infancia en la región representa menos del 6% del total del gasto social (es decir, el gasto en educación, salud, vivienda y protección social).

Los gobiernos latinoamericanos gastan en promedio cerca de US$300 por niño al año en la primera infancia, en contraste con los US$1.000 que invierten en la infancia intermedia, aunque estas sumas varían mucho. Los gobiernos de los países de ingresos más altos en la región tienden a gastar más en la primera infancia que sus contrapartes de ingresos más bajos. Sin embargo, los patrones también difieren entre los países que tienen niveles de ingreso similares. En el caso de los países más ricos, por ejemplo, el gasto público por niño en la primera infancia oscila entre US$253 en Perú y US$882 en Chile. El gasto público en Jamaica es el doble o más que el de sus pares regionales con análogos ingresos per cápita. Si bien el ingreso tiene sin duda un peso importante, no es el único motor que impulsa la asignación del gasto público. Por ejemplo, Guatemala ostenta la inversión más alta para el desarrollo de la primera infancia en relación con su gasto

Cuadro 6.1. Gasto público en los niños por grupo de edad, primera infancia e infancia intermedia

País	PIB en dólares per cápita	Gasto en dólares de EE.UU. por niño		Gasto como porcentaje del PIB	
		0–5 años	6–12 años	0–5 años	6–12 años
Chile	15.732	882	2.608	0,5	1,7
Brasil	11.208	641	2.179	0,5	2,3
México	10.307	488	1.041	0,6	1,4
Colombia	7.826	402	844	0,6	1,6
Perú	6.660	253	464	0,4	0,9
República Dominicana	5.826	58	451	0,1	1,1
Jamaica	5.290	127	848	0,3	2,1
Guatemala	3.478	83	305	0,4	1,7
Nicaragua	1.851	21	226	0,2	2,0
Promedio	*7.575*	*328*	*996*	*0,4*	*1,6*

Fuente: Elaboración propia sobre la base de Alcázar y Sánchez (2014), Indicadores del Desarrollo Mundial y CEPAL.
Notas: Los datos sobre el gasto y el PIB en dólares corrientes son de 2012, excepto para el caso de Colombia, que corresponden a 2011.

RECUADRO 6.1. BRECHAS EN LOS DATOS DEL PRESUPUESTO

Calcular el gasto público en los niños mediante el análisis de diferentes países es una tarea complicada que requiere realizar decisiones metodológicas y lidiar con limitaciones en los datos. Siguiendo el trabajo de Alcázar y Sánchez (2014), en este capítulo se ha utilizado un procedimiento de tres pasos para estimar el gasto público en nueve países de América Latina y el Caribe entre 2004 y 2012. En primer lugar, el gasto social público en niños de entre 0 y 12 años se definió como una estimación compuesta de gastos en educación (preescolar y primaria) y programas sociales, que incluyen los jardines de cuidado infantil, los programas de crianza, las transferencias condicionadas y los beneficios en especie. En segundo lugar, se emplearon datos del gasto de los informes presupuestarios y directamente de las oficinas presupuestarias y los ministerios sectoriales relevantes. En tercer lugar, el *Manual de Estadísticas de Finanzas Públicas 2001* sirvió como guía para seleccionar clasificaciones presupuestarias y elaborar estimaciones del gasto social público en los niños.

El ejercicio de recopilación de datos se enfrentó a diversas limitaciones:

- *El acceso público a la información presupuestaria.* Perú es el único de los nueve países aquí estudiados que brinda acceso en línea a un sistema de gestión financiera integrada con información desagregada que permite identificar el gasto social en favor de los niños.
- *Los gastos a nivel subnacional.* La disponibilidad de información presupuestaria sobre el gasto social a nivel subnacional es limitada en algunos países, sobre todo en México.
- *Los gastos en salud.* Los gastos en salud no se incluyen en las estimaciones del gasto social público infantil debido a los defectos de calidad y disponibilidad de la información presupuestaria sobre el sector salud en la mayoría de los países seleccionados, con la excepción de Chile y Perú.

El seguimiento del nivel general del gasto público en los niños es una tarea importante para los gobiernos preocupados por el bienestar infantil. Perú ha hecho enormes avances en el uso de los instrumentos de gestión pública que facilitan el monitoreo de la ejecución presupuestaria en este campo. En 2008 implementó de manera progresiva un presupuesto basado en el desempeño (PBD), comenzando con cinco programas piloto estratégicos e involucrando a todos los niveles de gobierno. Hacia 2014, el 41% del presupuesto total estaba formulado en el marco del PBD. Además, el sistema de gestión financiera integrada y el sistema de monitoreo del desempeño de los programas de PBD, llamados "Resulta", fomentan la transparencia y la rendición de cuentas presupuestaria.

Fuente: Alcázar y Sánchez (2014).

social total. Por lo tanto, hay espacio para cambiar las prioridades de políticas y desplazar más recursos hacia la etapa infantil que nos ocupa.

El gasto público en la primera infancia no solo es bajo en relación con las inversiones en la infancia intermedia, sino también con respecto al gasto en todos los demás rangos de edad, sobre todo el de las personas mayores que reciben pensiones y otras transferencias para cubrir riesgos relacionados con la vejez. Por ejemplo, aunque Chile, Guatemala y Perú tienen perfiles de población muy diferentes, comparten patrones similares en términos de la distribución del gasto a lo largo del ciclo de vida. Estos países gastan entre siete y nueve veces más en las personas mayores que en los niños de entre 0 y 5 años, medido sobre una base per cápita (gráfico 6.1).[2]

La composición del gasto público en la primera infancia también varía en la región (véase cuadro 6.2). El gasto en desarrollo infantil temprano comprende la educación preescolar y diversos programas sociales. Los tres programas sociales más destacados destinados a la niñez durante los primeros años de vida abarcan el preescolar, los jardines de cuidado infantil y los programas de transferencias condicionadas. En general, el gasto en preescolar es el más alto, pues llega a casi el 0,2% del PIB en la región, mientras que el de los jardines de cuidado infantil representa menos del 0,1% del PIB. Por su parte, los programas de crianza reciben las asignaciones más bajas de los presupuestos totales.[3]

Algunos países gastan más en preescolar que en jardines de cuidado infantil, por ejemplo: Guatemala, México y Perú. Otros asignan más recursos públicos a los jardines de cuidado infantil que al preescolar, como Chile y Colombia. En Jamaica no hay programas de jardines de cuidado infantil públicos, pero sí se cuenta con una cobertura casi universal de la educación preescolar. Los programas de transferencias condicionadas y de comedores escolares para la primera infancia existen en todos los países que se incluyen en el cuadro 6.2 (excepto para las transferencias, en Nicaragua). Los presupuestos para ambos programas varían de un país a otro, pero los niveles se encuentran por debajo del 0,1% del PIB.

Por último, es importante situar el gasto público en la primera infancia en América Latina y el Caribe en una perspectiva comparativa más amplia. En su Base de Datos sobre la Familia, la Organización para la Cooperación y el Desarrollo Económicos (OCDE) presenta varios indicadores de desarrollo de la primera infancia. A partir de dos componentes específicos del gasto (la porción del gasto en preprimaria y jardines de cuidado infantil en el PIB), se observa que América Latina y el Caribe gasta menos que el promedio de la OCDE (0,7%). En contraste con los países nórdicos, donde las

Gráfico 6.1 Gasto público per cápita por grupo de edad y composición por edades

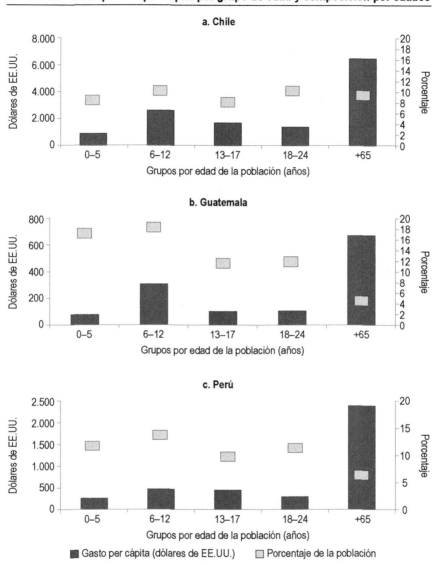

Fuente: Cálculos propios sobre la base de Alcázar y Sánchez (2014) y CEPAL.

inversiones en la primera infancia superan el 1% del PIB y los servicios de jardines de cuidado infantil dan cuenta de más de la mitad del total, en la región el porcentaje del gasto en jardines de cuidado infantil en general es mucho más bajo, aunque destacan excepciones, como las de Chile, Colombia y Nicaragua (gráfico 6.2).

Cuadro 6.2 Gasto público en la primera infancia por programa (porcentaje del PIB)

	Programas de crianza (0–5 años)	Jardines de cuidado infantil (0–5 años)	Preescolar (3–5 años)	Comedor escolar (4–5 años)	TCE (0–5 años)
Chile	0,00	0,25	0,10	0,06	0,05
Colombia	0,06	0,19	0,20	0,03	0,07
Guatemala	0,00	0,02	0,29	0,02	0,09
Jamaica	n.d.	n.d.	0,21	0,03	0,01
México	0,00	0,02	0,40	n.a.	0,06
Nicaragua	0,03	0,06	0,03	0,04	n.d.
Perú	0,02	0,02	0,26	0,06	0,05
República Dominicana	n.d.	0,03	0,02	0,01	0,05
Promedio	*0,02*	*0,09*	*0,21*	*0,04*	*0,06*

Fuente: Elaboración propia sobre la base de Alcázar y Sánchez (2014).
Notas: Los datos corresponden a 2012, excepto para Colombia, en cuyo caso son de 2011. Las edades de los niños fijadas como objetivo están presentadas entre paréntesis en los títulos de las columnas.
n.d. = no se dispone de datos; n.a. = no es aplicable.

La tendencia del gasto público es al alza

Aunque el gasto público en la primera infancia sigue siendo bajo en términos relativos, a lo largo de la última década las inversiones han aumentado mucho en toda la región. Por ejemplo, Chile, Guatemala y República Dominicana gastaron entre dos y cuatro veces más por niño en 2012 que al comienzo de la década del 2000. El gasto en educación preescolar y en programas de transferencias condicionadas se ha incrementado en la mayoría de los países, y se ha visto acompañado en menor medida por el gasto en jardines de cuidado infantil y programas de crianza.

A nivel regional, entre 2004 y 2012 el total del gasto público per cápita en la primera infancia subió a una tasa anual del 7% en términos reales (gráfico 6.3). En particular, los gastos crecieron durante la crisis de 2008–09 y en general lo hicieron a tasas más rápidas que el gasto social total. El caso de Nicaragua resulta ilustrativo: el gasto en la primera infancia aumentó un 5% durante 2009, mientras que la economía se contraía en un 2%. Después de la crisis, la tasa de crecimiento de los gastos disminuyó como respuesta a condiciones fiscales más estrictas en la mayoría de los países. Esta dinámica suscita la pregunta de si los niños pequeños seguirán beneficiándose en la misma medida de las asignaciones del presupuesto público como en la última década. También pone el foco en cuestiones relacionadas con la eficiencia: si el margen para aumentar los niveles del gasto público se restringe, asignar bien la inversión se convierte en una prioridad de las políticas.

LA ALTERNATIVA MÁS RENTABLE: INVERTIR EN EL DESARROLLO INFANTIL   159

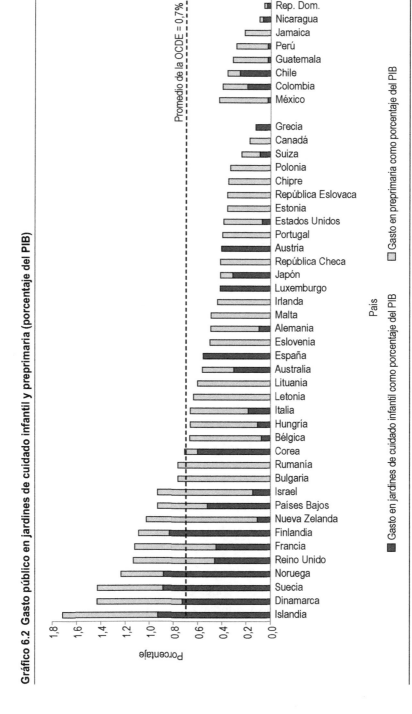

Gráfico 6.2 Gasto público en jardines de cuidado infantil y preprimaria (porcentaje del PIB)

Fuente: Cálculos propios sobre la base de Alcázar y Sánchez (2014) y OCDE.

Gráfico 6.3 Gasto por niño en la primera infancia, 2004–12 (crecimiento porcentual anual)

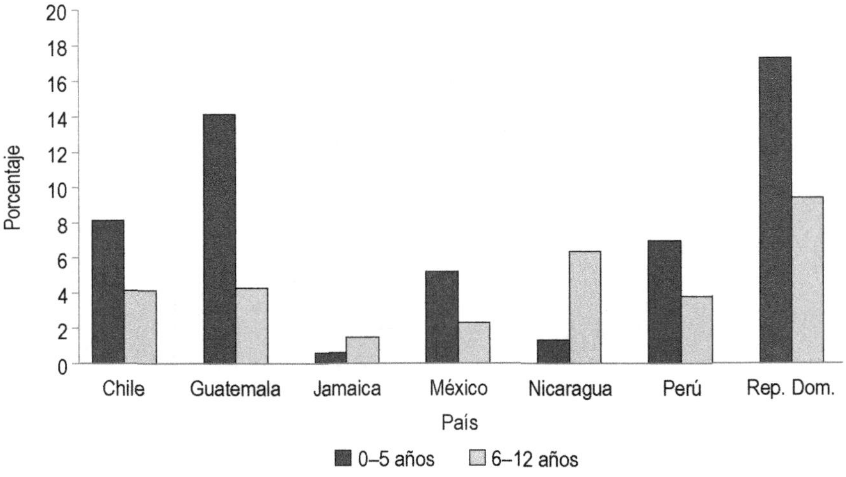

Fuente: Cálculos propios sobre la base de Alcázar y Sánchez (2014) y CEPAL.

Los costos de los programas

Los costos de los programas son cruciales porque determinan hasta qué punto la cobertura de los mismos se puede ampliar a medida que los gobiernos de la región aumentan su presupuesto para el desarrollo infantil temprano. Dicho costo también es importante para establecer el total de los costos de los recursos que, junto con los beneficios, permiten estipular qué tipos de programas es previsible que tengan un mayor retorno a la inversión.

De acuerdo con los ámbitos que se consideran en este libro, se analizan aquí tres grandes programas. El primero comprende las visitas domiciliarias. En este programa, personal adecuadamente capacitado visita a las madres de los niños pequeños en sus hogares para enseñarles actividades enriquecedoras a través de sesiones de juego que incluyen juguetes caseros y canciones. El segundo se centra en los jardines de cuidado infantil de jornada completa, que supuestamente proporcionan a los niños un entorno seguro y saludable, y brindan a los padres la libertad para dedicarse a otras actividades productivas. Por último, el tercero abarca a los niños que asisten a preescolar y participan en actividades educativas de tiempo parcial para mejorar su desarrollo y preparación escolar. El cuadro 6.3 resume los objetivos y servicios de estos tres tipos de programas.

Cuadro 6.3 Principales programas para la primera infancia

	Visitas domiciliarias	Jardines de cuidado infantil	Preescolar
Objetivo	Mejorar las prácticas de los padres	Cuidados y desarrollo del niño	Desarrollo infantil
Servicios proporcionados	Demostraciones con padres e hijos en los hogares	Cuidados del niño en jornada completa	Actividades educativas de tiempo parcial

Fuente: Elaboración propia.

Para este análisis se consideran dos grandes preguntas. En primer lugar, ¿cuáles son los costos relacionados con la mejora de la calidad del programa? En segundo lugar, ¿cuáles son los costos asociados a proporcionar visitas domiciliarias, servicios de jardines de cuidado infantil y educación preescolar con diferentes niveles de calidad? Responder a estas preguntas puede aportar fundamentos para las decisiones de políticas sobre cómo optimizar la calidad de los programas existentes y las opciones para mejorar la calidad de los programas cuando se amplía el acceso a los servicios. Para examinar la robustez de los resultados en diferentes contextos de América Latina y el Caribe, se derivan los costos del programa para tres países muy diferentes: Chile, Colombia y Guatemala.

A fin de simular los costos de diferentes programas, niveles de calidad y países, se desarrolló un modelo que sirve como aproximación de los costos anuales por niño para cada iniciativa sobre la base de parámetros de calidad (como los logros educativos de los cuidadores y la tasa niños/proveedor), y de los salarios y precios locales. Se definieron valores paramétricos críticos para aproximar los costos a los de los programas prototipo de calidad básica y mejorada que ya existen en la región.

El modelo incorpora dos dimensiones diferentes de la calidad del programa, que fueron tratadas en los capítulos 4 y 5. En primer lugar, la calidad estructural se refiere al tipo de recursos que tienden a permanecer estables a lo largo del tiempo, como las instalaciones físicas, el nivel de escolarización promedio de los cuidadores y la tasa niños/adultos. En segundo lugar, la calidad de proceso se refiere a la frecuencia y la naturaleza de las interacciones entre cuidadores y niños, entre los propios pequeños, y entre los cuidadores y las familias, las cuales pueden, en principio, modificarse con relativa rapidez.

El modelo estima costos para tres grupos de insumos: recursos humanos, infraestructura, y nutrición, equipos y materiales. Se espera que las inversiones en estos insumos mejoren directamente las medidas de calidad estructural. Este proceso de modernización puede implicar que bajen las tasas de niños/adultos, que se les exijan mayores logros educativos a los maestros, que aumente la infraestructura física y que mejoren los servicios nutricionales. Por ejemplo, en el capítulo 4 se describe una experiencia de mejora de la calidad en Colombia, donde algunos niños que asistían a centros de cuidado infantil basados en el hogar (en su mayor parte en las casas de madres de la comunidad) fueron transferidos a jardines de cuidado infantil. En este caso, se realizaron grandes inversiones en insumos estructurales, como edificios y saneamiento (Bernal et al. 2014b).

El modelo también estima los costos para un cuarto insumo: los gastos en capacitación específica y supervisión. Las inversiones en esta categoría se centran directamente en optimizar las medidas de calidad de proceso, mediante el fomento de una mejor interacción entre los cuidadores y los niños. Valga como ejemplo una iniciativa de Pakistán, que constaba de capacitación por tres días y un currículum estructurado, con el fin de que los trabajadores comunitarios de la salud realizaran actividades de estimulación que los padres de niños pequeños pudieran implementar en sus hogares (Yousafzai et al. 2014). Los programas de asesoría que comprenden una capacitación inicial seguida de sesiones de observación y realimentación para los cuidadores pueden resultar eficaces para mejorar las interacciones niño-cuidador. Un análisis de la literatura de Estados Unidos reveló que, en 14 de 16 evaluaciones, los programas de tutoría generaban mejoras en la calidad de las interacciones maestro-niño (Aikens y Akers, 2011). El recuadro 6.2 presenta los valores supuestos para parámetros clave de calidad estructural y de proceso en el modelo de cálculo de costes.

Cuando los números hablan por sí solos

El cuadro 6.4 muestra los costos por niño de cuatro programas —cada uno con cuatro combinaciones de calidad básica y mejorada, tanto estructural como de proceso— para Chile, Colombia y Guatemala. Las comparaciones de las diferentes opciones sugieren varios puntos clave a propósito de los costos de los programas, que pueden fundamentar mejor la elección entre las opciones de política pública para la primera infancia.

Considérese, por ejemplo, el caso de las instituciones preescolares. Las que ostentan mayor calidad estructural tienen menos niños por maestro y más espacio en el aula por estudiante; los docentes cuentan con mayor capacitación y perciben una mejor remuneración, gracias a

RECUADRO 6.2. PARÁMETROS DE COSTOS

Para aproximar los parámetros del modelo en diferentes programas y niveles de calidad, se utilizó un proceso de tres pasos. En primer lugar, se examinaron los estudios sobre las características y los costos asociados con los programas de la primera infancia (por ejemplo, Bernal 2013; Faverio, Rivera y Cortázar 2013). En segundo lugar, para aproximar las características de los programas de calidad básica y mejorada en la región, se utilizaron los datos sobre la variación de los parámetros de calidad en los programas de la primera infancia de América Latina y el Caribe, analizados por Araujo, López Boo y Puyana (2013), como la razón niños/cuidador. En tercer lugar, se consultó a los expertos sobre la primera infancia para las decisiones finales. Los valores supuestos para los parámetros clave se presentan en el cuadro 6.2.1.

Cuadro 6.2.1 Parámetros de costo de los programas analizados destinados a la primera infancia

	Visitas domiciliarias		Jardines de cuidado infantil		Preescolar	
	Básica	Mejorada	Básica	Mejorada	Básica	Mejorada
Panel a. Calidad estructural						
Recursos humanos						
Niños por cuidador	40	15	12	12	18	12
Años de formación del cuidador	9	11	9	16	14	16
Pago en relación con la remuneración del mercado (porcentaje)	100	110	50	110	100	110
Infraestructura						
Espacio del aula especializado (m^2)	N	N	N	2	1,5	2
Nutrición						
Colación de la mañana	N	N	S	S	S	S
Almuerzo, colación de la tarde	N	N	S	S	N	N
Panel b. Calidad de proceso						
Formación y supervisión						
Formación inicial (semanas)	2	4	2	4	2	4
Cuidadores por supervisor	20	10	20	10	20	10

Fuente: Elaboración propia.
Notas: El pago relativo a la remuneración de mercado corresponde a la razón entre sueldos pagados a los proveedores y el sueldo promedio del mercado para individuos con los mismos logros educativos.
N = no; S = sí.

(continúa en la página siguiente)

> **RECUADRO 6.2.** *(continuación)*
>
> El programa de visitas domiciliarias de calidad básica comprendía una visita domiciliaria mensual que se complementaba con dos encuentros grupales en los centros comunitarios. La opción de calidad mejorada comprendía visitas domiciliarias semanales. Los jardines de cuidado infantil de calidad básica implicaban un modelo basado en el hogar, mientras que para la opción de calidad mejorada se tomó como supuesto un modelo basado en el centro. Por último, tanto la opción de calidad básica como mejorada para la educación preescolar involucraban la provisión de servicios educativos en los centros.

sus años de estudios. Un preescolar con una mayor calidad de proceso implica más formación y supervisión intensiva. Las diferencias de costos en los distintos niveles de calidad se pueden analizar comparando las cifras de las columnas del cuadro. Por ejemplo, en Colombia los costos de los programas para la opción de calidad estructural mejorada son alrededor de un 80% más altos que para la opción de calidad estructural básica. En cambio, los costos del programa para la opción de calidad de proceso mejorada son solo un 5% superiores a la opción de calidad de proceso básica.

Los resultados en el cuadro 6.4 son robustos en diferentes países y programas: desplazarse de la opción de calidad básica a mejorada requiere inversiones mucho mayores en los insumos relacionados con la calidad estructural (por ejemplo, infraestructura) en comparación con las inversiones que atañen a la calidad de proceso (por ejemplo, capacitación). El caso de los jardines de cuidado infantil es claro: la opción de calidad estructural mejorada cuesta aproximadamente un 300% más que la opción de calidad estructural básica, mientras que optimizar la calidad de proceso requiere aumentar el costo en solo cerca de un 10%. Mejorar la calidad estructural para las visitas domiciliarias demandaría un incremento de costos de más del 200%, comparado con una suba del 15% para optimizar la calidad de proceso.

Las comparaciones entre programas señalan que las visitas domiciliarias son la opción menos onerosa, sobre todo porque no implica costos de infraestructura ni nutricionales. En los programas de calidad estructural básica, los jardines de cuidado infantil son más económicos que el preescolar. Aunque este último proporciona servicios a los niños durante solo cuatro horas y media, comparado con las ocho horas de los jardines de cuidado infantil, estos resultan menos onerosos porque están basados en el hogar (por lo tanto, los costos de infraestructura se reducen) y los

Cuadro 6.4 Costos anuales estimados del programa por niño, en programas alternativos (dólares de EE.UU. por niño)

Calidad de proceso	Básica	Mejorada	Básica	Mejorada
Calidad estructural	Básica	Básica	Mejorada	Mejorada
a. Chile				
Visitas domiciliarias	242	276	738	871
Jardines de cuidado infantil	681	758	2610	2717
Preescolar	977	1028	1723	1815
b. Colombia				
Visitas domiciliarias	187	213	595	714
Jardines de cuidado infantil	575	642	2260	2354
Preescolar	817	861	1492	1572
c. Guatemala				
Visitas domiciliarias	116	136	442	515
Jardines de cuidado infantil	409	450	1597	1654
Preescolar	630	658	1055	1103

Fuente: Cálculos propios.

proveedores tienen niveles educativos más bajos y, por lo tanto, una remuneración inferior. En la opción de calidad estructural mejorada, los jardines de cuidado infantil son más costosos en comparación con el preescolar porque tienen parámetros de calidad similares en una gama de dimensiones (como maestros con 16 años de escolarización), pero proporcionan cuidados durante más horas.

Por último, las comparaciones entre paneles revelan que los costos para Chile son alrededor de un 20% más elevados que para Colombia, mientras que en Guatemala son un 30% más bajos. Estas diferencias reflejan básicamente los niveles variables de salarios y precios, pero son menores que las diferencias en los ingresos per cápita entre los países. Por lo tanto, los costos de los programas en relación con el ingreso per cápita son más altos en Guatemala y más bajos en Chile.

¿Cuáles son los programas de la primera infancia que deberían ampliarse?

Los programas de la primera infancia difieren en cuanto a los costos, y los recursos de los gobiernos son limitados. Por lo tanto, se deberían implementar aquellos programas que permitan cosechar mayores beneficios en función de los costos. Este razonamiento se presta al uso del análisis de costo-beneficio. Como ocurre con las decisiones de inversión del sector privado, los gobiernos deberían invertir en aquellos programas con los rendimientos más altos.

Para aplicar esta metodología, se deben monetizar los beneficios y los costos de los programas. No se trata de una tarea menor, dado que requiere asignar un precio a cada recurso utilizado, y monetizar todos los costos y beneficios presentes y futuros. La ventaja de adoptar algunos de estos supuestos (a veces heroicos) es que esta metodología permite obtener un *ranking* preciso de los proyectos. El defecto es que la clasificación es sensible ante la omisión de costos o beneficios, o ante una valoración incorrecta de los mismos.

Desde luego, la eficiencia no es la única métrica por la cual los gobiernos pueden asignar recursos a los programas. De hecho, la redistribución es una preocupación clave dentro de las políticas públicas, y el efecto de excluir el gasto privado como consecuencia de las políticas públicas es una inquietud crucial en este sector. En esta sección se proporciona un análisis ilustrativo de las tasas de beneficio-costo potenciales de las visitas domiciliarias, los jardines de cuidado infantil y los programas de preescolar para los niños de Chile, Colombia y Guatemala.

Los beneficios

Los programas para la primera infancia conllevan dos grandes beneficios potenciales. En primer lugar, pueden mejorar el desarrollo de los niños y generar incrementos de por vida en la productividad. Estos programas inciden de manera positiva en la productividad, sobre todo mediante el desarrollo cognitivo y de otro tipo de habilidades —las que a su vez expanden los logros académicos y escolares en la infancia tardía y en la adolescencia—, lo cual genera aumentos en la productividad y en los ingresos en la edad adulta (cuadro 6.5). En segundo lugar, ciertos programas ofrecen un servicio de cuidado infantil para los padres. En otras palabras: los pequeños pueden quedarse en un lugar donde estarán seguros y saludables durante un determinado número de horas, mientras los padres dedican su tiempo a otras actividades. Estos servicios benefician a las familias reduciendo los gastos y permitiéndoles ahorrar tiempo. Se trata de servicios que son especialmente relevantes en los programas de jardines de cuidado infantil que ofrecen cuidados de jornada completa y, por lo tanto, facilitan la participación de las madres en el mercado laboral. En menor medida, también son relevantes en el caso de las instituciones preescolares, que normalmente brindan solo cuidados de tiempo parcial.

El acceso a los programas de la primera infancia puede traer aparejados otros beneficios de largo plazo para los niños, dado que influirán en sus decisiones como adultos para involucrarse en actividades delictivas, en los deberes cívicos o en la formación de una familia. Aunque estos beneficios para la sociedad resultan difíciles de cuantificar, de todos modos son importantes. Por ejemplo, el análisis de costo-beneficio de una intervención preescolar de alta calidad en Estados Unidos calculó un beneficio descontado a valor presente para la sociedad de una menor actividad delictiva en alrededor de US$6 por cada dólar gastado en el programa (Belfield et al. 2006). Debido a la falta de datos necesarios para monetizar estos beneficios en el caso de los países de América Latina y el Caribe, no se los considera en el análisis cuantitativo. Por eso, las tasas de costo-beneficio de los programas examinados pueden ser incluso mayores que las tasas que se presentan más abajo.

Nótese que es probable que el aumento de la productividad en la edad adulta gracias a los programas de la primera infancia se produzca tanto en las actividades de mercado como fuera del mercado. Los retos empíricos para estimar el valor monetario de los aumentos de la productividad fuera del mercado son considerables y prácticamente insuperables. Por lo tanto, para las estimaciones de este capítulo se asume la presunción de que los cambios de la productividad en la edad adulta debidos a los programas de la primera infancia son los mismos en las actividades de mercado y fuera del mercado. Idealmente, las estimaciones de los impactos en la productividad de los programas de la primera infancia se realizarían mediante un seguimiento de los niños de América Latina y el Caribe expuestos a diferentes programas desde cuando tienen entre 0 y 5 años hasta sus vidas adultas, décadas después. No existen datos para estimar el impacto directo de dichos programas en la productividad en la edad

Cuadro 6.5 Impacto de un mejor desarrollo de la primera infancia a lo largo de etapas posteriores del ciclo de vida

Etapa	Resultados clave
Preescolar	Habilidades cognitivas Habilidades socioemocionales
Infancia	Habilidades cognitivas Habilidades socioemocionales Logros académicos Rendimiento escolar
Adolescencia	Habilidades cognitivas Habilidades socioemocionales Logros académicos Rendimiento escolar
Edad adulta	Ingresos Productividad

Fuente: Elaboración propia.

adulta para la mayoría de los programas de la primera infancia en la región. En cambio, las estimaciones efectuadas en este capítulo se basan en los vínculos de la secuencia de etapas del ciclo de vida del cuadro 6.5 y en el supuesto de que los ingresos del adulto en el mercado laboral reflejan la productividad en la edad adulta.

El primer vínculo concierne al impacto de los programas de la primera infancia en las habilidades cognitivas. Los cuadros 6.6 y 6.7 resumen la evidencia sistemática limitada sobre este vínculo para las visitas domiciliarias en América Latina y el Caribe (cuadro 6.6), y para los jardines de cuidado infantil y el nivel preescolar (cuadro 6.7).[4] Los efectos en las habilidades cognitivas de los niños se expresan en desviaciones estándar.[5]

Las evaluaciones de las visitas domiciliarias representan la mayoría de los estudios que se muestran en los cuadros 6.6 y 6.7. No obstante, casi todas ellas se refieren a experimentos de pequeña escala llevados a cabo en Jamaica, lo cual dificulta la generalización de estos resultados para programas a gran escala y en otros contextos. El impacto promedio de las visitas

Cuadro 6.6 Impacto de las visitas domiciliarias en las habilidades cognitivas

Evaluación	Total visitas	Duración (meses)	Visitas al mes	País	N	Efectos en las habilidades cognitivas (SD)
Grantham-McGregor, Schofield y Harris (1983)	129	36	3,6	Jamaica	39	1,26
Powell y Grantham Mc-Gregor (1989) / Visitas semanales	103	24	4,3	Jamaica	58	1,15
Grantham-McGregor et al. (1991)	103	24	4,3	Jamaica	123	0,86
Rosero y Oosterbeek (2011)	90	21	4,3	Ecuador	1.473	0,55
Attanasio et al. (2014)	77	18	4,3	Colombia	1.263	0,19
Powell y Grantham Mc-Gregor (1989)/Visitas bisemanales	52	24	2,2	Jamaica	94	0,34
Powell y Grantham Mc-Gregor (1989) / Visitas mensuales	24	24	1,0	Jamaica	90	0,20
Eickmann et al. (2003)	10	5	2,0	Brasil	156	0,72
Gardner et al. (2003)	9	2	4,3	Jamaica	140	0,38
Promedio	66	20	3,4	—	382	0,63

Fuente: Elaboración propia.
Notas: Los efectos en las habilidades cognitivas se presentan en desviaciones estándar (SD).
N = número de observaciones.

Cuadro 6.7 Impacto de los jardines de cuidado infantil y la educación preescolar en las habilidades cognitivas y los logros académicos

Evaluación	Niños por proveedor	País	N	Tamaño del efecto (SD)
Panel a. Efectos de los jardines de cuidado infantil de jornada completa en las habilidades cognitivas del niño				
Behrman, Cheng y Todd (2004)	5	Bolivia	1.489	0,19
Bernal et al. (2009)	12	Colombia	1.263	0,20
Rosero y Oosterbeek (2011)	9	Ecuador	769	−0,21
Promedio	*9*	*n.a.*	*1.174*	*0,06*
Panel b. Efectos de la educación preescolar de tiempo parcial en los logros académicos				
Berlinski, Galiani y Gertler (2009)	n.d.	Argentina	121.811	0,24
Promedio	*n.d.*	*n.a.*	*121.811*	*0,24*

Fuente: Elaboración propia.
Nota: Los efectos se presentan en desviaciones estándar (SD) y fueron medidos al final de la exposición en los programas de jardines de cuidado infantil (3–5 años) y en tercer grado para la educación preescolar (8 años).
n.d. = no se dispone de datos; n.a. = no aplicable; N = número de observaciones.

domiciliarias en las habilidades cognitivas de los pequeños es de 0,63 desviaciones estándar, con una oscilación entre 0,19 y 1,26. Se trata de impactos apreciables, que indican que dichos programas son muy prometedores. Sin embargo, estas estimaciones suscitan al menos dos preguntas. En primer lugar, ¿por qué la variación es tan grande para Jamaica? Es probable que la calidad del programa varíe de manera notable incluso en contextos similares en un país con una población relativamente pequeña. En segundo lugar, ¿se sostendrían estas estimaciones —que en gran parte provienen de pequeños experimentos y sobre todo de un país— si los programas fueran reproducidos a mayor escala en otros países? Al parecer, la respuesta sería sí, sobre la base de tres estimaciones de estudios realizados fuera de Jamaica, dos de ellos a mayor escala. Las tres estimaciones son relativamente cercanas al promedio (0,19 para Colombia; 0,55 para Ecuador y 0,72 para Brasil).

Como se señaló en los capítulos 4 y 5, la evidencia sobre el impacto de los jardines de cuidado infantil y de los programas de preescolar en América Latina y el Caribe es muy limitada. Las estimaciones para los programas de jardines de cuidado infantil en Bolivia y Colombia señalan un impacto positivo de alrededor de 0,20 desviaciones estándar en las puntuaciones de habilidades cognitivas, pero las estimaciones para Ecuador son de casi la misma magnitud y de signo opuesto. La estimación para Ecuador no parece ser el resultado de defectos de diseño en el estudio ni de otros problemas potenciales con la metodología de evaluación. En

Gráfico 6.4 Efectos de las visitas domiciliarias sobre las habilidades cognitivas, comparadas con los jardines de cuidado infantil

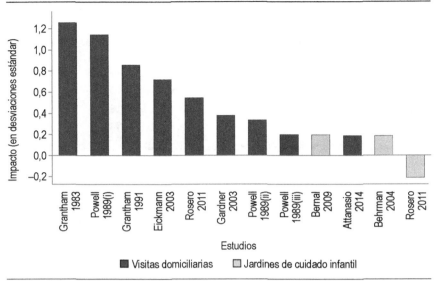

Fuente: Cálculos de los autores.
Nota: Powell(i) se refiere al programa semanal; Powell(ii), al programa bisemanal; y Powell(iii) al programa mensual.

general, estos tres programas de jardines de cuidado infantil de la región tienen en promedio un impacto de 0,06 desviaciones estándar en las habilidades cognitivas. Para el nivel preescolar, solo un estudio ha presentado evidencia sólida sobre el impacto en dichas habilidades. En este caso, asistir al preescolar en Argentina mostraba un impacto positivo de 0,24 desviaciones estándar en los logros académicos de tercer grado.

Las visitas domiciliarias y los programas de jardines de cuidado infantil ostentan considerables variaciones en cuanto a sus efectos en las habilidades cognitivas de los niños.[6] El gráfico 6.4 califica las evaluaciones en este sentido y destaca las grandes diferencias de impacto entre los dos tipos de programas. Así, se observa que las intervenciones de visitas domiciliarias produjeron efectos de entre 0,2 y 1,2 desviaciones estándar, mientras que los efectos para los programas de jardines de cuidado infantil oscilan entre -0,2 y 0,2. Los efectos promedio de los programas de visitas fueron casi 10 veces superiores a los de los programas de jardines de cuidado infantil (0,63 versus 0,06).

Al estudiar estos valores, cabe recordar dos cosas. Primero, estos números solo reflejan los beneficios de los programas que fueron evaluados y no el universo de programas. Por ejemplo, es probable que jardines de cuidado infantil de mejor calidad tengan como resultado mayores impactos en el desarrollo infantil, y que los programas de crianza de menor calidad tengan como resultado impactos menores.

En segundo lugar, la evaluación de los programas de jardines de cuidado infantil y de preescolar mide los efectos en el desarrollo infantil cuando los niños asisten a estos programas en lugar de recibir los cuidados dispuestos por sus padres en ausencia de una intervención pública. Dichos cuidados pueden provenir de una persona a cargo no pagada, como la madre, la abuela u otro familiar, o bien de un cuidador pagado, como una niñera o un jardín de cuidado infantil privado. Es decir: estas evaluaciones no miden el efecto de asistir al jardín en sí por oposición a una alternativa específica, como el cuidado de la madre. En cambio, las evaluaciones documentan cómo se vería afectado el desarrollo infantil por asistir a jardines de cuidado infantil públicos en lugar de recurrir a las soluciones de cuidado que se utilizarían como alternativa.

El próximo paso para analizar los beneficios en la productividad de la edad adulta consiste en vincular el impacto que varios programas latinoamericanos de la primera infancia tienen en las habilidades cognitivas de los niños con resultados como rendimiento y logros escolares, e ingresos en la edad adulta, que se suponen relacionados con la productividad (véase el cuadro 6.8). Hay unos pocos estudios que permiten realizar estimaciones directas de esos vínculos, y solo uno para América Latina y el Caribe. El cuadro 6.8 resume algunos vínculos de más largo plazo, al menos hasta la edad del adulto joven, a partir de un estudio jamaicano sobre visitas domiciliarias y dos estudios de Estados Unidos. El programa de Jamaica proporcionaba

Cuadro 6.8 Impacto de tres evaluaciones experimentales de la primera infancia que siguieron a los niños hasta el comienzo de la edad adulta

	Perry Preschool Project	Carolina Abecedarian	Estudio de estimulación en Jamaica	Promedio
Habilidades cognitivas	0,89	0,93	0,86	0,89
Logros	0,33	n.d.	n.d.	0,33
Grado de logros escolares	0,90	1,15	0,61	0,89
Ingresos (cambio porcentual)	0,28	0,61	n.d.	0,45
Empleo (cambio porcentual)	0,20	0,42	0,18	0,27
Ingresos de los que tienen un empleo (cambio porcentual)	0,06	0,14	0,30	0,17

Fuente: Elaboración propia.
n.d. = no se dispone de datos.

estimulación psicosocial a niños con retrasos de crecimiento que vivían en la pobreza. Los dos proyectos de Estados Unidos eran el Perry Preschool Study y el Carolina Abecedarian. En el primero, los niños de estatus socioeconómico bajo concurrían a preescolar y sus familias recibían una visita domiciliaria semanal. El Carolina Abecedarian era más intensivo, brindaba cuidados de ocho horas para niños desde su nacimiento hasta los 5 años, con un currículum estimulante, y servicios nutricionales y de salud. Todos estos programas tuvieron un impacto positivo en diversas dimensiones importantes del desarrollo infantil; en algunos casos, dicho impacto persistió a lo largo de varios años a medida que los niños crecían.

Más allá de los efectos potenciales de los programas de la primera infancia en el desarrollo del capital humano de los niños, los jardines de cuidado infantil (y en menor medida los programas preescolares) también proporcionan servicios de cuidado infantil a las familias. Idealmente, estos beneficios serían monetizados utilizando información sobre cuánto valoran las familias este servicio, es decir: cuánto están dispuestas a pagar por dichos cuidados. Sin embargo, no suele haber estimaciones plausibles disponibles sobre la disposición de las familias a pagar por este servicio en los países examinados. Aun así, es importante tener en cuenta este servicio en el cálculo del costo-beneficio para asegurar una comparación justa entre diferentes programas de la primera infancia. Sobre la base de consideraciones conceptuales, se supuso que la valoración que las familias hacían de los cuidados supervisados equivalía a un 75% del costo del servicio proporcionado para preescolar y jardines de cuidado infantil.[7] La calificación de los tres programas analizados en términos de sus tasas de costo-beneficio es robusta ante la elección de plausibles valoraciones alternativas.

Desde luego, los beneficios sociales de proporcionar cuidados a los niños pueden no estar circunscritos a la disposición individual a pagar por este servicio. Por ejemplo, los programas de jardines de cuidado infantil que favorecen un aumento de la oferta laboral femenina podrían ser un sólido fundamento de las políticas públicas por diversas razones. En primer lugar, pueden ser vistos como un instrumento para promover la participación de la mujer en la fuerza laboral (que es baja en numerosos países de la región, véase el recuadro 6.3) y la igualdad de género. En segundo lugar, las decisiones de las mujeres para ingresar en la fuerza laboral podrían verse distorsionadas si sus salarios no reflejan su productividad en el mercado. De hecho, la evidencia señala que esto podría ser cierto, dado que las brechas de salarios entre géneros en la región siguen sin explicarse, incluso después de controlar por numerosas características (Atal, Ñopo y Winder 2009). En

RECUADRO 6.3. LAS MUJERES EN EL MERCADO LABORAL

La decisión de participar en el mercado laboral depende de las características de cada familia. La presencia de niños y de actividades relacionadas con el cuidado de los mismos es —sobre todo entre las mujeres— el factor que más incide en la oferta laboral. Se trata de un problema que entienden bien desde hace tiempo los académicos y responsables de las políticas, que han sostenido que las políticas relacionadas con el cuidado infantil podrían resultar útiles para aumentar la participación femenina en el mercado de trabajo. Si bien el foco de este libro se centra en el bienestar infantil, es conveniente estudiar si algunas de las políticas consideradas tienen al menos un potencial de impacto en la oferta laboral femenina en el mercado laboral. Los datos de 18 encuestas de hogares de América Latina y el Caribe proporcionan la base para cierta evidencia descriptiva. El objetivo lo constituyen mujeres de 25–55 años con al menos un hijo de 0 a 5 años.

Gráfico 6.3.1 Participación en la fuerza laboral, América Latina y todos los países disponibles (1992–2012)

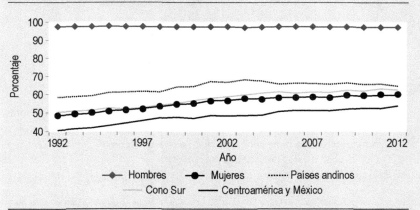

Fuente: Encuestas de hogares y laborales recopiladas por las oficinas nacionales de estadísticas.

El gráfico 6.3.1 presenta la tasa de participación de hombres y mujeres a lo largo del tiempo.[a] A simple vista, se pueden apreciar tres resultados clave:

1. Mientras la tasa de participación masculina ha sido muy estable, la de mujeres de edad intermedia con hijos pequeños ha ido aumentando a lo largo del tiempo.
2. El incremento mencionado ha comenzado a estabilizarse desde comienzos de la década del 2000.
3. El actual diferencial de género en la participación es significativo en todos los países de la región, y oscila entre 30 y 50 puntos porcentuales.[a]

El gráfico 6.3.2 presenta la tasa de participación de las mujeres con hijos pequeños según tres categorías educativas. De allí emergen dos resultados principales:

(continúa en la página siguiente)

RECUADRO 6.3. *(continuación)*

1. Las tasas de participación aumentan para las mujeres en todos los niveles de escolarización en todos los países de la región.
2. En todos los países donde hay una clara tendencia temporal, esta es común a las tres categorías educativas.

Gráfico 6.3.2 Participación de la mujer en la fuerza laboral por categoría educativa, promedio para América Latina (1992–2012)

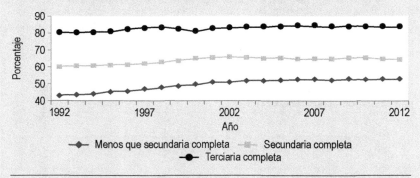

Fuente: Encuestas de hogares y laborales recopiladas por las oficinas nacionales de estadísticas.
Nota: La muestra se compone de individuos de edad intermedia con hijos de entre 0 y 5 años.

En resumen, hay un margen considerable para aumentar la participación laboral femenina, dado que la participación de las mujeres es entre 30 y 50 puntos porcentuales menor que la de los hombres. Esto es particularmente cierto en el caso de las mujeres con niveles de estudios más bajos.

---

[a] La tasa de participación se define como el porcentaje de mujeres que trabajan o están buscando un empleo de forma activa. Para más detalles sobre la selección de la muestra y las definiciones de las variables, así como para acceder a evidencia adicional país por país, véase Busso y Romero Fonseca (de próxima publicación).

tercer lugar, los incrementos de la oferta laboral femenina podrían generar otros beneficios difíciles de cuantificar, como la disminución de la violencia familiar, los cambios en el gasto debido a diferencias en las preferencias de consumo entre los distintos géneros, y un impulso general a favor de la autoestima y de la posición social de las mujeres en la sociedad.

Los costos

Por diversos motivos, los costos en recursos de un programa para la primera infancia no son equivalentes a los costos de un programa tal como repercuten en los presupuestos públicos. Para empezar, si estos programas consiguen que los niños asistan a más cursos, como se señala en el cuadro 6.8, hay un gasto público por esa escolarización. Además, si los estudiantes permanecen más tiempo en la escuela, se podrían esperar ingresos más bajos debido a un retraso en su ingreso en el mercado laboral. Por último, si los gobiernos deben elevar los ingresos para financiar los programas de la primera infancia, una mayor recaudación provoca distorsiones que suponen costos reales. Las estimaciones de costos de los recursos incorporan todos estos elementos.

Las tasas de beneficio-costo

Las tasas de beneficio-costo son sencillamente la razón de los beneficios en relación con los costos de los recursos, expresados en términos descontados a valor presente. Si los beneficios exceden a los costos, esta tasa supera el valor de 1 y, por lo tanto, el programa merece una seria consideración. El cuadro 6.9 presenta dichas tasas para las visitas domiciliarias, los jardines de cuidado infantil y el preescolar en Chile, Colombia y Guatemala. Estas estimaciones aplican una tasa de descuento del 3%, algo habitual en numerosos programas del sector social.

Los patrones de estas tasas estimadas son similares en los tres países. Esto indica que lo mismo puede ocurrir en otros países de América Latina y el Caribe. Las tasas más altas son las de preescolar, con beneficios que equivalen aproximadamente a cuatro veces el costo de los recursos. La segunda tasa de beneficio-costo más elevada es la de las visitas domiciliarias, cuyos beneficios equivalen a unas tres veces el costo de los recursos. Estos dos tipos de programas para la primera infancia parecen prometedores, y los beneficios previstos superarían ampliamente los costos. En cambio, las tasas de beneficio-costo de los jardines de cuidado infantil son mucho más bajas, en torno a 1. No obstante, en este caso los beneficios no tienen en cuenta las imperfecciones de mercado que podrían generar una baja demanda u oferta de los servicios que los subsidios públicos podrían contribuir a solucionar.

Cuadro 6.9 Tasas de beneficio-costo para las visitas domiciliarias, los jardines de cuidado infantil y el preescolar, con una tasa de descuento del 3%

	Visitas domiciliarias	Jardines de cuidado infantil	Preescolar
Chile	3,5	1,5	4,3
Colombia	2,6	1,1	3,4
Guatemala	3,6	1,2	5,1

Fuente: Cálculos propios.

Las tasas de beneficio-costo estimadas para las visitas domiciliarias y los jardines de cuidado infantil se basan en los efectos promedio de los numerosos estudios que se presentan en los cuadros 6.5 y 6.6 (aunque en este último cuadro solo hay un estudio para preescolar). Las estimaciones pueden ser sensibles al impacto de un estudio en particular, quizás idiosincrásico. En el caso de las visitas domiciliarias, esto no ocurre. Las tasas de beneficio-costo cambian ligeramente si se descarta cualquiera de los estudios subyacentes. Sin embargo, en el caso de los jardines de cuidado infantil, las tasas son sensibles a los estudios que se incluyan; aumentan hasta más de 2 si se descarta el trabajo sobre Ecuador, pero disminuyen a 0,5 si se considera este y en cambio se descarta uno de los otros estudios. Esto significa que las tasas de beneficio-costo estimadas pueden ser sensibles al contexto en cuestión.

Cabe mencionar aquí tres advertencias clave. En primer lugar, la gran mayoría de las evaluaciones de América Latina y el Caribe empleadas para estimar el efecto de los programas en las habilidades cognitivas o en los logros académicos del niño refieren a intervenciones orientadas a poblaciones pobres. De manera similar, los tres estudios de largo plazo utilizados para predecir los efectos en la productividad y los salarios se centraron en poblaciones de bajo estatus socioeconómico. Por lo tanto, este análisis aporta un fuerte apoyo para la ampliación de los servicios dirigidos a los pobres. Sin embargo, no queda claro si los beneficios previstos se materializarían en caso de que los programas no se fijaran activamente como objetivo proporcionar servicios a esas poblaciones.

En segundo lugar, las tasas de beneficio-costo del cuadro 6.9 reflejan los efectos esperados de programas similares a los que se analizan aquí. Por ejemplo, el típico programa de visitas domiciliarias contemplaba visitas semanales a las familias participantes, y tenía un fuerte componente de capacitación y supervisión. Por consiguiente, los programas de visitas domiciliarias que compartan estas características se pueden considerar muy prometedores. Sin embargo, puede que los programas menos intensos (en términos de la frecuencia de las visitas o de la calidad general) no generen las altas tasas documentadas.

En tercer lugar, el número de evaluaciones disponibles es pequeño y muchas de las evaluaciones no se refieren a programas a gran escala. Por lo tanto, hay que ser cautelosos al generalizar a partir de estos resultados. Idealmente, un gobierno construiría de manera progresiva la base de conocimientos sobre el impacto de los programas de crianza, los jardines de cuidado infantil y la educación preescolar, utilizaría esas estimaciones para revisar los cálculos de la tasa de costo-beneficio de más arriba, y adoptaría decisiones a propósito de la asignación de recursos.

Intervención pública sin desplazar el esfuerzo privado

Más allá de los argumentos a favor de la intervención pública en el desarrollo de la primera infancia, también es importante tener en cuenta si la ampliación pública de un servicio puede desplazar (excluir) a la oferta privada. En un caso extremo de exclusión completa, la apertura de una institución pública preescolar de un determinado tamaño lleva a la clausura de una instalación privada con una matriculación similar y, por lo tanto, el número de niños que reciben los servicios permanece constante. En este caso —suponiendo que los costos de los recursos y la calidad son constantes en ambas clases de preescolares—, no se esperan aumentos en la productividad futura porque el tipo de servicios que reciben los niños no cambia. Por lo tanto, la intervención pública sencillamente transfiere recursos de los contribuyentes a las familias con niños matriculados en los establecimientos públicos.

Para producir aumentos reales de la cobertura, es necesario limitar el grado de exclusión que los proveedores privados podrían experimentar al ampliarse los servicios públicos. La evidencia de estudios sobre la expansión del preescolar en Argentina y Brasil sugiere escasa exclusión en estos contextos (Berlinski, Galiani y Gertler 2009; Bastos y Straume 2013). Por otro lado, la exclusión puede ser considerable en otros servicios, sobre todo en el caso de los jardines de cuidado infantil (Paes de Barros et al. 2011 presentan evidencia para Brasil). Los responsables de las políticas pueden emplear diferentes estrategias para reducir los efectos de exclusión. Para empezar, el gobierno puede fijarse como objetivo realizar expansiones geográficas a aquellas zonas donde la presencia de los proveedores privados sea exigua. Por ejemplo, los proveedores privados de alta calidad suelen tener una presencia limitada en las zonas menos pobladas; por lo tanto, el riesgo de desplazar la oferta privada con la oferta pública en dichas áreas es más bajo. En términos más generales, la exclusión se reducirá en las zonas donde haya menos proveedores privados, en comparación con aquellas áreas donde estos últimos sean más habituales.

Además, el solo hecho de que pueda estar justificado el uso de los recursos públicos para apoyar las inversiones en la primera infancia no significa que los gobiernos tengan necesariamente que gestionar los servicios destinados a esa etapa de la vida. En cambio, pueden proporcionar subsidios de manera directa a los proveedores o de forma indirecta a los consumidores, independientemente de la propiedad (pública o privada) del proveedor de los servicios. De hecho, la evaluación ya descrita de Rosero y Oosterbeek (2011) analiza los efectos que tiene en el desarrollo infantil la asistencia a los jardines de cuidado infantil gestionados por organizaciones no gubernamentales (ONG) y financiados por el gobierno en Ecuador. De manera similar, el gobierno de México gestiona un programa a gran escala que proporciona financiamiento a los jardines de cuidado infantil privados a los que asisten los niños pequeños (Estancias Infantiles) para apoyar a las madres trabajadoras.

Por otro lado, los gobiernos pueden introducir requisitos de elegibilidad para dar prioridad a los consumidores con una baja demanda subyacente de servicios privados. Esto significaría sobre todo implementar requisitos en función de los recursos para los beneficiarios del programa. Por último, el gobierno puede promover activamente la ampliación de los servicios destinados a la primera infancia en los hogares de bajos ingresos (con una previsión de escasa demanda de servicios privados). Esto implicaría gastar recursos en actividades de divulgación para la comunidad y requeriría que los programas de transferencias existentes se centraran en la matriculación en estos servicios de los grupos de bajos ingresos.

¿Qué importancia tienen los aspectos de exclusión para los tres grandes programas de la primera infancia analizados? Resultan particularmente relevantes para la provisión de los servicios de jardines de cuidado infantil. Los hogares cuyos dos padres trabajan a jornada completa, tienen ingresos altos y no cuentan con el apoyo de familiares demandarán servicios de jardines de cuidado infantil, incluso ante la ausencia de oferta pública. Por lo tanto, la provisión pública gratuita del servicio los inducirá a cambiar de proveedores privados a públicos (sobre todo si los servicios públicos ofrecidos son similares en calidad a los que brindan los proveedores privados). En el caso del preescolar, actualmente la mayoría de las matriculaciones son públicas o privadas, pero subsidiadas por el Estado (como en Chile), y proporcionan servicios públicos gratuitos de alta calidad que pueden producir pequeños efectos de exclusión. Por último, dado que el uso tanto privado como público de las visitas domiciliarias es reducido, se prevé que los efectos de exclusión serán mínimos cuando dichos programas se amplíen.

¿Cuánto cuesta?

Una vez que se cuenta con un análisis para orientar las decisiones de política sobre la ampliación de los servicios destinados a la primera infancia y asegurada la calidad del servicio, la pregunta es: ¿cuánto costarán las potenciales ampliaciones? Se trata de un tema particularmente importante, en función de las restricciones previstas para los próximos años en los presupuestos públicos de los países de América Latina y el Caribe (Powell 2014). La respuesta depende de la población del país en los rangos de edad fijados como objetivo, la composición rural/urbana (debido a los mayores costos previstos en las zonas rurales), el tipo de programas y su calidad, y los costos del programa por niño. Para ilustrarlo, pueden considerarse dos escenarios posibles (cuadro 6.10).

Opción de ampliación A: Extender la cobertura de las visitas domiciliarias (1–2 años) y los programas de preescolar (3–5 años) con calidad de proceso mejorada y calidad estructural básica en 10 puntos porcentuales. Este escenario requiere costos adicionales del programa como porcentaje del PIB que oscilan entre un 0,03% en Chile, un 0,07% en Colombia y un 0,18% en Guatemala.

Opción de ampliación B: Extender la cobertura de las visitas domiciliarias, los jardines de cuidado infantil y el preescolar con calidad estructural y de proceso mejorada en 10 puntos porcentuales. Este escenario requiere un esfuerzo fiscal de seis a siete veces mayor que la opción A.

Estas simulaciones ilustran algunos puntos destacados. En primer lugar, debido a las diferencias en los costos de los programas, la composición de los mismos reviste gran importancia. Implementar programas de calidad estructural mejorada aumenta enormemente los costos. Los compromisos adicionales del presupuesto público son mucho más factibles cuando se centran en las visitas domiciliarias y la educación preescolar, e invierten poco en calidad estructural. Ampliar de manera significativa las visitas domiciliarias y los programas de preescolar, a la vez que se aseguran inversiones adecuadas en la calidad de proceso, no exigirá grandes desembolsos fiscales.

En segundo lugar, aunque los costos por beneficiario del programa sean más bajos en países como Guatemala, los costos de los programas

Cuadro 6.10. Opciones de ampliación: costos adicionales simulados del programa (porcentaje del PIB)

Tipos de programas	Chile		Colombia		Guatemala	
	A	B	A	B	A	B
Visitas domiciliarias	0,01	0,02	0,01	0,03	0,02	0,08
Jardines de cuidado infantil	0,00	0,15	0,00	0,31	0,00	0,79
Preescolar	0,03	0,05	0,06	0,11	0,16	0,27
Total	0,03	0,21	0,07	0,45	0,18	1,14

Fuente: Cálculos propios.

para realizar una determinada expansión resultan más elevados como porcentaje del PIB, porque la proporción de la población en los rangos de edad fijados como objetivo y en las zonas rurales es más alta, al igual que sucede con los costos del programa por beneficiario en relación con el ingreso per cápita. Además, si se toma la pobreza como medida para fijar los objetivos, implementar estos programas en los países más pobres es mucho más oneroso. Con una tasa de pobreza de US$2,5 al día, se observa que es pobre solo el 3% de los niños chilenos, pero que es pobre el 58% de los niños de Guatemala. Por lo tanto, la expansión de las visitas domiciliarias de calidad estructural mejorada para los pobres en Chile costará 0,0015% del PIB en dicho país, pero 0,12% del PIB en Guatemala. De este modo, se debería esperar que cada país elija una opción de calidad y cobertura diferente sobre la base de sus restricciones económicas y presupuestarias.

Balance final

Las políticas públicas de los países de América Latina y el Caribe se enfrentan a dos grandes retos. En primer lugar, la productividad per cápita promedio ha ido aumentando lentamente en las últimas cinco décadas (Powell 2014). En segundo lugar, los niveles de desigualdad, aunque hasta hace poco estaban en disminución, todavía se hallan entre los más altos del mundo (Banco Mundial 2013). Por lo tanto, debería otorgarse considerable atención pública a las opciones de políticas capaces de abordar ambos desafíos. Invertir en el desarrollo de la primera infancia es una de esas opciones. Los programas destinados a dicha etapa de la vida tienden a producir altos rendimientos en relación con sus costos y pueden ser dirigidos a poblaciones desatendidas con el fin de impulsar no solo la productividad sino también la equidad. Sin embargo, no basta únicamente con incrementar las inversiones. Los retornos esperados de inversiones más grandes dependerán en gran parte de las características de los programas ampliados. Por eso, los gobernantes deberían pesar con sumo cuidado las opciones de políticas para la primera infancia con el fin de maximizar los rendimientos de las inversiones.

En este capítulo se ha analizado de manera crítica la evidencia existente sobre los beneficios y costos de las opciones para proporcionar una orientación cuantitativa en las decisiones de políticas. En términos de expandir los programas, el análisis sugiere que, por cada dólar gastado, la educación preescolar y las visitas domiciliarias generan retornos superiores a los de los jardines de cuidado infantil. Cabe esperar que la importante expansión de los servicios de preescolar que los países han emprendido en las últimas décadas contribuya a crear capital humano en el futuro. Por lo tanto, la asignación actual de casi la mitad del presupuesto público de la primera infancia a la educación preescolar parece justificada, en virtud de la limitada evidencia disponible. Por otro lado, se vislumbra una oportunidad para el futuro cercano. El gasto público en las visitas domiciliarias en la región es bajo y queda un enorme espacio para ampliar estos programas en los próximos años. Sin embargo, antes de efectuarse grandes expansiones, deberían llevarse a cabo los correspondientes proyectos piloto.

Los gobiernos que pretenden mejorar el desarrollo infantil y posibilitar la incorporación de las mujeres en el mercado laboral se enfrentan a una disyuntiva difícil. Por un lado, el mayor impacto en el capital humano de los niños de la región lo tienen programas como los de visitas domiciliarias y de educación preescolar, los cuales es poco probable que influyan en la oferta laboral femenina de manera significativa. Por otro lado, los servicios de jardines de cuidado infantil pueden facilitar el trabajo de las mujeres, pero salvo que sean de buena calidad, no beneficiarán a los niños. Para minimizar este *trade-off*, es crucial que los gobiernos de la región busquen opciones que incrementen la calidad de los jardines de cuidado infantil a un costo razonable. Una alternativa sería combinar jardines de cuidado infantil con intervenciones dirigidas a los padres en los centros de cuidado infantil, algo habitual en los programas de jardines de cuidado infantil de alta calidad para familias desfavorecidas en los países desarrollados. La combinación de ambos servicios podría generar importantes ahorros de costos. Otra opción consiste en invertir en mejorar la calidad de proceso en los jardines de cuidado infantil, como se señala en el capítulo 4.

El análisis efectuado en este capítulo (y en el libro en general) deja en evidencia que en la región las decisiones se adoptan con una base de conocimientos limitada, circunscrita a unos pocos programas y contextos. Suponiendo que en América Latina y el Caribe se aumentaran las inversiones en la primera infancia en un 0,5% del PIB, los nuevos gastos en este ámbito deberían llegar a unos US$30.000 millones al año. Por lo tanto, es indudable que los costos de los errores pueden ser muy altos. Estos costos pueden reducirse si se dedica un pequeño porcentaje de este mayor gasto a estudios piloto rigurosamente diseñados y al seguimiento y a la evaluación de nuevos programas. Generar evidencia sólida de los impactos de los programas puede contribuir significativamente a asegurar que las inversiones en el desarrollo infantil produzcan mejoras sostenidas del nivel de vida, y permitan combatir la desigualdad y la pobreza en la región.

Notas

[1] Esta sección se basa en gran parte en un estudio de antecedentes que recopiló datos estandarizados sobre el presupuesto específico de la infancia en América Latina y el Caribe. Véanse Alcázar y Sánchez (2014) y el recuadro 6.1 para más detalles.

[2] La cifra correspondiente para Estados Unidos, un país con un sesgo particularmente fuerte en cuanto a la edad en el gasto público, es de 2,4 en total, con una tasa que aumenta hasta 7 a 1 si se considera únicamente el presupuesto federal (Isaacs 2009).

[3] Levy y Schady (2013:202) demuestran que, en 2011, el presupuesto para los programas más grandes de transferencias condicionadas de América Latina era considerablemente mayor que las cifras que se consignan en el cuadro 6.2. En puntos porcentuales del PIB, dicho presupuesto era de 0,49 en Argentina; de 0,41 en Brasil; de 0,71 en Ecuador; de 0,46 en México y 0,48 en Uruguay. Sin embargo estos son los valores para el presupuesto total de un determinado programa de transferencias, mientras que los valores del cuadro 6.2 corresponden al presupuesto de un determinado programa asignado a niños de entre 0 y 5 años.

[4] Para ser incluidos en los cuadros 6.6 y 6.7, los estudios tenían que reportar efectos estandarizados de las habilidades cognitivas o de los logros académicos de los niños, presentar información acerca de los parámetros de costo y aplicar una sólida estrategia empírica.

[5] A lo largo del capítulo, todos los efectos en las habilidades cognitivas de los niños se exponen en desviaciones estándar. Esta es la manera convencional de medir los impactos en dichas habilidades. En una muestra de niños colombianos de entre 3 y 6 años, las diferencias de las pruebas en una medición de las habilidades cognitivas de niños que pertenecían a familias ubicadas en el cuartil superior de riqueza versus aquellos del cuartil inferior eran cercanas a 0,6 en las zonas rurales y de 1,2 en las zonas urbanas (Schady et al. 2015).

[6] La única evaluación incluida medía los efectos del preescolar en las puntuaciones de las pruebas de matemáticas y lenguaje de tercer grado. En cambio, los efectos de los programas de jardines de cuidado infantil y visitas domiciliarias en las habilidades cognitivas se midieron antes del ingreso en la escuela primaria.

[7] ¿Por qué el 75%? En primer lugar, se espera que las familias que inscriben a sus hijos en un jardín público gratuito estén dispuestas a pagar más que 0 (es por esto que utilizan el servicio). En segundo lugar, las

familias no estarán dispuestas a pagar más que el precio de mercado por este servicio. El precio de mercado del servicio se puede aproximar por el costo de la provisión pública (dado que los mercados son bastante competitivos debido a las escasas barreras para entrar). Por consiguiente, se esperaría que las familias no estén dispuestas a pagar más del 100% del coste de provisión del servicio. Por lo tanto, esto significa que se espera que la disposición promedio para pagar de las familias que utilizan el servicio se sitúe entre el 0% y el 100% del costo de provisión del mismo. Se estima una valoración del 75% porque numerosas familias estarán dispuestas a pagar un precio cercano al precio de mercado total (es decir, el 100%) debido a que ya llevan a sus hijos a un jardín de cuidado infantil privado. Aun así, ordenar los tres programas analizados en términos de sus tasas de beneficio-costo es robusto ante la elección de cualquier valoración entre 0% y 100%.

7 El diseño de una arquitectura institucional

Gran parte de las investigaciones sobre el desarrollo de la primera infancia se centra en evaluar el impacto de las intervenciones y en desarrollar buenas prácticas. Sin embargo, las intervenciones no se presentan de manera fortuita; tienen lugar en un contexto cultural, socioeconómico e institucional que afecta tanto el hecho de si se implementan las mejores prácticas como cuán efectivas serán estas. En definitiva, los acuerdos institucionales que un país adopta para llevar a cabo las políticas públicas tienen importantes consecuencias para la calidad, equidad y sostenibilidad de los servicios destinados a la primera infancia.

La arquitectura institucional que sustenta la implementación de las políticas públicas en el desarrollo de la primera infancia es única en el sector público y resulta crucial para su éxito por diversos motivos. En primer lugar, los servicios deben prestarse de un modo sinérgico a lo largo de un período relativamente corto del ciclo de vida. En segundo lugar, la responsabilidad por las intervenciones se reparte entre una diversidad de sectores, entre ellos los de educación, salud y protección social. En numerosos países, estos servicios se distribuyen aún más entre los distintos niveles de gobierno: federal, provincial y local. La coordinación entre diferentes niveles y departamentos es un desafío de primer orden. Por último, además de las instituciones públicas, los proveedores privados y sin fines de lucro desempeñan un rol fundamental en la prestación de servicios, y requieren una mayor regulación y coordinación. El conjunto de estos retos incrementa la importancia de la arquitectura institucional, pero también las dificultades de la ejecución de las políticas.

En este capítulo se analizan los arreglos institucionales que influyen en la implementación de las políticas públicas en la primera infancia. Para ello, se utiliza un riguroso estudio de varios casos de países de la región que ofrecen ejemplos de la gama de enfoques institucionales de las políticas públicas para dicha etapa de la vida en América Latina y el Caribe: Brasil, Chile, Colombia, Guatemala y Trinidad y Tobago.[1] Los casos considerados reflejan los principales desafíos a los que se enfrenta la región en el diseño de una arquitectura institucional sólida destinada a apoyar la ejecución de los programas.

El contexto

La manera en que un país asume sus obligaciones con los niños más pequeños está inscrita en su historia sociocultural, la cual define no solo qué servicios deberían brindarse, sino también cómo y a quién. La forma en que los responsables de las políticas de gran parte de la región conciben el desarrollo de la primera infancia ha experimentado tres cambios recientes.

En primer lugar, los responsables de las políticas empiezan a reconocer la importancia de centrarse en los niños durante sus primeros años. Esta mayor conciencia se ha traducido en la ampliación de los servicios, ya sea mediante el alcance de más niños en el mismo rango de edad, o bien la extensión de los servicios a niños más pequeños y/o la diversificación del tipo de servicios prestados. Si bien los mecanismos institucionales elegidos para dicha expansión varían de un país a otro, los responsables de las políticas coinciden en que es necesario ampliar y mejorar los servicios.

En segundo lugar, cada vez más se está de acuerdo en que los servicios para la primera infancia constituyen un derecho humano universal que debería estar garantizado por la intervención del gobierno, ya sea de manera directa, mediante la provisión pública, o indirecta, financiando y regulando a los proveedores privados. Algunos países, como Brasil, priorizan la provisión pública directa como alternativa de política pública para garantizar este derecho. Otros países, como Trinidad y Tobago, también han declarado su compromiso con la infancia, aunque hasta la fecha la provisión de servicios por parte del sector público es limitada.

En tercer lugar, se está produciendo un giro conceptual en la prestación de servicios en la primera infancia. Los países empiezan a alejarse del modelo de proveedores de servicios fragmentados (como salud, educación o protección social) y se están acercando a un enfoque comprehensivo, que tiene en cuenta el desarrollo integral de cada niño. Sin embargo, el alcance de este cambio varía considerablemente según los países. En muchos, como Brasil, Chile, Colombia y Trinidad y Tobago, el desarrollo de la primera infancia es visto cada vez más como un fenómeno multidimensional. En cambio, en otros, como Guatemala, el enfoque de la primera infancia todavía se orienta sobre todo hacia la salud y la nutrición.

A pesar de este mayor compromiso y de la presencia de cambios conceptuales importantes, persiste una gran brecha entre discurso e implementación. Es preciso diseñar una arquitectura institucional sólida para asegurar políticas de calidad, equitativas e integrales para los más pequeños en la región.

Cuatro pilares para un sistema sólido

Este capítulo se centra en cuatro pilares críticos que sustentan la implementación de las políticas públicas en la primera infancia: la gobernanza, el financiamiento, la garantía de calidad y los recursos humanos (Kagan et al., de próxima publicación). El recuadro 7.1 describe este marco y otros enfoques para el estudio de este tema. La fortaleza de estos pilares varía de un país a otro y refleja los retos a los que se enfrenta la región con miras a construir una base firme para su arquitectura institucional.

La gobernanza: quién hace qué y cómo

En consonancia con la tendencia a avanzar hacia una comprensión más exhaustiva del desarrollo de la primera infancia, algunos países de la región han puesto en marcha mecanismos de gobernanza integrada en los diversos sectores e instituciones responsables de los programas y políticas. La idea que subyace a este cambio consiste en organizar servicios en torno al desarrollo pleno y a las necesidades de cada niño y su familia, en lugar de hacerlo en función de las necesidades de los proveedores de servicios. A fin de llevar adelante servicios integrados, no solo es clave la coordinación horizontal (entre sectores como salud, nutrición, saneamiento, educación, trabajo y protección social) sino también la vertical (en los diferentes niveles de gobierno: nacional, subnacional y local).

Una solución para asegurar ambos tipos de coordinación ha sido el contar con entidades articuladoras (BSE, por sus siglas en inglés), es decir: instituciones con un mandato explícito para coordinar las iniciativas del conjunto de instituciones relevantes. Los esfuerzos a favor de las BSE se han destacado en Chile (Chile Crece Contigo [ChCC]) y Colombia (De Cero a Siempre [DCAS]) (véase el recuadro 7.2 para más detalles sobre ChCC).

RECUADRO 7.1. ENFOQUES PARA ANALIZAR LA ARQUITECTURA INSTITUCIONAL DE LA PRESTACIÓN DE SERVICIOS PARA LA PRIMERA INFANCIA

Una creciente conciencia de la importancia del desarrollo de la primera infancia ha generado, de manera concomitante, un aumento del interés académico por la arquitectura institucional de los sistemas para supervisar estos programas. Los investigadores han sugerido diversos enfoques para entender su arquitectura (Sugarman 1991; Bruner 1996; Kagan y Cohen 1996; Kagan y Kauerz 2012). De acuerdo con el marco más amplio (Bruner 2004), un sistema para los niños pequeños debe abarcar la salud y la nutrición, las modalidades de apoyo a la familia, los servicios de primeros cuidados y educación, y los servicios para niños con necesidades especiales, o sistemas de intervención temprana. Kagan y Cohen (1996) entienden un sistema en términos de los programas o servicios directos que comprende y de una infraestructura para apoyarlos. La infraestructura consiste en gobernanza; financiamiento; calidad, estándares y transiciones; evaluación, datos y rendición de cuentas; formación de recursos humanos; participación de la familia y la comunidad, y vínculos con personas externas influyentes. Por su parte, Vargas-Barón (2013) define ocho elementos que debe ostentar un sistema de desarrollo de la primera infancia, entre los cuales se incluyen: equidad y derechos; enfoque multisectorial, integración y coordinación; gobernanza; legislación, estándares, regulaciones y acuerdos; mejora de la calidad; rendición de cuentas; inversión, y defensa de las políticas y comunicaciones sociales. Coffman y Parker (2010) sugieren que la construcción de sistemas debe tener en cuenta los siguientes elementos: contexto, componentes (servicios y programas) y conexiones; infraestructura (gobernanza y apoyos administrativos) y escala. A su vez, en un documento marco de la serie Systems Approach for Better Education Results (SABER), Neuman y Devercelli (2013) señalan que la puesta en marcha de estos sistemas implica crear un entorno de apoyo, implementar servicios a gran escala, y realizar el monitoreo y garantizar la calidad. Por último, sobre la base de la teoría de sistemas, Britto et al. (2014) y Yoshikawa et al. (2014) han analizado elementos de los sistemas de cuatro países de ingresos bajos y medios, centrándose en la planificación, la implementación, la coordinación y los mecanismos de financiamiento.

En este capítulo se adopta el marco desarrollado por Kagan y Cohen (1996), quienes plantean que un sistema de desarrollo de la primera infancia se compone de programas individuales y de una infraestructura que los respalde. A partir de la metodología descrita en Kagan et al. (de próxima publicación), este capítulo se centra en cuatro elementos de la infraestructura que son cruciales para prestar servicios de calidad, equitativos y sostenibles: gobernanza, financiamiento, garantía de calidad y recursos humanos (el marco también incluye la participación de la familia y la comunidad, y los vínculos con personas externas influyentes, que este análisis no aborda). Estos elementos de la infraestructura para el desarrollo de la primera infancia actúan como un resorte o una limitación para poner en marcha programas y servicios individuales. Por ejemplo, la buena gobernanza asegura que los servicios estén coordinados en diferentes sectores de manera que los programas no se superpongan ni trabajen en objetivos opuestos. Los mecanismos adecuados de financiamiento garantizan recursos

(continúa en la página siguiente)

RECUADRO 7.1. *(continuación)*

suficientes al inicio y aseguran el financiamiento necesario para la vida del programa. La garantía de calidad requiere medidas y estándares nacionales para complementar los estándares específicos de los programas. La disponibilidad y pertinencia de los datos en el país puede obstaculizar las opciones de evaluación en programas individuales. Por último, los programas requieren recursos humanos bien capacitados. Si bien el desarrollo de los mismos se puede incluir como rasgo de un programa individual, la verdadera disponibilidad de un grupo potencial de profesionales bien capacitados depende de elementos que trascienden el programa individual, y abarcan mecanismos generales para atraer a individuos calificados a fin de que trabajen en el desarrollo de la primera infancia, estructuras de salarios para el sector y la calidad de la formación previa de los trabajadores.

RECUADRO 7.2. CHILE CRECE CONTIGO: POLÍTICAS INTEGRALES PARA LA PRIMERA INFANCIA

En 2006 la Presidenta Michelle Bachelet nombró un Consejo Asesor Presidencial para la Reforma de las Políticas de Infancia, con el mandato de diseñar un sistema de protección integral para los niños. De acuerdo con las recomendaciones del Consejo, en octubre de 2006 la Presidenta Bachelet lanzó Chile Crece Contigo (ChCC), cuya existencia se formalizó en 2009 a través de una ley. ChCC creó un sistema intersectorial de protección social encargado del desarrollo integral de los niños pequeños (desde la gestación hasta los 4 años).

ChCC es innovador porque articula, organiza e integra las prestaciones de los servicios de salud, educación, bienestar y protección, en función de las necesidades de los pequeños y sus familias. El primer contacto de un niño con el sistema se produce *in utero*, durante el primer control prenatal de la madre. Parte del éxito del sistema está relacionado con una cobertura muy amplia y la utilización de la red de salud pública en todo el país. Es en la clínica donde se evalúa a cada familia no solo en cuestiones de salud, sino también en diversos aspectos de vulnerabilidad socioeconómica. A partir de esta evaluación, las familias pueden ser derivadas para recibir en sus municipios servicios específicos que brindan otros sectores (desde un programa de alivio de la pobreza o de cuidado infantil, hasta visitas domiciliarias, mejoras de la vivienda o detección de retrasos en el desarrollo). La estructura intersectorial de ChCC pone de relieve el carácter multidimensional del desarrollo infantil y la importancia de que se disponga de múltiples apoyos e intervenciones simultáneamente.

ChCC articula servicios de cobertura universal y otros diseñados para llegar a los más vulnerables. Un ejemplo de servicio universal lo constituyen los programas educativos que se proponen difundir a todas las familias del país información sobre estimulación y desarrollo infantil, y que son transmitidos por los medios de comunicación y por Internet. En cuanto a los servicios focalizados, cabe mencionar el acceso a los programas de alivio de la pobreza, que incluyen subsidios para el cuidado infantil o asistencia especializada para niños con discapacidades.

Chile ha optado por gestionar una coordinación intersectorial horizontal superponiendo acuerdos institucionales por encima de las instituciones actualmente a cargo de gestionar la provisión de servicios. En términos organizacionales, ChCC forma parte del Ministerio de Desarrollo Social y coordina el suministro de servicios en diferentes organismos públicos. La administración de la provisión de servicios sigue siendo responsabilidad de los ministerios competentes, como Salud y Educación. ChCC se implementa a través de mecanismos de contratación entre el Ministerio de Desarrollo Social y los ministerios competentes que gestionan y regulan la prestación de servicios. Los contratos estipulan qué servicios se prestarán y cómo serán monitoreados.

Para coordinar de manera vertical a los proveedores de servicios nacionales, regionales y municipales, ChCC ha desarrollado estructuras específicas en cada nivel de gobierno. A nivel nacional, hay una unidad central que coordina las acciones entre los diferentes ministerios de dicho nivel. En el ámbito regional, la coordinación es responsabilidad del representante regional del Ministerio de Desarrollo Social, que actúa como el coordinador regional de ChCC y convoca a los representantes regionales de los ministerios competentes. Por último, en el plano municipal, la coordinación intersectorial está en manos de un coordinador a nivel local y de las redes municipales de proveedores locales.

En los países descentralizados, el éxito de las BSE depende de las acciones emprendidas a nivel local. Por eso, ChCC ha puesto en funcionamiento mecanismos destinados a fortalecer la capacidad de implementación a dicho nivel. La entidad destina fondos específicos a las municipalidades para que gestionen la coordinación local, utiliza un sistema de datos para efectuar un seguimiento de la puesta en marcha de las políticas a nivel local y ofrece a los funcionarios municipales capacitación en gestión intersectorial y en el uso de este sistema de datos.

Las decisiones institucionales adoptadas por ChCC constituyen solo una manera de organizar un enfoque más consolidado de la gobernanza. Existen otros. Los DCAS de Colombia tienen algunos rasgos institucionales similares a ChCC, pero también tienen otros que responden específicamente al contexto colombiano. En el caso de DCAS, la agencia coordinadora central no forma parte de ninguno de los ministerios competentes sino de la Oficina del Presidente, lo cual es indicio de un claro mandato político a favor de la coordinación. Por otro lado, DCAS no tiene una estructura operativa directa. Por consiguiente, no tiene personal en los niveles regional ni local, y la coordinación depende en diversas medidas del esfuerzo y compromiso del ministerio competente, y de los representantes del gobierno local, lo cual trae aparejados como consecuencia importantes retos en materia de implementación.

Si bien las BSE son un instrumento atractivo para coordinar políticas y servicios, dentro de ellas anida el conflicto. Estas entidades intentan realinear prácticas e ideas profundamente arraigadas en los ministerios competentes. Los funcionarios y los gerentes de dichos ministerios todavía no deben rendir cuentas por la coordinación con otros sectores; por consiguiente, tienen escasos incentivos para cooperar en los esfuerzos de coordinación. Al contrario, los funcionarios del ministerio competente suelen considerar que la coordinación intersectorial es un peso más en una carga de trabajo de por sí pesada. Por otra parte, se requiere que el personal de las BSE cuente con conocimientos y habilidades específicas para implementar con éxito los objetivos de coordinación. En el caso de Chile, las iniciativas de crecimiento profesional que se han emprendido apuntan a cambiar las prácticas e ideas en consonancia con el nuevo enfoque, aunque todavía hay mucho que mejorar.

Chile y Colombia comparten muchos de estos retos. Para que los mecanismos de coordinación tengan éxito, deben modificar las prácticas existentes, asegurar recursos humanos y financieros adecuados, y desarrollar nuevas estructuras de incentivos, que promuevan la coordinación y mejoren los recursos humanos. Una iniciativa global en aras de un sistema integrado requiere tiempo y esfuerzos considerables. Entre estos esfuerzos también se debe incluir la coordinación y la regulación de los actores no gubernamentales (véase el recuadro 7.3 sobre el rol de dichos actores).

A pesar de los numerosos retos a los que se enfrentan Chile, Colombia y otros países, reconocer la relevancia de la coordinación es un paso positivo y, a medida que cada vez más naciones se orienten en esa dirección, deberían surgir más soluciones innovadoras para los problemas.

El financiamiento: la importancia del dinero (y de su distribución)

El financiamiento público de los servicios para la infancia en la región ha aumentado (véase el capítulo 6). Por ejemplo, entre 2004 y 2012 el gasto de Brasil en la primera infancia (lo cual incluye salud, educación y protección social) subió un 7% anual (Tavares de Araujo y Cavalcanti de Almeida 2014), cifra muy superior al correspondiente 4,25% de la tasa de crecimiento del producto interno bruto (PIB). A pesar de la ampliación de las asignaciones presupuestarias, el gasto en la primera infancia todavía es

> **RECUADRO 7.3 ASOCIÁNDOSE A FAVOR DE LOS NIÑOS**
>
> Los organismos y funcionarios del gobierno no están solos a la hora de poner mayor énfasis en los temas relacionados con los pequeños en la agenda de políticas: los actores no gubernamentales han desempeñado un rol de primer orden para situar en primer plano a los niños y a sus familias. Las personas externas influyentes son individuos pertenecientes a la sociedad civil, las organizaciones de base, las universidades, el sector comercial y las organizaciones internacionales, todas instituciones que pisan fuerte en cuestiones relacionadas con la protección y el desarrollo infantil. Los influyentes externos no solo promueven y apoyan las políticas para los niños: también pueden trabajar para crear consenso en relación con otros aspectos de los procesos de políticas en diversos ámbitos, como la rendición de cuentas, el monitoreo y la evaluación, o los estándares.
>
> El grado de influencia de los actores no gubernamentales y los canales a través de los cuales la ejercen varía de un país a otro. Hay dos grandes tipos de acuerdos de asociación entre el sector público y dichos actores. De acuerdo con el primero, los influyentes externos se asocian con iniciativas gubernamentales a favor de los niños, a medida que el desarrollo de la primera infancia va ocupando lugar en la agenda social y gubernamental. Estos no solo promueven y apoyan políticas a favor de los niños y sus familias: también, como ya se ha señalado, pueden trabajar para crear consenso en relación con otros aspectos del proceso de políticas en ámbitos como la rendición de cuentas, el monitoreo, la evaluación o los estándares. El segundo tipo de asociación se produce cuando las personas con influencia externa brindan servicios y proporcionan apoyo para implementar directamente políticas sociales y programas.
>
> Cuando existe la coordinación adecuada entre las iniciativas gubernamentales y la influencia externa, estas asociaciones resultan beneficiosas. Sin embargo, no siempre es así. El caso de Guatemala merece especial mención: un conjunto de entidades privadas, organizaciones no gubernamentales y organizaciones internacionales inyectan recursos en el país para apoyar iniciativas en educación y salud, aunque falta canalizar y coordinar mejor los esfuerzos de los donantes de manera que se cumplan los objetivos. Más allá del reto de coordinación de los donantes, al parecer Guatemala requiere un diálogo más profundo entre todos los actores clave (gobierno e individuos externos influyentes) sobre las prioridades y la visión de los programas y políticas de desarrollo de la primera infancia.

insuficiente para financiar no solo una prestación adecuada de servicios de alta calidad sino también para sustentar los elementos institucionales que garanticen la calidad, la equidad y la sostenibilidad.

Algunos países dependen de fuentes esporádicas de financiamiento, entre ellas las fuentes privadas, la reorientación de los superávits del presupuesto y las regalías relacionadas con la exportación de recursos naturales, lo cual vuelve impredecible la provisión de servicios. Desde luego, esto perjudica la puesta en marcha de iniciativas de largo plazo, dado que el financiamiento está vinculado a ciclos políticos en el curso de un mandato y entre mandatos. Incluso en países que han desarrollado mecanismos de financiamiento más sostenibles, la primera infancia sigue siendo un ámbito de segunda categoría. Por ejemplo, en Brasil, la Constitución fija una base mínima para el gasto en salud y en educación, pero sin embargo no establece disposiciones específicas para los desembolsos para la primera infancia.

Y aun cuando el financiamiento sea suficiente y sostenido, a fin de apoyar el suministro oportuno de servicios de calidad, debe ser asignado de manera estratégica. En general, el financiamiento se basa en la implementación de programas específicos dentro de las líneas sectoriales, y no está necesariamente vinculado a indicadores de calidad de los servicios. Esto tiende a generar competencia intersectorial para captar financiamiento, redundancias en los programas y una asignación de recursos subóptima.

La asignación equitativa del financiamiento entre los gobiernos locales es una fuente de preocupación, sobre todo en países donde el financiamiento (y la prestación de servicios) está descentralizado. En esos casos, el financiamiento local de los servicios comprende una contribución nacional/federal y una contribución local. Los gobiernos locales más ricos pueden complementar el financiamiento federal con sus propios recursos, lo cual aumenta la desigualdad regional. Sin embargo, algunos países intentan compensar estas desigualdades mediante mecanismos de redistribución. Por ejemplo, en Brasil el Fundo de Manutenção e Desenvolvimento da Educação Básica e de Valorização dos Profissionais da Educação (FUNDEB) proporciona recursos adicionales a las localidades que no pueden garantizar un nivel mínimo de gastos por niño al año. La fórmula de redistribución pondera factores como la población de niños en jardines de cuidado infantil, preescolar y escuelas primarias, así como también el porcentaje de alumnos urbanos y rurales (véase el recuadro 7.4 para más detalles sobre los desafíos de la descentralización en Colombia).

Garantía de calidad y rendición de cuentas: un círculo virtuoso

La garantía de calidad se puede concebir como un proceso circular (virtuoso). Comienza cuando se definen las características requeridas de los servicios y los resultados que de ellos se espera obtener. Después, se procede con el análisis de los mecanismos vigentes para medir si se alcanzan esos resultados y, si eso no ocurre, se procura saber por qué. Por último, el círculo se cierra con mecanismos que permiten incorporar cambios sobre

RECUADRO 7.4. LOS RETOS DE LA DESCENTRALIZACIÓN EN COLOMBIA

En Colombia las diferencias en el acceso de los niños pequeños a los servicios es un problema crucial que produce desigualdades no intencionadas que pueden persistir a lo largo de sus vidas. Hay múltiples motivos que explican la desigualdad de los servicios, y el ingreso familiar y el lugar de residencia se encuentran entre los más importantes.

La localización geográfica es una fuente considerable de disparidades. Los niños de familias más ricas, que habitan en zonas más urbanas, tienen un mayor acceso a los servicios que los niños pobres de zonas más rurales. Las desigualdades en los servicios también se ven influidas por la edad. Por ejemplo, los niños de 4 años que reciben educación temprana en jardines de cuidado infantil tienen cubierto el 70% de sus necesidades alimentarias, pero cuando esos mismos pequeños asistan a preescolar a los 5 años, tendrán suerte si se les brinda algún tipo de aporte nutricional, dado que en el sistema escolar no se proporciona nutrición a todos los niños. Además, hay diferencias de horarios entre los servicios de cuidados tempranos, que son de jornada completa, y la escolarización formal, que es de media jornada. Puede que estas diferencias provoquen problemas en las transiciones a la escolarización formal si lleva a los padres a retrasar el ingreso en preescolar.

Un elemento no intencionado que podría agudizar las disparidades se refiere a la estructura administrativa descentralizada del país. Los niños que utilizan los servicios públicos y que han nacido o que habitan en las regiones más ricas del país podrían estar recibiendo servicios de mejor calidad que aquellos que viven en zonas menos ricas. Por ejemplo, en Barranquilla, Bogotá, Cali y Medellín se considera que los servicios para la temprana infancia son tan esenciales que los fondos del gobierno central se complementan con recursos locales para proporcionar esas facilidades a los más pequeños. Además, estas ciudades ejercen ciertos controles de calidad; por ejemplo, en Bogotá los operadores privados son obligados a registrarse y las instalaciones deben cumplir con criterios de calidad establecidos para poder funcionar.

El estatus económico y geográfico no es la única fuente de desigualdad: existen también inhibidores estructurales. En Colombia el énfasis en la descentralización de la toma de decisiones y la prestación de servicios, sin que haya un fuerte mecanismo compensatorio vigente, parece reforzar las disparidades de manera no intencional. Al adherir a la necesidad de crear servicios a la medida, se espera que el instrumento de gestión instaurado para apoyar la prestación integral de servicios (Ruta Integral de Atenciones, o RIA) se adapte para responder a contextos cambiantes. La creación de RIA hechas a la medida en cada municipalidad ha demostrado ser una tarea sumamente compleja, en parte porque los niveles de compromiso con el desarrollo de la primera infancia y la capacidad técnica de las autoridades locales varían mucho entre las distintas municipalidades y los departamentos.

Una implementación heterogénea de este tipo refleja e incluso reproduce las disparidades sociales y económicas que existen entre los diversos gobiernos subnacionales.

(continúa en la página siguiente)

> **RECUADRO 7.4.** *(continuación)*
>
> El acceso limitado y desigual a los servicios es una realidad práctica que pone en juego el desarrollo óptimo de los más pequeños. También contradice las buenas intenciones de promover los derechos de todos los niños y apoyar su pleno desarrollo. La realidad es que las experiencias infantiles en estos servicios están sumamente condicionadas por el ingreso familiar y la zona de residencia, entre otros factores.

la base de la evaluación de dichos resultados. Cabe destacar que si bien se han hecho avances para introducir procesos de garantía de calidad, en la mayoría de los casos su diseño e implementación todavía son limitados.

Estándares de resultados y de servicio

Los procesos de garantía de calidad comienzan por definir las características requeridas y los resultados que se esperan de los servicios. El creciente consenso indica que esto se puede lograr desarrollando e implementando estándares para los niños y para los servicios. Los estándares para los niños especifican los resultados medibles y por edad que los servicios intentan lograr. En el desarrollo de la primera infancia, estos suelen denominarse estándares de aprendizaje y desarrollo infantil temprano. Por su parte, los estándares de servicio están relacionados con la naturaleza de los servicios que los niños deberían recibir. Especifican parámetros sanitarios, de seguridad y espacio; también pueden referirse a la dosificación y duración de los servicios necesarios para formar parte de un protocolo efectivo.[2]

Los países de América Latina y el Caribe tienden a prestar poca atención a los estándares de resultados relacionados con los niños. En cuanto al aprendizaje, concretamente, se observan vacilaciones ante la necesidad de especificar qué deberían saber y ser capaces de hacer los pequeños. Esto refleja, en parte, el temor de que especificar los resultados conduzca a una etiquetación injusta y prematura o a una segregación de los niños en base a estos resultados. Aunque la presencia de estándares precisos para los resultados relacionados con los niños escasea, algunos programas de desarrollo infantil especifican resultados muy generales. Sin embargo, en varios casos se considera que los programas contienen lineamientos generales, cuyo uso —si bien se recomienda— no constituye un requisito indispensable.

En contraste con la falta de estándares para los resultados en los niños, los estándares de servicio son mucho más abundantes. Es habitual que haya estándares para los programas en las principales etapas educativas, y estándares para la mayoría de los programas de salud y protección social. No obstante, la mera existencia de los mismos no es un barómetro efectivo del éxito: se debe analizar su contenido y calidad. A menudo los estándares se centran en lo que se puede contar con facilidad, en lugar de centrarse en las variables de los procesos que pueden tener un mayor impacto en los resultados. En el sector educativo, esta tendencia arroja como resultado una profusión de estándares que abordan variables estructurales o variables fáciles de regular, como el tamaño del grupo, las tasas niños/adulto y los requisitos de capacitación previa de los maestros. No se presta atención a las variables de proceso, como las interacciones maestro-niño, aunque estén más directamente vinculadas a los resultados del educando. En el sector salud, los estándares de servicio se enfocan sobre todo en la cantidad de servicios brindados o en datos administrativos y/o contractuales, más que en la calidad.

Es habitual que coexistan diversos conjuntos de normas para tipos similares de servicios. Esto ocurre por diversos motivos. En primer lugar, los estándares tienden a desarrollarse a nivel del programa en lugar de hacerlo a nivel del sistema. Considérense, a los fines ilustrativos, los servicios que suministran en Chile la Junta Nacional de Jardines Infantiles (JUNJI) y la Fundación Nacional para el Desarrollo Integral del Menor (Integra). Ambos son proveedores públicos de jardines de cuidado infantil para el mismo grupo de edad; sin embargo, cada institución tiene su propio conjunto de estándares, lo cual redunda en diferencias en la prestación de los servicios. En segundo lugar, los estándares de los niveles local y central del gobierno, y entre diferentes gobiernos locales, rara vez coinciden. Esto puede generar desigualdades regionales en la calidad de los servicios que se brindan. Por ejemplo, en Colombia los estándares se pueden modificar para adecuarse a las necesidades del contexto local. No obstante, puede que esto acentúe la desigualdad regional, de acuerdo con la calidad de los estándares que se hayan desarrollado e implementado en cada localidad. En tercer lugar, en numerosos países los estándares no se aplican de manera coherente a los proveedores del sector público y del sector privado, lo cual acentúa las diferencias en los servicios prestados.

Las características del servicio y los enfoques pedagógicos adecuados, así como también los resultados esperados de los niños, varían en función de la edad y de la transición de los pequeños del hogar al jardín de cuidado infantil y de este a la escuela. Para garantizar la continuidad de la experiencia, los estándares de resultados y servicios deben coincidir en los diferentes servicios que atienden a distintos grupos de edad. Esto se puede conseguir con transiciones estructuradas. Pero la mayoría de los países no se ha ocupado de las transiciones, excepto Trinidad y Tobago, que ha implementado una guía programática que promueve transiciones fluidas para los niños pequeños en diferentes modalidades de servicios. Por ejemplo, destaca la importancia de transferir los expedientes y asegurarse de que las experiencias pedagógicas infantiles tengan continuidad. Sin embargo, los datos disponibles son limitados para verificar la implementación y el éxito de esta política.

Los datos y el monitoreo

Los sistemas de producción de datos y de monitoreo —un componente crucial de los procesos de garantía de calidad— permiten que los funcionarios públicos, investigadores, evaluadores y otros profesionales midan si realmente se están alcanzando las especificaciones esperadas para los servicios y los resultados en los niños. Si bien los responsables de las políticas reconocen la importancia de los datos para fundamentar las decisiones de políticas, aún existen limitaciones en lo que se refiere a la verdadera disponibilidad y al uso de los sistemas de información y de monitoreo para mejorar la calidad.

Los sistemas mencionados tienen ante sí cuatro grandes ámbitos de desafíos: 1) prácticos (centrarse en insumos más que en productos); 2) conceptuales (utilizar los sistemas de datos como herramientas de almacenaje en lugar de instrumentos para mejorar la calidad); 3) de actitud (vacilaciones para obtener información sobre el desarrollo a nivel del niño); y 4) técnicos (falta de instrumentos o de recursos humanos adecuados).

Entre los retos prácticos, en la mayoría de los países los sistemas de datos recopilan información sobre cuestiones programáticas (como la cantidad de casos atendidos en las clínicas, de niños escolarizados, de beneficiarios de un programa específico) y tienden a utilizar esa información para fines contables en relación con los estándares de producción (como el número de estudiantes por aula, el monto gastado en materiales). Se dedica mucha menos atención a recopilar indicadores de resultados, efectos o impactos (como indicadores de desarrollo a nivel del niño). Esto limita el uso de datos disponibles para rendir cuentas más allá de los productos. Por ejemplo, es evidente que el sector salud tiene que evolucionar para superar los simples conjuntos de datos centrados exclusivamente en el número de personas atendidas. Los países entienden la importancia de la transición hacia sistemas de datos nominales, donde la unidad de análisis es el individuo, de modo que los individuos y las intervenciones de las que son objeto se pueden seguir entre sectores y/o dentro de un determinado sector, o eventualmente fusionarse entre sectores.

La falta de resultados y de medidas de impacto también proviene de la falta de consenso sobre la necesidad de medir la calidad y sobre la mejor manera de medirla. Los sistemas de datos funcionan en gran parte como depósitos de información sobre la prestación de servicios, no como vehículos para mejorar la calidad y elaborar políticas.

En términos de actitudes, la evaluación de los niños pequeños es objeto de numerosos debates y genera inquietudes en muchos países de la región. Sin embargo, desde la perspectiva de las políticas públicas, esta información es una condición necesaria para ejecutar intervenciones y programas más efectivos, destinados a optimizar el desarrollo de los niños.

Por último, hay diversos retos técnicos. En primer lugar, un aspecto fundamental es el carácter adecuado de los instrumentos y de las herramientas diagnósticas para llevar a cabo evaluaciones en la primera infancia. En Rio de Janeiro se han implementado iniciativas a nivel municipal para recopilar datos sobre el desarrollo infantil, y en Florianópolis, también en Brasil, se ha recabado información sobre la calidad de los proveedores de servicios de jardines de cuidado infantil. El escepticismo de aquellos que critican las medidas de evaluación existentes se debe a diferencias —en su mayoría culturales— que, según sostienen, dificultan la generalización sobre lo que debería esperarse que los niños supieran o fueran capaces de hacer a una determinada edad. Sin embargo, a pesar de las dificultades, los países de la región deben acordar con urgencia un conjunto de instrumentos para medir el desarrollo de la primera infancia que se puedan recopilar en muestras representativas de individuos, como se hace con las encuestas de hogares, y otros instrumentos que se puedan recabar para toda la población.

En segundo lugar, los datos no siempre están actualizados ni bien agregados. Por ejemplo, ya sea debido a limitaciones fiscales o a decisiones del gobierno, o a ambas, Guatemala depende de los datos de un censo que tiene más de una década. El hecho de que no existan datos es problemático, ya que es la única información disponible para determinar el destino de los programas y la asignación de los recursos. La agregación de los mismos también plantea dificultades. Por ejemplo, en Trinidad y Tobago, se recopilan datos relativamente recientes y se informa sobre ellos, pero la mayor parte de los mismos es agregada para niños desde el nacimiento hasta los 19 años. Dado este marco de agregación, es complicado filtrar datos relevantes para mejorar los programas o para adoptar otras decisiones clave que influyen en los servicios relacionados con la edad de los más pequeños.

En tercer lugar, las deficiencias de las capacidades institucionales y humanas inciden en todos los retos relacionados con la generación, la gestión y el uso de los sistemas de información. En algunos países (y en las regiones menos desarrolladas de todos los países), las brechas tecnológicas y los problemas de conectividad todavía imponen limitaciones para la construcción de sistemas modernos de datos. La capacidad técnica e institucional varía en gran medida no solo entre diferentes países sino también entre los distintos sectores e instituciones dentro de cada país.

Entender la calidad desde una perspectiva sistémica requiere pensar más allá de los esfuerzos programáticos de recopilación de datos, y orientarse hacia una recolección y utilización más sistémicas. Los esfuerzos de recopilación de datos no tienen que estar necesariamente integrados en una única base central, sino que pueden alojarse en sectores separados. Lo que los convierte en sistémicos es que los diferentes conjuntos de datos se conciben como parte de un sistema integrado, de modo que estén disponibles para otros ministerios y puedan fusionarse fácilmente con datos de otros ministerios. Este tipo de organización requiere una fuerte planificación central.

En algunos países, como Chile, las BSE tienen sistemas de datos consolidados que fomentan la integración de los mismos. Otros países, como Brasil, también avanzan hacia la integración de los datos, incluso en ausencia de una BSE formal. Un ejemplo es el Cadastro Único del programa de transferencias condicionadas Bolsa Família. De acuerdo con estos sistemas, se recopila información sobre salud, educación y protección social con diferentes objetivos, pero sobre todo para controlar en qué medida los beneficiarios cumplen con los requisitos y, más tarde, para emprender acciones a nivel municipal e individual. En el caso del Cadastro Único, la información no solo se comparte de forma horizontal entre ministerios, sino también de manera vertical, entre el gobierno federal y las municipalidades, que reciben recursos presupuestarios en función del cumplimiento de indicadores específicos de rendimiento.

Cerrando el círculo de la rendición de cuentas

El círculo de la rendición de cuentas y de la garantía de calidad se cierra con la introducción de mecanismos que permiten realizar cambios cuando no se cumple con los estándares. En la mayoría de los países el desarrollo de estos mecanismos todavía es débil. Los procesos de rendición de cuentas pueden promover cambios en las políticas y programas al menos de tres maneras: 1) estableciendo mecanismos regulatorios que endurezcan las consecuencias por no cumplir con los estándares; 2) publicando información con el fin de que los actores sociales puedan participar de manera fundamentada en la toma de decisiones, y 3) promoviendo la participación directa de las familias a nivel del centro/servicio.

Los mecanismos que activan las consecuencias en caso de que no se cumplan los estándares aún se encuentran en etapas incipientes. Como se señaló, los países intentan producir datos sobre políticas y programas, pero estos datos todavía se centran en los productos en lugar de hacerlo en los resultados. Por lo tanto, los mecanismos que contemplan consecuencias tienden a centrarse en la falta de cumplimiento de los estándares del programa en lugar de enfocarse en la calidad de la prestación de los servicios o en los resultados alcanzados por los niños. Por ejemplo, al Ministerio de Desarrollo Social de Chile se le ha encomendado la tarea de evaluar los programas sociales para determinar si se continúa con el financiamiento de programas específicos. En el caso de los programas de la primera infancia, estas decisiones están limitadas por la disponibilidad de datos sobre la calidad y los resultados de los niños.

Los procesos de rendición de cuentas también pueden realizarse con la participación de miembros de la comunidad que tengan influencia de manera formal e informal en las decisiones relacionadas con la prestación de servicios. Un ejemplo de ello lo constituyen los consejos a nivel municipal/comunitario de Brasil, que funcionan como un mecanismo de rendición pública de cuentas mediante el monitoreo de la labor del gobierno. Para que los miembros de la comunidad tomen decisiones bien fundamentadas, es necesario poner a su disposición datos sobre el desarrollo de la primera infancia. Pero solo unos pocos gobiernos nacionales y subnacionales, entre ellos los de Brasil, tienen disponibles estos datos. Los encomiables esfuerzos para compartir información pueden poner la misma a disposición de los ciudadanos, ampliar los procesos de rendición pública de cuentas, y mejorar la participación de la familia y la comunidad en la planificación de los servicios para la infancia.

Por último, comprometer a las familias en los programas que participan sus hijos también puede funcionar como un mecanismo de rendición de cuentas; las familias pueden prestar atención a los programas (de hecho, lo hacen de manera informal) y, por lo tanto, pueden influir en los cambios a ese nivel. La participación de la familia también permite que las decisiones que se toman estén fundamentadas en relación con las prioridades y las necesidades locales; es más: puede contribuir a crear consenso en torno al desarrollo infantil y los servicios necesarios. Sin embargo, en general, a los miembros de la familia se los considera, las más de las veces, como proveedores de recursos o trabajo (lo que incluye proporcionar cuidados, preparar alimentos o efectuar mejoras de la infraestructura física), más que como posibles agentes para mejorar la calidad.

Los recursos humanos: el eslabón más débil

Los programas de alta calidad dependen de personal altamente calificado. A fin de que los servicios cuenten con empleados de esas características, el sistema tiene que asegurar que haya suficientes profesionales con las competencias adecuadas para llevar a cabo sus funciones y que las estructuras de incentivos atraigan o mantengan a los mejores.[3] Los recursos humanos constituyen, precisamente, uno de los elementos más débiles de la infraestructura institucional de la región. Esta brecha se debe sobre todo a dos factores: se recurre en exceso a miembros de la comunidad y a las familias como fuerza laboral para algunos servicios, y además los requisitos y políticas para el personal no están bien diseñados y no dan como resultado una fuerza laboral profesional de alta calidad ni la mantienen.

Algunos países apelan al trabajo de las familias o de miembros de la comunidad para que proporcionen ciertos servicios (como brindar cuidados, preparar las comidas o introducir mejoras en la infraestructura física). Por ejemplo, en Colombia una gran parte de la provisión de jardines de cuidado infantil ha dependido históricamente de las madres de la comunidad, las cuales tienen escasa capacitación, como se señala en el capítulo 4. Estas señoras reciben una transferencia modesta de fondos públicos para brindar los servicios de cuidado infantil a pequeños grupos de niños del barrio en sus propias casas. La estrategia aumenta el personal disponible, a la vez que incrementa las oportunidades de empleo para las familias de bajos ingresos. Sin embargo, tiene numerosas limitaciones. Por empezar, depende por completo de personal no calificado, cuya supervisión es escasa, y que tiene pocas oportunidades de recibir asesoría y capacitación. Además, el sistema no ofrece incentivos, como una remuneración o posibilidades de crecimiento profesional, para generar y mantener recursos humanos de calidad. No obstante, en los últimos años el gobierno de Colombia ha dado un paso importante en pos de formalizar las condiciones de empleo de las madres comunitarias, y es probable que esta iniciativa reduzca la rotación de personal y atraiga a individuos más calificados. Asimismo, se han puesto en marcha proyectos para capacitar a las madres de la comunidad en competencias clave para su tarea a través de los principales servicios de formación de adultos del país.

Allí donde los programas requieren credenciales profesionales para trabajar con niños pequeños, las políticas del personal no están bien diseñadas para dar como resultado, efectivamente, una fuerza laboral profesional de alta calidad. Por ejemplo, en la profesión docente los maestros de la primera infancia tienden a ser tratados como trabajadores de nivel inferior. Esto se debe a diversos motivos: bajo nivel de requisitos para ingresar, sistemas de remuneración inadecuados y pobre desarrollo profesional en el puesto de trabajo.

En efecto, para ingresar en la profesión, se exigen menos requisitos que en el caso de otros tipos de educadores. En países donde la primera infancia se entiende como un campo de especialización, los programas de educación docente inicial o de capacitación previa para los educadores de la primera infancia tienden a atraer a los alumnos menos calificados, en comparación con los programas para los docentes de escuela primaria o secundaria. La calidad de la docencia en la mayoría de los programas de formación laboral se considera de menor calidad, y los requisitos académicos para completar los estudios son menos estrictos que en los programas de formación docente para los educadores de primaria o secundaria.

Por otra parte, los maestros de primera infancia a menudo se enfrentan a esquemas de compensaciones inadecuados y desiguales. Suelen tener una menor remuneración y oportunidades profesionales menos atractivas que los educadores de primaria y secundaria. Desde luego, debido a esto, el campo de la primera infancia es menos llamativo para individuos calificados. Como si eso fuera poco, en países descentralizados como Brasil y Colombia hay diferencias regionales importantes en los salarios de los trabajadores del sector público, de modo que las municipalidades más ricas pueden ofrecer salarios más competitivos. Esto genera escasez de docentes calificados para la primera infancia en las zonas menos favorecidas, precisamente donde podrían obtener mayores retornos para sus habilidades.

Por último, las oportunidades de capacitación para el personal tienden a no ser sistemáticas. Esto ocurre tanto a nivel de la formación previa como en el puesto de trabajo. La regulación de los proveedores de capacitación previa es escasa, lo cual se refleja en los diferentes niveles de calidad que ostentan las instituciones. A su vez, las iniciativas de formación en el puesto de trabajo tienden a estar desperdigadas, se ven limitadas en su continuidad y no suelen coincidir con las necesidades identificadas del personal. Algunos países intentan ofrecer capacitación de manera más sistemática, a fin de asegurarse que todos los educadores de la primera infancia adquieran un conjunto básico de competencias. En el caso de la instrucción previa, Trinidad y Tobago se está centrando en la coherencia de la misma a través de diferentes proveedores que ofrecen programas de formación docente homologados para maestros de niños de entre 3 y 5 años en una red de ocho universidades (véase la descripción detallada en el recuadro 7.5). En el caso de las iniciativas de capacitación en el puesto laboral, el Ministerio de Educación de Brasil ha implementado la Rede Nacional de Formação Continuada de Professores, para apoyar el desarrollo profesional de los maestros, y actualmente está diseñando lineamientos programáticos para los educadores, que se pondrán en marcha a través de la red.

Uniendo las piezas: recomendaciones de políticas

El énfasis puesto en el desarrollo durante la primera infancia está aumentando en numerosos países de América Latina y el Caribe. Se han introducido nuevas leyes y políticas, documentos marco y materiales regulatorios o de orientación. Los líderes políticos han expresado su compromiso con el sector, generando buena disposición y entusiasmo en la opinión pública. Los gobiernos nacionales, subnacionales y locales están implementando programas innovadores, y muchas veces multiplicando el número de servicios directos disponibles para los niños y las familias. Las comunidades filantrópicas y comerciales se asocian con los gobiernos para mejorar los servicios. Pero aun así quedan grandes retos por resolver para asegurar que los servicios de calidad lleguen a aquellos niños que más los necesitan. De este capítulo surgen cuatro grandes recomendaciones.

En primer lugar, centrarse en los programas es necesario pero no suficiente. La región requiere una orientación sistémica que valore a la vez los programas y la arquitectura institucional que los sustenta. Para disponer de servicios de alta calidad, distribuidos de manera equitativa y que sean sostenibles, no alcanza solamente con tener una perspectiva programática.

Este libro no se pronuncia a favor de ninguna forma de estructura de gobernanza. Sin embargo, aboga por implementar las funciones que

RECUADRO 7.5. LA FORMACIÓN DOCENTE EN LOS TRÓPICOS

Una condición necesaria para ampliar la cobertura de los servicios de alta calidad para la primera infancia es la disponibilidad de recursos humanos calificados que puedan ocuparse de los niños y de sus familias a todo nivel: nutricional, sanitario, educativo, de protección, etc. Sin embargo, en la región escasea el personal capaz de satisfacer la creciente demanda generada por la ampliación de la cobertura; además, el personal existente debe actualizar sus competencias y cualificaciones. Merece la pena destacar la experiencia de Trinidad y Tobago en el ámbito de la capacitación docente para la primera infancia, experiencia que puede aportar valiosas enseñanzas más allá del sector educativo.

En Trinidad y Tobago se han puesto en marcha importantes esfuerzos destinados a fortalecer tanto su sistema de formación en el empleo como sus iniciativas de capacitación previa. En el ámbito del desarrollo profesional en el puesto de trabajo, acaban de aprobarse los Estándares de prácticas para la profesión docente en la comunidad del Caribe, que incluyen un importante programa de desarrollo profesional en el empleo para los maestros de la primera infancia, que debería transformar la forma en que se percibe, se implementa y se actualiza la carrera profesional docente. En consonancia con estos estándares, el país también aprobó hace poco un nuevo Modelo de Desarrollo Profesional en el puesto de trabajo, que se compone de cuatro etapas de carrera, en cada una de las cuales se definen distintas expectativas para los maestros. A fin de avanzar de una etapa a la siguiente, los docentes deben adquirir conocimientos en la práctica y demostrar su capacidad para cumplir con los estándares relevantes de rendimiento. Las visiones modernas del desarrollo profesional caracterizan el aprendizaje profesional como un proceso de largo plazo que se extiende desde la universidad hasta la formación en el puesto de trabajo. Asimismo, el modelo valora la capacitación informal (por ejemplo, las interacciones en el lugar de trabajo) que facilitan el aprendizaje y que inspiran a los maestros para alterar o reforzar sus prácticas de enseñanza y educativas.

Con el objetivo de mejorar el modelo de capacitación previa de los docentes de primera infancia, en 2012 el Ministerio de Educación de Trinidad y Tobago, en colaboración con los principales institutos de formación docente del país, trabajó con ocho universidades a fin de homologar el currículum de la formación docente para los maestros que educan a niños de entre 3 y 5 años. Estas ocho instituciones actualmente ofrecen el programa que se convertirá en un requisito obligatorio para los maestros interesados en un puesto permanente como educadores de la primera infancia.

Aunque Trinidad y Tobago ha dado pasos significativos para profesionalizar a los docentes de primera infancia, es probable que a medida que el modelo se implementa vayan surgiendo otros desafíos. Uno de los grandes obstáculos es que actualmente los profesionales mencionados no son reconocidos como maestros regulares bajo la ley, y por lo tanto no son elegibles para gozar de los mismos beneficios que otros docentes (lo que incluye, por ejemplo, la participación activa en los sindicatos de maestros).

normalmente desempeña una estructura consolidada: sobre todo, contar con una planificación integral, establecer estándares de calidad, cumplir con las funciones de monitoreo, desarrollar adecuados sistemas de datos, coordinar los servicios en diferentes sectores y niveles de gobierno, y elaborar información pública relacionada con el desarrollo infantil.

Un enfoque posible y prometedor para lograr la coordinación consiste en utilizar las BSE. Para coordinar los esfuerzos con éxito, estas entidades deben cumplir con un conjunto de condiciones institucionales, fiscales y políticas. A nivel institucional, las BSE exitosas presentan tres características clave: autoridad sobre los programas y políticas, en lugar de roles sencillamente deliberantes o de convocatoria; mecanismos de cooperación horizontal y vertical incorporados, y un fuerte componente de monitoreo y evaluación. Desde el punto de vista fiscal, requieren un presupuesto suficientemente grande y estable para permitir una planificación de largo plazo; también necesitan contar con autoridad presupuestaria para asignar los fondos de manera flexible, según las necesidades estratégicas. Por último, en el plano político, las BSE deben tener suficiente apoyo para generar cooperación entre los sectores que pretenden coordinar; a la inversa, deben ser percibidas como políticamente neutrales, en lugar de asociadas con un sector o una administración específica, con el fin de asegurar la perdurabilidad. En países donde no existen las BSE, hay otras iniciativas que pueden servir como vehículos de coordinación, sobre todo a través de mecanismos de datos y de rendición de cuentas.

En segundo lugar, el sistema debería disminuir las disparidades, no aumentarlas. Los servicios para los pobres no tienen por qué ser servicios pobres. Sin embargo, a menudo la asignación de financiamiento, la capacidad técnica, los recursos humanos y las normas programáticas contribuyen a agudizar las disparidades en lugar de reducirlas.

Este problema es más evidente en los sistemas descentralizados, pero no es exclusivo de ellos. Las disparidades no pueden solucionarse con un único instrumento de políticas. Por ejemplo, no basta con proporcionar mayor financiamiento en localidades menos ricas si faltan incentivos a nivel local para que el dinero se gaste de manera eficiente. Por lo tanto, si bien es necesario tener mecanismos de financiamiento compensatorios, estos deberían acompañarse de otras políticas que promuevan la provisión de servicios de calidad.

En tercer lugar, se deben instaurar mecanismos de rendición de cuentas. Las políticas y los programas de la región para los niños carecen de un sistema sólido de rendición de cuentas. Hasta la fecha, los mecanismos para monitorear la calidad se han centrado en gran parte en los productos (en lugar de hacerlo en los resultados o impactos relacionados con los niños). Una medida clave de políticas consiste en producir información fiable y centralizada sobre los resultados relacionados con el desarrollo infantil, de modo que pueda compartirse entre los proveedores. Esto es necesario para garantizar que todos los niños y niñas reciban la atención que requieren. Es preciso adoptar medidas urgentes para decidir qué dimensiones del desarrollo infantil deberían considerarse, y para empezar a hacer un seguimiento (por lo menos) de los niños más desfavorecidos. Comprender su trayectoria de desarrollo proporcionará valiosas señales para decidir cómo pueden servirlos mejor las políticas públicas.

En cuarto lugar, las inversiones en recursos humanos deberían preceder a la ampliación de la cobertura. Los resultados de calidad dependen de profesionales de calidad, pero los países de la región todavía se enfrentan a serios desafíos para atraer y conservar personal calificado capaz de prestar servicios a los niños.

En muchos casos, impera una visión fragmentada del mercado laboral, que no reconoce que los proveedores de servicios para los niños más pequeños están compitiendo por personal de calidad con muchos otros ámbitos del sector público y la economía.

Los países deben desarrollar un enfoque sistemático y competitivo para reclutar, capacitar, conservar y motivar a los trabajadores que proporcionan servicios a los niños. Las inversiones en recursos humanos constituyen la base sobre la cual se debe construir cualquier ampliación de la cobertura y mejora de los servicios.

Los retornos potenciales de la inversión pública en la primera infancia están en peligro porque no se comprenden de manera sistémica los cambios de políticas que hacen falta para proporcionar servicios de calidad a los niños. Así como es fundamental saber elegir los programas adecuados, también lo es poder crear una arquitectura institucional que los sustente.

Notas

[1] La información en la que se basa este capítulo proviene de estudios de casos que se llevaron a cabo en 2014 en Brasil, Chile, Colombia, Guatemala y Trinidad y Tobago. Los casos se seleccionaron de manera de maximizar la variabilidad en relación con: i) las características de los enfoques institucionales de las políticas públicas de la primera infancia y ii) las peculiaridades del contexto del país que pueden influir en las opciones institucionales, como el nivel de descentralización, la dispersión geográfica, el producto interno bruto (PIB), etc. La recopilación de datos incluía un riguroso análisis de documentos (las principales leyes y regulaciones, los documentos de los programas, y los informes del monitoreo y de la evaluación de los programas) y entrevistas en profundidad con ministros actuales y antiguos, gestores de programas, representantes de partidos políticos, funcionarios elegidos, dirigentes de organizaciones no gubernamentales (ONG) clave, representantes de la filantropía privada y académicos. El análisis se centró en identificar las principales características de la infraestructura institucional que apoya la prestación del programa en cuatro grandes ámbitos: gobernanza, financiamiento, calidad y rendición de cuentas, y recursos humanos.

[2] Un tercer tipo de estándares atañe a la certificación profesional, y especifica qué deben saber los maestros, doctores, enfermeras y trabajadores sociales y qué pueden hacer para prestar servicios de manera efectiva. Dichos estándares se abordarán en la sección sobre recursos humanos.

[3] Los recursos humanos para el personal que se desempeña en los servicios de la primera infancia provienen de una gama de áreas profesionales, como la medicina, la educación y la psicología. La recopilación de datos que acompañó este estudio se centró en los educadores de la primera infancia; por eso, el resto de esta sección enmarcará el debate en torno a este grupo. Sin embargo, muchas de las conclusiones pueden generalizarse para otras profesiones que trabajan en los programas de desarrollo infantil temprano.

8 La tarea que nos ocupa: no es un juego de niños

Los niños son los adultos del futuro. Su crianza determinará su bienestar y el porvenir de los países donde viven. Las políticas para la infancia deberían situarse en el centro de la agenda para el desarrollo de los países, al mismo nivel que las políticas dirigidas a infraestructura o a fortalecer las instituciones.

Destinar el gasto a programas efectivos para la infancia no es caridad. Se trata de una inversión que, si se realiza de manera adecuada, tendrá rendimientos muy altos. Es a la vez eficiente y capaz de reducir la transmisión intergeneracional de la pobreza y la desigualdad. Pero es asimismo una inversión que, de no efectuarse, hará que disminuyan los retornos de las sustanciosas cantidades invertidas en educación para los niños en edad escolar de toda la región. Sin embargo, si los servicios que proveen (o financian) los gobiernos de América Latina y el Caribe han de beneficiar a los niños, su calidad tendrá que ser muy superior a la actual.

En qué sentido importa la primera infancia

El desarrollo de la infancia temprana proyecta una extensa sombra. Los paneles de largo plazo muestran que se puede hacer un seguimiento de los beneficios de las primeras inversiones hasta la edad adulta. En un estudio llevado a cabo en Jamaica, los niños que durante los dos primeros años de su vida se beneficiaron de una intervención dirigida a los padres percibían en la edad adulta salarios un 25% más altos que los de sus contrapartes comparables cuyos padres no habían sido objeto de la intervención. También tenían menos probabilidades de participar en actividades delictivas en su juventud. Hay evidencia creíble de diversas fuentes que revela que los niños con deficiencias en nutrición, desarrollo cognitivo, del lenguaje, motor y socioemocional en una edad temprana tienen menos probabilidades de aprender en el colegio, más probabilidades de participar en conductas de riesgo que resultan en embarazos precoces, abandono escolar y violencia en la adolescencia, y menos probabilidades de convertirse en adultos productivos.

Dado que la adquisición de habilidades es un proceso acumulativo, las inversiones en la primera infancia aumentan los retornos de todas las inversiones realizadas más tarde durante el ciclo de vida. Las tasas de beneficio-costo de los programas de nutrición infantil, estimulación temprana o calidad escolar pueden ser muy altos. Los primeros años en la vida de un niño también son especiales en otro sentido. Durante las siguientes etapas del ciclo de vida, suele haber un *trade-off* entre la equidad y la eficiencia de las inversiones (los retornos más altos de las inversiones se producen cuando estas se dirigen a personas que ya tienen un mayor nivel de habilidades). En la primera infancia no existe una disyuntiva de este tipo. Las inversiones en los pequeños ostentan los retornos más altos cuando se focalizan en aquellos expuestos a mayor riesgo. Los programas efectivos para niños en situación de riesgo son eficientes a la vez que favorecen la equidad.

Los resultados de la región en desarrollo infantil temprano

América Latina y el Caribe ha logrado avances notables en la mejora de la salud y la nutrición infantil. A lo largo de los últimos 50 años, la mayoría de los países ha reducido la mortalidad infantil en tres cuartas partes o más. En 1990 y en 2010 nacieron unos 10 millones de niños en la región. De estos 10 millones de niños, 428.000 fallecieron antes de su primer cumpleaños en 1990, pero dicha cifra descendió a solo 149.000 en 2010. La desnutrición crónica también ha disminuido en muchos países. En términos generales, las mejoras en mortalidad y desnutrición han sido particularmente notables entre los pobres.

El cuadro es menos positivo en lo que respecta a otras dimensiones del desarrollo de la primera infancia. Los niños pequeños de los hogares pobres sufren un retraso importante en relación con sus contrapartes de hogares más favorecidos. La brecha entre ricos y pobres es visible desde muy temprano, y aumenta a medida que los niños crecen, al menos hasta la edad en que comienzan la escolarización formal. Dicha diferencia se destaca en las dos dimensiones del desarrollo más estrechamente asociadas con el rendimiento escolar temprano: el lenguaje y la cognición.

Una vez que los niños comienzan la escuela, muchos aprenden muy poco. Su escaso progreso es resultado de las deficiencias que ya padecen al ingresar en el colegio y de la mala calidad de la enseñanza. Los pequeños de la región suelen obtener resultados insuficientes en las pruebas de aprendizaje temprano. Por ejemplo, en una reciente evaluación de matemáticas para alumnos de tercer grado efectuada en 14 países de América Latina, el 75% de los niños de República Dominicana, el país con las puntuaciones generales más bajas, era incapaz de resolver problemas sencillos de suma o multiplicación. Incluso en Chile, el país con los mejores resultados de la región, el 10% de los niños no podía resolver estos problemas. En todos los países para los cuales se dispone de datos, los niños de los hogares pobres tienen resultados mucho peores que los provenientes de hogares más favorecidos.

A los responsables de las políticas de la región les preocupan mucho (y con razón) las malas puntuaciones que registran los alumnos de 15 años en las pruebas internacionales PISA, sobre todo en relación con países que ostentan buenos resultados, como China, Corea y Singapur. Entienden que los bajos niveles de habilidades de los adolescentes latinoamericanos traen aparejadas significativas consecuencias para su productividad como adultos y para el potencial de crecimiento de un país. Sin embargo, las semillas de las que brotan estos frutos se siembran a edades muy tempranas, y esto se puede constatar en los deficientes resultados de desarrollo y aprendizaje que muestran numerosos niños de la región en etapas precoces.

A favor de la intervención pública

La pobreza de los niños pequeños de la región ha disminuido bruscamente durante la última década. No obstante, el crecimiento por sí solo no podrá remediar las deficiencias en dimensiones cruciales del desarrollo que se observan en numerosos niños de América Latina y el Caribe. ¿Cuál es entonces el rol apropiado que deben desempeñar las políticas públicas en los primeros años? En términos generales, hay dos argumentos que justifican la intervención pública: las fallas en la toma de decisiones a nivel del hogar y las fallas en diversos mercados que prestan servicios para los pequeños.

La mayoría de los padres quiere lo mejor para sus hijos. Quieren que crezcan felices, saludables e inteligentes. Quieren que tengan éxito en el colegio y que sean ciudadanos productivos cuando adultos. Si los retornos de las inversiones son realmente tan altos, ¿por qué las familias no invierten? Hay diversas circunstancias que pueden llevar a los padres a tomar decisiones acerca de los hijos que, desde un punto de vista social, no son óptimas. Si los padres son pobres y tienen limitaciones de crédito, quizá no puedan invertir lo suficiente en sus hijos. Si tienen tarifas de descuento, priorizarán el gasto en bienes y servicios que arrojan beneficios en el presente (como los bienes de consumo) en lugar de realizar un gasto que solo rendirá grandes beneficios en el futuro (como matricular a sus hijos en preescolar). También puede ocurrir que los padres no tengan conocimiento de los beneficios de ciertas conductas (por ejemplo, proporcionar a los niños un entorno cálido y estimulante) o puede que sean incapaces de concretarlas (por ejemplo, los padres que son malos lectores tendrán dificultades para leer a sus hijos). Muchos de estos problemas no son exclusivos de los países pobres, también acaecen en los países desarrollados. Pero todos ellos proporcionan un poderoso argumento a favor de la intervención pública para contribuir a encauzar las decisiones de los padres y de otros cuidadores de los pequeños.

Por otra parte, los mercados que prestan servicios para los niños no siempre funcionan bien. Esto puede observarse sobre todo en el mercado de los servicios de jardines de cuidado infantil. Estos jardines constituyen lo que los economistas denominan "bienes de experiencia", los cuales se caracterizan por la presencia de grandes asimetrías de información entre proveedores y consumidores. A los padres les resulta difícil distinguir entre jardines de cuidado infantil de alta y baja calidad. Ellos verán si los pañales de su bebé están limpios cuando lo recogen al final del día, pero puede que eso no diga gran cosa acerca de lo que ha ocurrido durante el resto de la jornada. En estas circunstancias, los gobiernos pueden proporcionar información sobre la calidad de los jardines de cuidado infantil (por ejemplo, concediendo licencias a los proveedores), o pueden prestar directamente dichos servicios con sus propios medios.

En el caso de la educación temprana, en la mayoría de los países de la región suele aceptarse que el gobierno proporcione directamente la escolarización o que subsidie la provisión del sector privado (como en Chile), o alguna combinación de escuelas privadas, religiosas y sin fines de lucro (como en Jamaica).

De hecho, los gobiernos de la región han llevado a cabo acciones para aumentar la prestación de servicios para los pequeños. El porcentaje de niños que concurren a jardines de cuidado infantil (en su mayoría públicos) se ha incrementado de manera notable en la última década, por un factor de dos en Brasil y Chile, y por un factor de seis en Ecuador. El porcentaje de niños de 5 años que asisten a preescolar ha ascendido en 40 puntos porcentuales en México en los últimos 10 años, y en 60 puntos porcentuales en Honduras. Sin embargo, la calidad de estos servicios suele ser muy deficiente, y esto suscita importantes preguntas a propósito de si realmente benefician a los niños. En este caso, más puede significar menos.

Cómo invertir en la primera infancia

En general, en comparación con los países desarrollados y con los gastos que se realizan más tarde en el ciclo de vida, los países de América Latina y el Caribe gastan muy poco en los primeros años. En efecto, por cada dólar gastado en un niño menor de 5 años, se desembolsan más de tres dólares en un niño de entre 6 y 11 años.

A primera vista, estas cifras indicarían que los países de la región sencillamente deben subir el gasto para los más pequeños. Hasta cierto punto, esto es verdad: los gobiernos gastan demasiado poco en la primera infancia. Sin embargo, el aumento del gasto no contribuirá mucho a solucionar el problema del desarrollo deficiente de la primera infancia si los recursos no se invierten bien. Concretamente, lo fundamental es la *calidad* de los servicios destinados a los más pequeños (programas dirigidos a los padres, jardines de cuidado infantil, escolarización temprana). A pesar de ello, en general, la calidad de los servicios que muchos niños de América Latina y el Caribe reciben es desalentadora. De hecho, algunos de los servicios son de tan mala calidad que incluso pueden perjudicar —en lugar de ayudar— a los niños que los utilizan.

¿Qué es la calidad? En el hogar, en los jardines de cuidado infantil y en los primeros años de escuela, la calidad se refiere en gran medida a las interacciones de los niños con quienes los rodean. Las investigaciones en neurología demuestran que las interacciones que los niños tienen unos con otros y con los adultos modelan su cerebro de maneras que tendrán consecuencias para toda la vida. Cuando los adultos se muestran sensibles y receptivos a las señales y necesidades de los pequeños, estos comienzan a desarrollarse. Cuando son objeto de estimulación temprana e instrucción focalizada, los niños aprenden.

Dado que mejorar la calidad significa sobre todo transformar la naturaleza de las interacciones de los niños con sus padres, cuidadores y maestros, el gasto en infraestructura física por sí solo no es una solución. Los programas de crianza no requieren infraestructura, pero sí dependen de visitadores domiciliarios bien capacitados y rigurosamente supervisados que puedan establecer una relación de confianza con las familias y cumplir un determinado programa con un alto grado de fidelidad. Construir edificios de óptima calidad para jardines de cuidado infantil nada aporta al desarrollo infantil si los niños no participan de forma activa, y si no se les motiva y estimula. Reducir el número de alumnos en las clases o entregar computadoras portátiles a los maestros o a los niños no modificará los resultados del aprendizaje si no cambian las experiencias cotidianas que los pequeños tienen en el aula.

Extender el acceso es fácil, pero mejorar la calidad no lo es. Esto último entraña un trabajo arduo, mucho más difícil que construir caminos o puentes, y mucho menos popular que inaugurar nuevos jardines de cuidado infantil. Implica avanzar lentamente mediante la ampliación de los servicios, sobre todo porque en numerosos países de la región el acceso a los jardines de cuidado infantil y a la educación preescolar ya ha aumentado de manera contundente durante la última década.

Si desean elevar la calidad, los responsables de las políticas deben adoptar una visión de largo plazo. Aún hay mucho que aprender. Las investigaciones llevadas a cabo en Ecuador demuestran que la efectividad de los maestros de preescolar varía notablemente, incluso entre docentes de preescolar que trabajan en una misma escuela, y que enseñan a niños comparables. Sin embargo, ¿cuál es la mejor manera de recompensar a estos educadores, y qué puede hacerse para optimizar el rendimiento de otros que son menos efectivos? Los estudios emprendidos en Estados Unidos señalan que los programas innovadores de capacitación en el puesto de trabajo, combinados con orientación y asesoría, tienen un importante potencial. Pero poco se sabe acerca de la mejor manera de adaptar programas de ese tipo a tan diferentes circunstancias como las de los países de América Latina y el Caribe.

Realzar la calidad requiere más recursos, pero lo que más escasea es personal capaz de asegurar que los servicios que se prestan realmente benefician a los niños (visitadores domiciliarios, profesionales para los jardines de cuidado infantil, maestros, tutores y supervisores). Y además, mejorar la calidad de los servicios que se brindan a los pequeños demanda la creación de un círculo virtuoso de experimentación, rigurosa evaluación y un nuevo diseño.

El desafío para las instituciones

Los programas para los niños pequeños —programas de crianza, programas para promover la lactancia materna, programas de jardines de cuidado infantil, transferencias para beneficio infantil, la educación preescolar y la escuela primaria temprana— están en manos de un gran número de actores. Estos ocupan los diferentes ministerios de un país (Educación, Salud, Protección social, Familia, etc.) y, en algunos países, se hallan en diferentes niveles de gobierno (nacional, estatal y municipal). En ciertas naciones, el sector privado también desempeña un rol preponderante, sobre todo en la prestación de servicios de jardines de cuidado infantil. Así, el hecho de que ningún actor por sí solo se "haga cargo" de las cuestiones relacionadas con la primera infancia puede ser uno de los motivos que explica el bajo nivel de gastos en el sector.

Una política de desarrollo coherente para los primeros años es más que una colección de programas, aunque estos programas resulten, por sí solos, efectivos. Para coordinar estos esfuerzos, es preciso contar con una arquitectura institucional que los apoye. Debe haber una estructura de gobernanza consolidada que defina claramente los roles, la planificación, los estándares de calidad, el monitoreo, los sistemas de datos y la coordinación entre diferentes sectores y niveles. La rendición de cuentas es clave. Se requiere un financiamiento adecuado y sostenible. Además, la arquitectura institucional debe poner un gran énfasis en el monitoreo y la evaluación rigurosa. Los países tienen que desarrollar la capacidad para experimentar, extraer enseñanzas a partir de las evaluaciones, y adaptar métodos y modos de prestación. Sobre todo, es menester que haya una política clara para generar los recursos humanos necesarios para brindar servicios de alta calidad.

Numerosos países de la región han avanzado creando una arquitectura institucional coherente para formular, implementar, coordinar, monitorear y evaluar las intervenciones destinadas a la primera infancia. Sin embargo, a pesar de este progreso, aún queda mucho por hacer. Todavía son frecuentes los feudos burocráticos y la duplicación de servicios. Estos últimos se instituyen en torno a las agencias que los proporcionan, no en torno a aquellos que más importan, es decir: los pequeños.

Los responsables de las políticas de América Latina y el Caribe se enfrentan a un enorme desafío económico y moral. Tienen que identificar la mejor manera de invertir en lo que seguramente es su recurso más preciado: sus niños. Aunque el camino sea largo, se pueden dar pasos concretos. La ampliación progresiva de la cobertura de los servicios dirigidos a los padres de pequeños en situación de riesgo es prometedora. Debería ser prioritario experimentar con la mejor manera de utilizar las transferencias condicionadas para generar un cambio de conducta, y a ello puede contribuir el suministro de jardines de cuidado infantil de buena calidad para los niños pobres de zonas urbanas. Actualizar las habilidades de los maestros (mediante asesoría y capacitación personalizada, en términos prácticos y en el puesto de trabajo) y recompensar el rendimiento de los docentes destacados quizá mejore los resultados de los aprendizajes. Los países tendrán que encontrar la combinación correcta de estas y otras políticas teniendo en cuenta sus propias circunstancias individuales. Las recetas únicas no existen.

El camino por delante no es fácil. Optimizar la calidad es mucho más complejo que mejorar el acceso a los servicios. Asegurarse de que todos los niños de la región puedan desarrollarse en todo su potencial requerirá un esfuerzo sostenido. Sin embargo, tanto por motivos de equidad como de productividad a largo plazo, se trata de un esfuerzo que la región no puede darse el lujo de ignorar.

Referencias bibliográficas

Aboud, F. E., D. R. Singla, M. I. Nahil y I. Borisova. 2013. "Effectiveness of a Parenting Program in Bangladesh to Address Early Childhood Health, Growth and Development." *Social Science and Medicine* 97 (noviembre): 250-58.

Aboud, F. E. y A. K. Yousafzai. 2015. "Global Health and Development in Early Childhood." *Annual Review of Psychology* 66 (enero): 433-57.

Academia Norteamericana de Pediatría. 1998. "Guidance for Effective Discipline." *Pediatrics* 101(4) (abril): 723-28.

———. 2005. "Quality Early Education and Child Care from Birth to Kindergarten." Policy statement. *Pediatrics*, 115(1) (enero): 187-91.

———. 2012. "Spanking Linked to Mental Illness." Comunicado de prensa, 2 de julio. Disponible en http://www.aap.org/en-us/about-the-aap/aap-press-room/Pages/Spanking-Linked-to-Mental-Illness.aspx. Consultado en abril de 2015.

Afifi, T. O., N. P. Mota, P. Dasiewicz, H. L. MacMillan y J. Sareen. 2012. "Physical Punishment and Mental Disorders: Results from a Nationally Representative U.S. Sample." *Pediatrics* 130(2) (agosto): 184-92.

Aikens, N. y L. Akers. 2011. "Background Review of Existing Literature on Coaching." Informe final. Washington, D.C.: Mathematica Policy Research.

Ainsworth, M. D. S. 1969. "Object Relations, Dependency, and Attachment: A Theoretical Reviewof the Infant-Mother Relationship." *Child Development* 40(4) (diciembre): 969-1025.

Akresh, R., S. Bhalotra, M. Leone y U. O. Osili. 2012. "War and Stature: Growing Up during the Nigerian Civil War." *American Economic Review* 102(3) (mayo): 273-77.

Alcázar, L. y A. Sánchez. 2014. "El gasto público en la infancia y niñez en América Latina: ¿cuánto y cuán efectivo?" Washington, D.C.: BID. (Documento inédito.)

Alive and Thrive. 2014. "Getting Strategic with Interpersonal Communication: Improving Feeding Practices in Bangladesh." E-magazine. Alive and Thrive, Washington, DC. Disponible en http://aliveandthrive.org/wp-content/uploads/2014/11/Getting-strategic-with-IPC-Bangladesh-june-2014.pdf. Consultado en junio de 2015.

Allington, R. L., A. McGill-Franzen, G. Camilli, L. Williams, J. Graff, J. Zeig, C. Zmach y R. Nowak. 2010. "Addressing Summer Reading Setback among Economically Disadvantaged Elementary Students." *Reading Psychology* 31(5): 411–27.

Almond, D. 2006. "Is the 1918 Influenza Pandemic Over? Long-Term Effects of *In Utero* Influenza Exposure in the Post-1940 U.S. Population." *Journal of Political Economy* 114(4) (agosto): 672–712.

Almond, D., K. Y. Chay y D. S. Lee. 2005. "The Costs of Low Birth Weight." *Quarterly Journal of Economics* 120(3): 1031–83.

Almond, D. y J. Currie. 2011. "Killing Me Softly: The Fetal Origins Hypothesis." *Journal of Economic Perspectives* 25(3) (verano): 153–72.

Anderson, V. 1998. "Assessing Executive Functions in Children: Biological, Psychological, and Developmental Considerations." *Neuropsychological Rehabilitation* 8(3): 319–49.

Araujo, M. C., P. Carneiro, Y. Cruz-Aguayo y N. Schady. 2014. "A Helping Hand? Teacher Quality and Learning Outcomes in Kindergarten." Washington, D.C.: BID. (Documento inédito.)

Araujo, M. C. y F. López Boo. 2015. "Los servicios de cuidado infantil en América Latina y el Caribe". *El Trimestre Económico* 82(326) (abril-junio): 249–75.

Araujo, M. C., F. López Boo, R. Novella, S. Schodt y R. Tomé. 2015. "La calidad de los Centros Infantiles del Buen Vivir en Ecuador." Washington, D.C.: BID. (Documento inédito.)

Araujo, M. C., F. López Boo y J. M. Puyana. 2013. *Overview of Early Childhood Development Services in Latin America and the Caribbean*. Washington, D.C.: BID.

Ariès, P. 1962. *Centuries of Childhood: A Social History of Family Life*. Nueva York: Vintage Books.

Arnold, D. H., C. J. Lonigan, G. J. Whitehurst y J. N. Epstein. 1994. "Accelerating Language Development through Picture Book Reading: Replication and Extension to a Videotape Training Format." *Journal of Educational Psychology* 86(2) (junio): 235–43.

Atal, J. P., H. Ñopo y N. Winder. 2009. "Nuevo siglo, viejas disparidades: brechas de ingreso por género y etnicidad en América Latina y el Caribe." Documento de trabajo No. IDB-WP-109. Washington, D.C.: BID.

Attanasio, O., E. Battistin, E. Fitzsimons, A. Mesnard y M. Vera-Hernández. 2005. "How Effective Are Conditional Cash Transfers? Evidence from Colombia." Nota Informativa No. 54. Londres: Institute for Fiscal Studies.

Attanasio, O., S. Cattan, E. Fitzsimons, C. Meghir y M. Rubio-Codina. 2015. "Estimating the Production Function for Human Capital: Results from a Randomized Control Trial in Colombia." Documento de trabajo del NBER No. 20965. Cambridge, MA: National Bureau of Economic Research.

Attanasio, O. P., C. Fernández, E. Fitzsimons, S. M. Grantham-McGregor, C. Meghir y M. Rubio-Codina. 2014. "Using the Infrastructure of a Conditional Cash Transfer Program to Deliver a Scalable Integrated Early Child Development Program in Colombia: Cluster Randomized Controlled Trial." *BMJ* 349: g6126.

Avellar, S., D. Paulsell, E. Sama-Miller, P. Del Grosso, L. Akers y R. Kleinman. 2014. "Home Visiting Evidence of Effectiveness Review: Executive Summary." Informe de la OPRE No. 2014-59. Washington, D.C.: Office of Planning, Research and Evaluation, Administration for Children and Families, U.S. Department of Health and Human Services.

Baird, S., J. Friedman y N. Schady. 2011. "Aggregate Income Shocks and Infant Mortality in the Developing World." *Review of Economics and Statistics* 93(3) (agosto): 847-56.

Baker, M., J. Gruber y K. Milligan. 2008. "Universal Child Care, Maternal Labor Supply, and Family Well-Being." *Journal of Political Economy* 116(4) (agosto): 709-45.

Baker, M. y K. Milligan. 2008. "How Does Job-Protected Maternity Leave Affect Mothers' Employment?" *Journal of Labor Economics* 26(4) (octubre): 655-91.

———. 2010. "Evidence from Maternity Leave Expansions of the Impact of Maternal Care on Early Child Development." *Journal of Human Resources* 45(1) (invierno): 1-32.

Baker-Henningham, H. y F. López Boo. 2010. "Early Childhood Stimulation Interventions in Developing Countries: A Comprehensive Literature Review." Documento de discusión del IZA No. 5282. Bonn, Alemania: Institute for the Study of Labor.

Banco Mundial. 2013. "Cambiando la velocidad para acelerar la prosperidad compartida en América Latina y el Caribe". Latin America and the Caribbean Poverty and Labor Brief. Washington, D.C.: Banco Mundial. Disponible en https://openknowledge.worldbank.org/handle/10986/15265. Consultado en junio de 2015.

Barnett, W. S., J. T. Hustedt, K. B. Robin y K. L. Schulman. 2004. "The State of Preschool: 2004 State Preschool Yearbook." Informe. Newark, NJ: National Institute for Early Education Research (NIEER), Rutgers University. Disponible en http://nieer.org/sites/nieer/files/2004yearbook.pdf. Consultado en junio de 2015.

Barnett, W. S. y L. N. Masse. 2007. "Comparative Benefit-Cost Analysis of the Abecedarian Program and Its Policy Implications." *Economics of Education Review* 26(1) (febrero): 113-25.

Barnett, W. S., K. B. Robin, J. T. Hustedt y K. L. Schulman. 2003. "The State of Preschool: 2003 State Preschool Yearbook." Informe. Newark, NJ: National Institute for Early Education Research (NIEER), Rutgers University. Disponible en http://nieer.org/sites/nieer/files/2003yearbook.pdf. Consultado en junio de 2015.

Bastos, P. y O. R. Straume. 2013. "Preschool Education in Brazil: Does Public Supply Crowd out Private Enrollment?" Documento de trabajo No. IDB-WP-463. Washington, D.C.: BID.

Baumrind, D. 2001. "Does Causally Relevant Research Support a Blanket Injunction against Disciplinary Spanking by Parents?" Documento presentado ante la 109ª Convención anual de la American Psychological Association, 24 de agosto, San Francisco, CA.

Becker, G. S. 1981. *A Treatise on the Family*. Cambridge, MA: Harvard University Press.

———. 1993. *Human Capital: A Theoretical and Empirical Analysis, with Special Reference to Education*. Tercera edición. Chicago, IL: University of Chicago Press.

Bedregal, P. y M. Pardo. 2004. "Desarrollo infantil temprano y derechos del niño". Serie reflexiones: infancia y adolescencia No. 1. Santiago, Chile: UNICEF.

Behrman, J. R., M. C. Calderón, S. H. Preston, J. Hoddinott, R. Martorell y A. D. Stein. 2009. "Nutritional Supplementation in Girls Influences the Growth of Their Children: Prospective Study in Guatemala." *American Journal of Clinical Nutrition* 90(5) (noviembre): 1372-79.

Behrman, J. R., Y. Cheng y P. E. Todd. 2004. "Evaluating Preschool Programs When Length of Exposure to the Program Varies: A Nonparametric Approach." *Review of Economics and Statistics* 86(1) (febrero): 108-32.

Behrman, J. R. y J. Hoddinott. 2005. "Programme Evaluation with Unobserved Heterogeneity and Selective Implementation: The Mexican PROGRESA Impact on Child Nutrition." *Oxford Bulletin of Economics and Statistics* 67(4) (agosto): 547-69.

Behrman, J. R., S. W. Parker, P. E. Todd y K. I. Wolpin. 2015. "Aligning Learning Incentives of Students and Teachers: Results from a Social Experiment in Mexican High Schools." *Journal of Political Economy* 123(2): 325-64.

Behrman, J. R. y M. R. Rosenzweig. 2004. "Returns to Birth Weight." *Review of Economics and Statistics* 86(2) (mayo): 586-601.

Belfield, C. R., M. Nores, S. Barnett y L. Schweinhart. 2006. "The High/Scope Perry Preschool Program: Cost-Benefit Analysis Using Data from the Age-40 Follow-up." *Journal of Human Resources* 41(1) (invierno): 162-90.

Benhassine, N., F. Devoto, E. Duflo, P. Dupas y V. Pouliquen. 2015. "Turning a Shove into a Nudge? A 'Labeled Cash Transfer' for Education." *American Economic Journal: Economic Policy* 7(3) (agosto): 86-125.

Berlin, L. J., J. M. Ispa, M. A. Fine, P. S. Malone, J. Brooks-Gunn, C. Brady-Smith, C. Ayoub y Y. Bai. 2009. "Correlates and Consequences of Spanking and Verbal Punishment for Low-Income White, African-American, and Mexican-American Toddlers." *Child Development* 80(5) (septiembre-octubre): 1403-20.

Berlinski, S., S. Galiani y P. Gertler. 2009. "The Effect of Pre-Primary Education on Primary School Performance." *Journal of Public Economics* 93(1-2) (febrero): 219-34.

Berlinski, S., S. Galiani y M. Manacorda. 2008. "Giving Children a Better Start: Preschool Attendance and School-Age Profiles." *Journal of Public Economics* 92(5-6) (junio): 1416-40.

Bernal, R. 2013. "Costos de la política de atención a la primera infancia en Colombia". Washington, D.C.: BID. (Documento inédito.)

———. 2014. *Diagnóstico y recomendaciones para la atención de calidad a la primera infancia en Colombia*. Serie Cuadernos de Fedesarrollo. Bogotá: Fedesarrollo.

———. De próxima publicación. "The Impact of a Vocational Education Program for Childcare Providers on Children's Well-Being." *Economics of Education Review*. (doi:10.1016/j.econedurev.2015.07.003.)

Bernal, R., O. Attanasio, X. Peña y M. Vera-Hernández. 2014a. "The Effects of the Transition from Home-Based Childcare to Center-Based Childcare in Colombia." Bogotá: Universidad de los Andes y Londres: Institute for Fiscal Studies. (Documento inédito.)

———. 2014b. "Haciendo la transición hacia atención en centros: evaluación del impacto de los centros de desarrollo infantil". Nota de políticas No. 18. Bogotá: Universidad de los Andes.

Bernal, R. y A. Camacho. 2012. "La política de primera infancia en el contexto de la equidad y movilidad social en Colombia". Documento de trabajo del CEDE No. 33. Bogotá: Centro de Estudios sobre Desarrollo Económico, Universidad de los Andes.

Bernal, R. y C. Fernández. 2013. "Subsidized Childcare and Child Development in Colombia: Effects of Hogares Comunitarios de Bienestar as a Function of Timing and Length of Exposure." *Social Science and Medicine* 97(2013) (noviembre): 241-49.

Bernal, R., C. Fernández, C. E. Flórez, A. Gaviria, P. R. Ocampo, B. Samper y F. Sánchez. 2009. "Evaluación de impacto del Programa Hogares Comunitarios de Bienestar del ICBF". Documento de trabajo del CEDE No. 16. Bogotá: Centro de Estudios sobre Desarrollo Económico, Universidad de los Andes.

Bernal, R. y M. P. Keane. 2011. "Child Care Choices and Children's Cognitive Achievement: The Case of Single Mothers." *Journal of Labor Economics* 29(3) (julio): 459-512.

Berry, D., C. Blair, A. Ursache, M. Willoughby, P. Garrett-Peters, L. Vernon-Feagans, M. Bratsch-Hines, W. R. Mills-Koonce, D. A. Granger y Family Life Project Key Investigators. 2014. "Child Care and Cortisol across Early Childhood: Context Matters." *Developmental Psychology* 50(2) (febrero): 514-25.

Beuermann, D. W., J. Cristiá, S. Cueto, O. Malamud y Y. Cruz-Aguayo. 2015. "One Laptop per Child at Home: Short-Term Impacts from a Randomized Experiment in Peru." *American Economic Journal: Applied Economics* 7(2) (abril): 53-80.

Bhalotra, S. 2010. "Fatal Fluctuations? Cyclicality in Infant Mortality in India." *Journal of Development Economics* 93(1) (septiembre): 7-19.

Bhandari, N., R. Bahl, S. Mazumdar, J. Martines, R. E. Black, M. K. Bhan y el Infant Feeding Study Group. 2003. "Effect of Community-Based Promotion of Exclusive Breastfeeding on Diarrhoeal Illness and Growth: A Cluster Randomised Controlled Trial." *Lancet* 361(9367) (abril): 1418-23.

Bharadwaj, P., J. Eberhard y C. Neilson. 2014. "Health at Birth, Parental Investments and Academic Outcomes." San Diego, CA: University of California. (Documento inédito.)

Bharadwaj, P., K. V. Løken y C. Neilson. 2013. "Early Life Health Interventions and Academic Achievement." *American Economic Review* 103(5) (agosto): 1862-91.

Black, S. E., P. J. Devereux y K. G. Salvanes. 2007. "From the Cradle to the Labor Market? The Effect of Birth Weight on Adult Outcomes." *Quarterly Journal of Economics* 122(1): 409-39.

Blair, C. 2002. "School Readiness: Integrating Cognition and Emotion in a Neurobiological Conceptualization of Children's Functioning at School Entry." *American Psychologist* 57(2) (febrero): 111-27.

Blau, D. y J. Currie. 2006. "Pre-School, Day Care, and After-School Care: Who's Minding the Kids?" En E. Hanushek y F. Welch, eds., *Handbook of the Economics of Education*. Volumen 2. Ámsterdam: North-Holland.

———. 2008. "Efficient Provision of High-Quality Early Childhood Education: Does the Private Sector or Public Sector Do It Best?" *CESifo DICE Report* 6(2): 15-20.

Bloom, L. 1998. "Language Acquisition in Its Developmental Context." En D. Kuhn y R. S. Siegler, eds., *Handbook of Child Psychology: Volume 2: Cognition, Perception, and Language*. Quinta edición. Nueva York: John Wiley and Sons.

Boivin, M. J., P. Bangirana, N. Nakasujja, C. F. Page, C. Shohet, D. Givon, J. K. Bass, R. O. Opoka y P. S. Klein. 2013. "A Year-Long Caregiver Training Program to Improve Neurocognition in Preschool Ugandan HIV-Exposed Children." *Journal of Developmental and Behavioral Pediatrics* 34(4) (mayo): 269-78.

Bosch, M., Á. Melguizo y C. Pagés. 2013. *Mejores pensiones, mejores trabajos: hacia la cobertura universal en América Latina y el Caribe*. Washington, D.C.: BID

Bowlby, J. 1958. "The Nature of the Child's Tie to His Mother." *International Journal of Psycho-Analysis* 39(5) (septiembre-octubre): 350-73.

Bradbury, B., M. Corak, J. Waldfogel y E. Washbrook. 2012. "Inequality in Early Childhood Outcomes." En J. Ermisch, M. Jäntti y T. M. Smeeding, eds., *From Parents to Children: The Intergenerational Transmission of Advantage*. Nueva York: Russell Sage Foundation.

Bradley, R. H. 1993. "Children's Home Environments, Health, Behavior, and Intervention Efforts: A Review Using the HOME Inventory as a Marker Measure." *Genetic, Social, and General Psychology Monographs* 119(4) (noviembre): 437-90.

Bradley, R. H. y B. M. Caldwell. 1977. "Home Observation for Measurement of the Environment: A Validation Study of Screening Efficiency." *American Journal of Mental Deficiency* 81(5) (marzo): 417-20.

Brennan, E. M., J. R. Bradley, M. D. Allen y D. F. Perry. 2008. "The Evidence Base for Mental Health Consultation in Early Childhood Settings: Research Synthesis Addressing Staff and Program Outcomes." *Early Education and Development* 19(6) (diciembre): 982-1022.

Britto, P. R., H. Yoshikawa, J. van Ravens, L. A. Ponguta, M. Reyes, S. Oh, R. Dimaya, A. M. Nieto y R. Seder. 2014. "Strengthening Systems for Integrated Early Childhood Development Services: A Cross-National Analysis of Governance." *Annals of the New York Academy of Sciences* 1308 (enero): 245-55.

Brophy, J. y T. L. Good. 1986. "Teacher Behavior and Student Achievement." En M. C. Wittrock, ed., *Handbook of Research on Teaching*. Tercera edición. Nueva York: Macmillan.

Bruner, C. 1996. "Where's the Beef? Getting Bold about What 'Comprehensive' Means." En R. Stone, ed., *Core Issues in Comprehensive Community-Building Initiatives*. Chicago, IL: Chapin Hall Center for Children, University of Chicago.

Bruner, C. (con M. Stover Wright, B. Gebhard y S. Hibbard). 2004. "Building an Early Learning System: The ABCs of Planning and Governance Structures." Monografía. Des Moines, IA: State Early Childhood Policy Technical Assistance Network (SECPTAN). Disponible en http://www.finebynine.org/uploaded/file/SECPTAN_Build_PROOF.pdf. Consultado en abril de 2015.

Bruns, B. y J. Luque. 2015. *Profesores excelentes:* cómo mejorar el aprendizaje en América Latina y el Caribe. Washington, D.C.: Banco Mundial.

Burchinal, M., C. Howes, R. Pianta, D. Bryant, D. Early, R. Clifford y O. Barbarin. 2008. "Predicting Child Outcomes at the End of Kindergarten from the Quality of Pre-Kindergarten Teacher-Child Interactions and Instruction." *Applied Developmental Science* 12(3): 140-53.

Burchinal, M., M. Lee y C. Ramey. 1989. "Type of Day-Care and Preschool Intellectual Development in Disadvantaged Children." *Child Development* 60(1) (febrero): 128-37.

Burchinal, M., N. Vandergrift, R. Pianta y A. Mashburn. 2010. "Threshold Analysis of Association between Child Care Quality and Child Outcomes for Low-Income Children in Pre-Kindergarten Programs." *Early Childhood Research Quarterly* 25(2): 166-76.

Busso, M. y D. Romero Fonseca. De próxima publicación. "Facts and Determinants of Female Labor Supply in Latin America." En L. Gasparini y M. Marchioni, eds., *Bridging Gender Gaps? The Rise and Deceleration of Female Labor Force Participation in Latin America*.

Caldwell, B. M. 1967. "Descriptive Evaluations of Child Development and of Developmental Settings." *Pediatrics* 40(1) (julio): 46-54.

Caldwell, B. M. y R. H. Bradley. 1984. *Administration Manual: Home Observation for Measurement of the Environment (HOME)*. Edición revisada. Little Rock, AR: University of Arkansas.

Campbell, F., G. Conti, J. J. Heckman, S. H. Moon, R. Pinto, E. Pungello y Y. Pan. 2014. "Early Childhood Investments Substantially Boost Adult Health." *Science* 343(6178) (marzo): 1478-85.

Campbell, F. A., E. P. Pungello, S. Miller-Johnson, M. Burchinal y C. T. Ramey. 2001. "The Development of Cognitive and Academic Abilities: Growth Curves from an Early Childhood Educational Experiment." *Developmental Psychology* 37(2) (marzo): 231-42.

Campbell, F. A. y C. T. Ramey. 1995. "Cognitive and School Outcomes for High-Risk African-American Students at Middle Adolescence: Positive Effects of Early Intervention." *American Educational Research Journal* 32(4) (invierno): 743-72.

Campbell, F. A., C. T. Ramey, E. Pungello, J. Sparling y S. Miller-Johnson. 2002. "Early Childhood Education: Young Adult Outcomes from the Abecedarian Project." *Applied Developmental Science* 6(1): 42-57.

Carlson, S. M. 2005. "Developmentally Sensitive Measures of Executive Function in Preschool Children." *Developmental Neuropsychology* 28(2): 595-616.

Carneiro, P. y J. J. Heckman. 2003. "Human Capital Policy." En J. J. Heckman y A. B. Krueger, eds., *Inequality in America: What Role for Human Capital Policies?* Cambridge, MA: MIT Press.

Carneiro, P., K. V. Løken y K. G. Salvanes. 2015. "A Flying Start? Maternity Leave Benefits and Long-Run Outcomes of Children." *Journal of Political Economy* 123(2) (abril): 365-412.

Case, A. y C. Paxson. 2008. "Stature and Status: Height, Ability, and Labor Market Outcomes." *Journal of Political Economy* 116(3): 499-532.

Casey, B. M., D. D. McIntire y K. J. Leveno. 2001. "The Continuing Value of the Apgar Score for the Assessment of Newborn Infants." *New England Journal of Medicine* 344(7) (febrero): 467-71.

Chang, S. M., S. M. Grantham-McGregor, C. A. Powell, M. Vera-Hernández, F. López Boo, H. Baker-Henningham y S. P. Walker. 2015a. "Delivering Parenting Interventions through Health Services in the Caribbean: Impact, Acceptability and Costs." Washington, D.C.: BID. (Documento inédito.)

———. 2015b. "Integrating a Parenting Intervention with Routine Primary Health Care: A Cluster Randomized Trial." *Pediatrics* 136(2) (agosto): 272-80.

Chetty, R., J. N. Friedman, N. Hilger, E. Saez, D. W. Schanzenbach y D. Yagan. 2011. "How Does Your Kindergarten Classroom Affect Your Earnings? Evidence from Project STAR." *Quarterly Journal of Economics* 126(4) (noviembre): 1593-660.

Chetty, R., J. N. Friedman y J. E. Rockoff. 2014. "Measuring the Impacts of Teachers I: Evaluating Bias in Teacher Value-Added Estimates." *American Economic Review* 104(9) (septiembre): 2593-632.

Clarke, J. 2004. "Histories of Childhood." En D. Wyse, ed., *Childhood Studies: An Introduction*. Malden, MA: Wiley-Blackwell.

Clements, D. H. y J. Sarama. 2011. "Early Childhood Mathematics Intervention." *Science* 333(6045) (agosto): 968-70.

Coffman, J. y S. Parker. 2010. "Early Childhood Systems Building from a Community Perspective." Resumen informativo. Denver, CO: Colorado Trust. Disponible en http://mchb.hrsa.gov/programs/earlychildhood/comprehensivesystems/resources/2010meeting/issuebrief.pdf. Consultado en mayo de 2015.

Cohen, J. 1969. *Statistical Power Analysis for the Behavioral Sciences*. Nueva York: Academic Press.

Colchero, M. A., D. Contreras-Loya, H. López-Gatell y T. González de Cosío. 2015. "The Costs of Inadequate Breastfeeding of Infants in Mexico." *American Journal of Clinical Nutrition* 101(3) (marzo): 579-86.

Crookston, B. T., W. Schott, S. Cueto, K. A. Dearden, P. Engle, A. Georgiadis, E. A. Lundeen, M. E. Penny, A. D. Stein y J. R. Behrman. 2013. "Postinfancy Growth, Schooling, and Cognitive Achievement: Young Lives." *American Journal of Clinical Nutrition* 98(6) (diciembre): 1555-63.

Cruz-Aguayo, Y., J. LoCasale-Crouch, S. Schodt, T. Guanziroli, M. Kraft-Sayre, C. Melo, S. Hasbrouck, B. Hamre y R. Pianta. 2015. "Early Schooling Classroom Experiences in Latin America: Focusing on What Matters for Children's Learning and Development." Washington, D.C.: BID. Documento inédito.

Cunha, F. y J. Heckman. 2007. "The Technology of Skill Formation." *American Economic Review* 97(2) (mayo): 31-47.

Cunha, J. M. 2014. "Testing Paternalism: Cash versus In-Kind Transfers." *American Economic Journal: Applied Economics* 6(2) (abril): 195-230.

Currie, J. 2001. "Early Childhood Education Programs." *Journal of Economic Perspectives* 15(2) (primavera): 213-38.

Currie, J. y R. Hyson. 1999. "Is the Impact of Health Shocks Cushioned by Socioeconomic Status? The Case of Low Birth Weight." *American Economic Review* 89(2) (mayo): 245-50.

Currie, J. y E. Moretti. 2007. "Biology as Destiny? Short- and Long-Run Determinants of Intergenerational Transmission of Birth Weight." *Journal of Labor Economics* 25(2) (abril): 231-63.

Currie, J. y D. Thomas. 2001. "Early Test Scores, School Quality and SES: Long-Run Effects on Wage and Employment Outcomes." En S. W. Polachek, ed., *Worker Wellbeing in a Changing Labor Market*. Research in Labor Economics series (Volumen 20). Bingley, Reino Unido: Emerald Group Publishing.

Daelmans, B., K. Dewey y M. Arimond. 2009. "New and Updated Indicators for Assessing Infant and Young Child Feeding." *Food and Nutrition Bulletin* 30 (Suplemento 2) (junio): S256-62.

De Onis, M., C. Garza, C. G. Victora, A. W. Onyango, E. A. Frongillo y J. Martines. 2004. "The WHO Multicentre Growth Reference Study: Planning, Study Design, and Methodology." *Food and Nutrition Bulletin* 25(1), Suplemento 1: S15-S26.

Deaton, A. 2013. *The Great Escape: Health, Wealth, and the Origins of Inequality*. Princeton, NJ: Princeton University Press.

Deming, D. 2009. "Early Childhood Intervention and Life-Cycle Skill Development: Evidence from Head Start." *American Economic Journal: Applied Economics* 1(3) (julio): 111-34.

Denham, S. A., H. H. Bassett y K. Zinsser. 2012. "Early Childhood Teachers as Socializers of Young Children's Emotional Competence." *Early Childhood Education Journal* 40(3) (junio): 137-43.

Denham, S. A., K. A. Blair, E. DeMulder, J. Levitas, K. Sawyer, S. Auerbach-Major y P. Queenan. 2003. "Preschool Emotional Competence: Pathway to Social Competence?" *Child Development* 74(1) (enero-febrero): 238-56.

Denny, J. H., R. Hallam y K. Homer. 2012. "A Multi-Instrument Examination of Preschool Classroom Quality and the Relationship between Program, Classroom, and Teacher Characteristics." *Early Education and Development* 23(5): 678-96.

Departamento de Salud y Servicios Humanos de Estados Unidos. 2011. "Home Visiting Evidence of Effectiveness." Disponible en http://homvee.acf.hhs.gov/Implementation/3/Nurse-Family-Partnership-NFP-/14/5/#ModelImplementation-AverageCostperFamily. Consultado en junio de 2015.

Der, G., G. D. Batty y I. J. Deary. 2008. "Results from the PROBIT Breastfeeding Trial May Have Been Overinterpreted." *Archives of General Psychiatry* 65(12) (diciembre): 1456-57.

Dewey, K. G. y S. Adu-Afarwuah. 2008. "Systematic Review of the Efficacy and Effectiveness of Complementary Feeding Interventions in Developing Countries." *Maternal and Child Nutrition* 4(Suplemento 1) (abril): 24-85.

Dickinson, D. K., J. A. Griffith, R. M. Golinkoff y K. Hirsh-Pasek. 2012. "How Reading Books Fosters Language Development around the World." *Child Development Research* 2012. 1-15. (doi:10.1155/2012/602807.)

Domitrovich, C. E., S. D. Gest, S. Gill, K. L. Bierman, J. A. Welsh y D. Jones. 2009. "Fostering High-Quality Teaching with an Enriched Curriculum and Professional Development Support: The Head Start REDI Program." *American Educational Research Journal* 46(2) (junio): 567-97.

Downer, J. T., L. M. Booren, O. K. Lima, A. E. Luckner y R. C. Pianta. 2010. "The Individualized Classroom Assessment Scoring System (inCLASS): Preliminary Reliability and Validity of a System for Observing Preschoolers' Competence in Classroom Interactions." *Early Childhood Research Quarterly* 25(1): 1-16.

Duflo, E., P. Dupas y M. Kremer. 2011. "Peer Effects, Teacher Incentives, and the Impact of Tracking: Evidence from a Randomized Evaluation in Kenya." *American Economic Review* 101(5) (agosto): 1739-74.

Duncan, G. J. 2011. "The Importance of Kindergarten-Entry Academic Skills." En E. Zigler, W. S. Gilliam y W. S. Barnett, eds., *The Pre-K Debates: Current Controversies and Issues*. Baltimore, MD: Brookes Publishing Co.

Duncan, G. J., C. J. Dowsett, A. Claessens, K. Magnuson, A. C. Huston, P. Klebanov, L. S. Pagani, L. Feinstein, M. Engel, J. Brooks-Gunn, H. Sexton, K. Duckworth y C. Japel. 2007. "School Readiness and Later Achievement." *Developmental Psychology* 43(6) (noviembre): 1428-46.

Duncan, G. J. y K. Magnuson. 2011. "The Nature and Impact of Early Achievement Skills, Attention Skills, and Behavior Problems." En G. J. Duncan y R. J. Murnane, eds., *Whither Opportunity? Rising Inequality, Schools, and Children's Life Chances*. Nueva York: Russell Sage Foundation.

Duncan, G. J., K. Magnuson y E. Votruba-Drzal. 2014. "Boosting Family Income to Promote Child Development." *The Future of Children* 24(1) (primavera): 99-120.

Duncan, G. J., P. A. Morris y C. Rodrigues. 2011. "Does Money Really Matter? Estimating Impacts of Family Income on Young Children's Achievement with Data from Random-Assignment Experiments." *Developmental Psychology* 47(5) (septiembre): 1263-79.

Dustmann, C. y U. Schönberg. 2012. "Expansions in Maternity Leave Coverage and Children's Long-Term Outcomes." *American Economic Journal: Applied Economics* 4(3) (julio): 190-224.

Early, D., O. Barbarin, D. Bryant, M. Burchinal, F. Chang, R. Clifford, G. Crawford, W. Weaver, C. Howes, S. Ritchie, M. Kraft-Sayre, R. Pianta y W. S. Barnett. 2005. "Pre-Kindergarten in Eleven States: NCEDL's Multi-State Study of Pre-Kindergarten and Study of State-Wide Early Education Programs (SWEEP)." Informe preliminar. Chapel Hill, NC: National Center for Early Development and Learning (NCEDL), Frank Porter Graham Child Development Institute.

Eccles, J. S. y R. W. Roeser. 2005. "School and Community Influences on Human Development." En M. H. Bornstein y M. E. Lamb, eds., *Developmental Science: An Advanced Textbook*. Quinta edición. Nueva York: Psychology Press.

Eickmann, S. H., A. C. Lima, M. Q. Guerra, M. C. Lima, P. I. Lira, S. R. Huttly y A. Ashworth. 2003. "Improved Cognitive and Motor Development in a Community-Based Intervention of Psychosocial Stimulation in Northeast Brazil." *Developmental Medicine and Child Neurology* 45(8) (agosto): 536-41.

Evans, D. K. y K. Kosec. 2012. *Early Child Education: Making Programs Work for Brazil's Most Important Generation*. Washington, D.C.: Banco Mundial.

Faverio, F., L. Rivera y A. Cortázar. 2013. "¿Cuánto cuesta proveer educación parvularia de calidad en Chile?" Clave de políticas públicas No. 21. Santiago, Chile: Instituto de Políticas Públicas, Facultad de Economía y Empresa, Universidad Diego Portales.

Fernald, L. y M. Hidrobo. 2011. "Effect of Ecuador's Cash Transfer Program (*Bono de Desarrollo Humano*) on Child Development in Infants and Toddlers: A Randomized Effectiveness Trial." *Social Science and Medicine* 72(9) (mayo): 1437-46.

Fernald, L. C., P. Kariger, P. Engle y A. Raikes. 2009. *Examining Early Child Development in Low-Income Countries: A Toolkit for the Assessment of Children in the First Five Years of Life*. Washington, D.C.: Banco Mundial.

Fiszbein, A. y N. Schady (con F. Ferreira, M. Grosh, N. Keleher, P. Olinto y E. Skoufias). 2009. *Conditional Cash Transfers: Reducing Present and Future Poverty*. Washington, D.C.: Banco Mundial.

Floud, R., R. W. Fogel, B. Harris y S. C. Hong. 2011. *The Changing Body: Health, Nutrition, and Human Development in the Western World since 1700*. Nueva York: Cambridge University Press.

Fogel, R. W. 1994. "Economic Growth, Population Theory, and Physiology: The Bearing of Long-Term Processes on the Making of Economic Policy." *American Economic Review* 84(3) (junio): 369-95.

———. 2004. *The Escape from Hunger and Premature Death, 1700-2100: Europe, America, and the Third World*. Cambridge, Reino Unido: Cambridge University Press.

Fogel, R. W. y D. L. Costa. 1997. "A Theory of Technophysio Evolution, with Some Implications for Forecasting Population, Health Care Costs, and Pension Costs." *Demography* 34(1) (febrero): 49-66.

Fox, L., M. L. Hemmeter, P. Snyder, D. Pérez Binder y S. Clarke. 2011. "Coaching Early Childhood Special Educators to Implement a Comprehensive Model for Promoting Young Children's Social Competence." *Topics in Early Childhood Special Education* 31(3) (noviembre): 178-92.

Fox, S. E., P. Levitt y C. A. Nelson. 2010. "How the Timing and Quality of Early Experiences Influence the Development of Brain Architecture." *Child Development* 81(1) (enero-febrero): 28-40.

Fryer, R. G. 2013. "Teacher Incentives and Student Achievement: Evidence from New York City Public Schools." *Journal of Labor Economics* 31(2) (abril): 373-407.

Garces, E., D. Thomas y J. Currie. 2002. "Longer-Term Effects of Head Start." *American Economic Review* 92(4) septiembre: 999-1012.

Gardner, J. M., S. P. Walker, C. A. Powell y S. Grantham-McGregor. 2003. "A Randomized Controlled Trial of a Home-Visiting Intervention on Cognition and Behavior in Term Low Birth Weight Infants." *Journal of Pediatrics* 143(5) (noviembre): 634-39.

Gershoff, E. T. 2002. "Corporal Punishment by Parents and Associated Child Behaviors and Experiences: A Meta-Analytic and Theoretical Review." *Psychological Bulletin* 128(4) (julio): 539-79.

Gertler, P. 2004. "Do Conditional Cash Transfers Improve Child Health? Evidence from PROGRESA's Control Randomized Experiment." *American Economic Review* 94(2) (mayo): 336-41.

Gertler, P., J. Heckman, R. Pinto, A. Zanolini, C. Vermeersch, S. Walker, S. M. Chang y S. Grantham-McGregor. 2014. "Labor Market Returns to an Early Childhood Stimulation Intervention in Jamaica." *Science* 344(6187) (mayo): 998-1001.

Gilmore, B. y E. McAuliffe. 2013. "Effectiveness of Community Health Workers Delivering Preventive Interventions for Maternal and Child Health in Low- and Middle-Income Countries: A Systematic Review." *BMC Public Health* 13(2013): 847.

Grantham-McGregor, S. M., Y. B. Cheung, S. Cueto, P. Glewwe, L. Richter, B. Strupp y el International Child Development Steering Group. 2007. "Developmental Potential in the First Five Years for Children in Developing Countries." *Lancet* 369(9555) (enero): 60-70.

Grantham-McGregor, S. M., L. Fernald, R. Kagawa y S. Walker. 2014. "Effects of Integrated Child Development and Nutrition Interventions on Child Development and Nutritional Status." *Annals of the New York Academy of Sciences* 1308 (enero): 11-32.

Grantham-McGregor, S. M., P. I. Lira, A. Ashworth, S. S. Morris y A. M. Assunção. 1998. "The Development of Low Birth Weight Term Infants and the Effects of the Environment in Northeast Brazil." *Journal of Pediatrics* 132(4) (abril): 661-66.

Grantham-McGregor, S. M., C. A. Powell, S. P. Walker y J. H. Himes. 1991. "Nutritional Supplementation, Psychosocial Stimulation, and Mental Development of Stunted Children: The Jamaican Study." *Lancet* 338(8758) (julio): 1-5.

Grantham-McGregor, S. M., W. Schofield y L. Harris. 1983. "Effect of Psychosocial Stimulation on Mental Development of Severely Malnourished Children: An Interim Report." *Pediatrics* 72(2) (agosto): 239-43.

Greenberg, M. T., C. Domitrovich y B. Bumbarger. 2001. "The Prevention of Mental Disorders in School-Aged Children: Current State of the Field." *Prevention and Treatment* 4(1) (marzo): 1-59.

Greenough, W. T., J. E. Black y C. S. Wallace. 1987. "Experience and Brain Development." *Child Development* 58(3) (junio): 539-59.

Gupta, N. D. y M. Simonsen. 2010. "Non-Cognitive Child Outcomes and Universal High Quality Child Care." *Journal of Public Economics* 94(1-2): 30-43.

Hack, M., N. K. Klein y H. G. Taylor. 1995. "Long-Term Developmental Outcomes of Low Birth Weight Infants." *The Future of Children* 5(1) (primavera): 176-96.

Haider, R., A. Ashworth, I. Kabir y S. R. Huttly. 2000. "Effect of Community-Based Peer Counsellors on Exclusive Breastfeeding Practices in Dhaka, Bangladesh: A Randomised Controlled Trial." *Lancet* 356(9242) (noviembre): 1643-47.

Hamadani, J. D., S. M. Grantham-McGregor, F. Tofail, B. Nermell, B. Fängström, S. N. Huda, S. Yesmin, M. Rahman, M. Vera-Hernández, S. E. Arifeen y M. Vahter. 2010. "Pre- and Postnatal Arsenic Exposure and Child Development at 18 Months of Age: A Cohort Study in Rural Bangladesh." *International Journal of Epidemiology* 39(5): 1206-16.

Hamre, B. K., B. Hatfield, R. C. Pianta y F. Jamil. 2014. "Evidence for General and Domain-Specific Elements of Teacher-Child Interactions: Associations with Preschool Children's Development." *Child Development* 85(3) (mayo-junio): 1257-74.

Hamre, B. K., K. M. La Paro, J. LoCasale-Crouch y R. C. Pianta. 2006. "Children's Experiences in Kindergarten and Stability from the Preschool Year." (Documento inédito.)

Hamre, B. K., K. M. La Paro, R. C. Pianta y J. LoCasale-Crouch. 2014. *Classroom Assessment Scoring System (CLASS) Manual: Infant*. Baltimore, MD: Brookes Publishing Co.

Hamre, B. K. y R. C. Pianta. 2005. "Can Instructional and Emotional Support in the First-Grade Classroom Make a Difference for Children at Risk of School Failure?" *Child Development* 76(5) (septiembre-octubre): 949-67.

―――. 2007. "Learning Opportunities in Preschool and Early Elementary Classrooms." En R. C. Pianta, M. J. Cox y K. L. Snow, eds., *School Readiness and the Transition to Kindergarten in the Era of Accountability*. Baltimore, MD: Brookes Publishing Co.

Hamre, B. K., R. C. Pianta, M. Burchinal, S. Field, J. LoCasale-Crouch, J. T. Downer, C. Howes, K. La Paro y C. Scott-Little. 2012. "A Course on Effective Teacher-Child Interactions: Effects on Teacher Beliefs, Knowledge, and Observed Practice." *American Educational Research Journal* 49(1) (febrero): 88-123.

Hamre, B. K., R. C. Pianta, J. T. Downer, J. DeCoster, A. J. Mashburn, S. M. Jones, J. L. Brown, E. Cappella, M. Atkins, S. E. Rivers, M. A. Brackett y A. Hamagami. 2013. "Teaching through Interactions: Testing a Developmental Framework of Teacher Effectiveness in over 4,000 Classrooms." *Elementary School Journal* 113(4) (junio): 461-87.

Hanushek, E. A. 1971. "Teacher Characteristics and Gains in Student Achievement: Estimation Using Micro Data." *American Economic Review* 61(2) (mayo): 280-88.

―――. 2003. "The Failure of Input-Based Schooling Policies." *Economic Journal* 113(485) (febrero): F64-F98.

_____. 2009. "Teacher Deselection." En D. Goldhaber y J. Hannaway, eds., *Creating a New Teaching Profession*. Washington, D.C.: Urban Institute Press.

_____. 2011. "The Economic Value of Higher Teacher Quality." *Economics of Education Review* 30(3) (junio): 466-79.

Hanushek, E. A. y S. G. Rivkin. 2012. "The Distribution of Teacher Quality and Implications for Policy." *Annual Review of Economics* 4(1) (septiembre): 131-57.

Hanushek, E. A. y L. Woessmann. 2012. "Schooling, Educational Achievement, and the Latin American Growth Puzzle." *Journal of Development Economics* 99(2) (noviembre): 497-512.

Hanushek, E. A. y L. Zhang. 2006. "Quality-Consistent Estimates of International Returns to Skill." Documento de trabajo del NBER No. 12664., Cambridge, MA: National Bureau of Economic Research.

Harms, T. y R. M. Clifford. 1980. *Early Childhood Environment Rating Scale*. Nueva York: Teachers College Press.

_____. 1989. *Family Day Care Rating Scale*. Nueva York: Teachers College Press.

Harms, T., R. M. Clifford y D. Cryer. 1998. *Early Childhood Environment Rating Scale—Revised*. Nueva York: Teachers College Press.

Harms, T., D. Cryer y R. M. Clifford. 1990. *Infant/Toddler Environment Rating Scale*. Nueva York: Teachers College Press.

Hart, B. y T. R. Risley. 1995. *Meaningful Differences in the Everyday Experience of Young American Children*. Baltimore, MD: Brookes Publishing Co.

Havnes, T. y M. Mogstad. 2011. "No Child Left Behind: Subsidized Child Care and Children's Long-Run Outcomes." *American Economic Journal: Economic Policy* 3(2) (mayo): 97-129.

Heckman, J. J. 2008. "Schools, Skills, and Synapses." *Economic Inquiry* 46(3) (julio): 289-324.

Herrera, M. O., M. E. Mathiesen, J. M. Merino y I. Recart. 2005. "Learning Contexts for Young Children in Chile: Process Quality Assessment in Preschool Centres." *International Journal of Early Years Education* 13(1) (marzo): 15-30.

Hidrobo, M., J. Hoddinott, A. Peterman, A. Margolies y V. Moreira. 2014. "Cash, Food, or Vouchers? Evidence from a Randomized Experiment in Northern Ecuador." *Journal of Development Economics* 107 (marzo): 144-56.

Hoddinott, J. 2010. "Nutrition and Conditional Cash Transfer Programs." En M. Adato y J. Hoddinott, eds., *Conditional Cash Transfers in Latin America*. Washington, D.C.: International Food Policy Research Institute (IFPRI) y Baltimore, MD: Johns Hopkins University Press.

Hoddinott, J. y L. Bassett. 2008. "Conditional Cash Transfer Programs and Nutrition in Latin America: Assessment of Impacts and Strategies for Improvement." Washington, D.C.: International Food Policy Research Institute. (Documento inédito.) Disponible en http://papers.ssrn.com/sol3/papers.cfm?abstract_id=1305326. Consultado en junio de 2015.

Hoddinott, J., J. R. Behrman, J. A. Maluccio, P. Melgar, A. R. Quisumbing, M. Ramírez-Zea, A. D. Stein, K. M. Yount y R. Martorell. 2013. "Adult Consequences of Growth Failure in Early Childhood." *American Journal of Clinical Nutrition* 98(5) (noviembre): 1170-78.

Hoddinott, J., J. A. Maluccio, J. R. Behrman, R. Flores y R. Martorell. 2008. "Effect of a Nutrition Intervention during Early Childhood on Economic Productivity in Guatemalan Adults." *Lancet* 371(9610) (febrero): 411-16.

Hongwanishkul, D., K. R. Happaney, W. S. Lee y P. D. Zelazo. 2005. "Assessment of Hot and Cool Executive Function in Young Children: Age-Related Changes and Individual Differences." *Developmental Neuropsychology* 28(2): 617-44.

Horton, S. y J. Hoddinott. 2014. "Benefits and Costs of the Food and Nutrition Targets for the Post-2015 Development Agenda." Food Security and Nutrition Perspective Paper. Lowell, MA: Copenhagen Consensus Center. Disponible en http://www.copenhagenconsensus.com/sites/default/files/food_security_and_nutrition_perspective_-_horton_hoddinott_0.pdf. Consultado en mayo de 2015.

Hotz, V. J. y M. Xiao. 2011. "The Impact of Regulations on the Supply and Quality of Care in Child Care Markets." *American Economic Review* 101(5) (agosto): 1775-805.

Howard, K. S. y J. Brooks-Gunn. 2009. "The Role of Home-Visiting Programs in Preventing Child Abuse and Neglect." *The Future of Children* 19(2) (otoño): 119-46.

Howes, C. y C. E. Hamilton. 1993. "The Changing Experience of Child Care: Changes in Teachers and in Teacher-Child Relationships and Children's Social Competence with Peers." *Early Childhood Research Quarterly* 8(1) (marzo): 15-32.

Hoxby, C. M. y A. Leigh. 2004. "Pulled Away or Pushed Out? Explaining the Decline of Teacher Aptitude in the United States." *American Economic Review* 94(2) (mayo): 236-40.

Huebner, C. E. 2000. "Promoting Toddlers' Language Development through Community-Based Intervention." *Journal of Applied Developmental Psychology* 21(5) s(eptiembre-octubre): 513-35.

Humphries, D. L., J. R. Behrman, B. T. Crookston, K. A. Dearden, W. Schott, M. E. Penny y los Young Lives Determinants and Consequences of Child Growth Project Team. 2014. "Households across All Income Quintiles, Especially the Poorest, Increased Animal Source Food Expenditures Substantially during Recent Peruvian Economic Growth." *PLoS One* 9(11) noviembre: e110961. (doi: 10.1371/journal.pone.0110961.)

ICF International. 2012. Demographic and Health Surveys (DHS) Program STATcompiler. Rockville, MD. Disponible en http://www.icfi.com/insights/projects/research-and-evaluation/demographic-and-health-surveys. Consultado en abril de 2015.

IHME (Instituto de Evaluación y Métrica de Salud). 2014. "Baseline Data Report Salud Mesoamerica 2015." Seattle, WA: IHME.

Imdad, A., M. Y. Yakoob y Z. A. Bhutta. 2011. "Impact of Maternal Education about Complementary Feeding and Provision of Complementary Foods on Child Growth in Developing Countries." *BMC Public Health* 11(Suplemento 3) (abril): S25.

Isaacs, J. B. 2009. "A Comparative Perspective on Public Spending on Children." Washington, D.C.: Brookings Institution. Disponible en http://www.brookings.edu/~/media/Research/Files/Reports/2009/11/05-spending-children-isaacs/2_comparative_perspective_isaacs.PDF. Consultado en mayo de 2015.

Johnson, M. H. 1998. "The Neural Basis of Cognitive Development." En D. Kuhn y R. S. Siegler, eds., *Handbook of Child Psychology: Volume 2: Cognition, Perception, and Language*. Quinta edición. Nueva York: John Wiley and Sons.

Jordan, G. E., C. E. Snow y M. V. Porche. 2000. "Project EASE: The Effect of a Family Literacy Project on Kindergarten Students' Early Literacy Skills." *Reading Research Quarterly* 35(4) (octubre-diciembre): 524-46.

Jurado, M. B. y M. Rosselli. 2007. "The Elusive Nature of Executive Functions: A Review of Our Current Understanding." *Neuropsychology Review* 17(3) (septiembre): 213-33.

Kagan, S. L., M. C. Araujo, A. Jaimovich y Y. Cruz-Aguayo. De próxima publicación. "Understanding Systems Theory and Thinking: Early Childhood Education in Latin America and the Caribbean." En A. Farrell, S. L. Kagan y E. K. M. Tisdall, eds., *The SAGE Handbook of Early Childhood Research*. Londres: SAGE Press.

Kagan, S. L. y N. E. Cohen, eds. 1996. *Reinventing Early Care and Education: A Vision for a Quality System*. San Francisco, CA: Jossey-Bass Publishers.

Kagan, S. L. y K. Kauerz, eds. 2012. *Early Childhood Systems: Transforming Early Learning*. Nueva York: Teachers College Press.

Kane, T. J. y D. O. Staiger. 2002a. "The Promise and Pitfalls of Using Imprecise School Accountability Measures." *Journal of Economic Perspectives* 16(4) (otoño): 91-114.

———. 2002b. "Volatility in School Test Scores: Implications for Test-Based Accountability Systems." *Brookings Papers on Education Policy* 2002: 235-83.

Key, E. 1909. *The Century of the Child*. Nueva York: G. P. Putnam's Sons.

Kisker, E. E., S. L. Hofferth, D. A. Phillips y E. Farquhar. 1991. *A Profile of Child Care Settings: Early Education and Care in 1990*. Princeton, NJ: Mathematica Policy Research.

Kitzman, H., D. L. Olds, C. R. Henderson, Jr., C. Hanks, R. Cole, R. Tatelbaum, K. M. McConnochie, K. Sidora, D. W. Luckey, D. Shaver, K. Engelhardt, D. James y K. Barnard. 1997. "Effect of Prenatal and Infancy Home Visitation by Nurses on Pregnancy Outcomes, Childhood Injuries, and Repeated Childbearing: A Randomized Controlled Trial." *Journal of the American Medical Association* 278(8) (agosto): 644-52.

Kitzman, H., D. L. Olds, K. Sidora, C. R. Henderson, Jr., C. Hanks, R. Cole, D. W. Luckey, J. Bondy, K. Cole y J. Glazner. 2000. "Enduring Effects of Nurse Home Visitation on Maternal Life Course: A Three-Year Follow-up of a Randomized Trial." *Journal of the American Medical Association* 283(15) (abril): 1983-89.

Kontos, S. y A. Wilcox-Herzog. 1997. "Influences on Children's Competence in Early Childhood Classrooms." *Early Childhood Research Quarterly* 12(3) enero: 247-62.

Kooreman, P. 2000. "The Labeling Effect of a Child Benefit System." *American Economic Review* 90(3) (junio): 571-83.

Kramer, M. S. 1987. "Intrauterine Growth and Gestational Duration Determinants." *Pediatrics* 80(4) (octubre): 502-11.

———. 2003. "The Epidemiology of Adverse Pregnancy Outcomes: An Overview." *Journal of Nutrition* 133(5 Suplemento 2) (mayo): 1592S-1596S.

Kramer, M. S., F. Aboud, E. Mironova, I. Vanilovich, R. W. Platt, L. Matush, S. Igumnov, E. Fombonne, N. Bogdanovich, T. Ducruet, J. P. Collet, B. Chalmers, E. Hodnett, S. Davidovsky, O. Skugarevsky, O. Trofimovich, L. Kozlova, S. Shapiro y Promotion of Breastfeeding Intervention Trial (PROBIT) Study Group. 2008. "Breastfeeding and Child Cognitive Development: New Evidence from a Large Randomized Trial." *Archives of General Psychiatry* 65(5) (mayo): 578-84.

Kramer, M. S., B. Chalmers, E. D. Hodnett, Z. Sevkovskaya, I. Dzikovich, S. Shapiro, J. P. Collet, I. Vanilovich, I. Mezen, T. Ducruet, G. Shishko, V. Zubovich, D. Mknuik, E. Gluchanina, V. Dombrovskiy, A. Ustinovitch, T. Kot, N. Bogdanovich, L. Ovchinikova, E. Helsing y PROBIT Study Group (Promotion of Breastfeeding Intervention Trial). 2001. "Promotion of Breastfeeding Intervention Trial (PROBIT): A Randomized Trial in the Republic of Belarus." *Journal of the American Medical Association* 285(4) (enero): 413-20.

Kramer, M. S., T. Guo, R. W. Platt, S. Shapiro, J. P. Collet, B. Chalmers, E. Hodnett, Z. Sevkovskaya, I. Dzikovich, I. Vanilovich y PROBIT Study Group. 2002. "Breastfeeding and Infant Growth: Biology or Bias?" *Pediatrics* 110(2) (agosto): 343-47.

Kremer, M., C. Brannen y R. Glennerster. 2013. "The Challenge of Education and Learning in the Developing World." *Science* 340(6130) (abril): 297-300.

Krueger, A. B. 1999. "Experimental Estimates of Education Production Functions." *Quarterly Journal of Economics* 114(2) (mayo): 497-532.

Krueger, A. B. y D. M. Whitmore. 2001. "The Effect of Attending a Small Class in the Early Grades on College-Test Taking and Middle School Test Results: Evidence from Project STAR." *Economic Journal* 111(468) (enero): 1-28.

Kuhn, D. y R. S. Siegler, eds. 1998. *Handbook of Child Psychology: Volume 2: Cognition, Perception, and Language*. Quinta edición. Nueva York: John Wiley and Sons.

La Paro, K. M., B. K. Hamre, J. LoCasale-Crouch, R. C. Pianta, D. Bryant, D. Early, R. Clifford, O. Barbarin, C. Howes y M. Burchinal. 2009. "Quality in Kindergarten Classrooms: Observational Evidence for the Need to Increase Children's Learning Opportunities in Early Education Classrooms." *Early Education and Development* 20(4) (agosto): 657-92.

La Paro, K. M., B. K. Hamre y R. C. Pianta. 2012. *Classroom Assessment Scoring System (CLASS) Manual: Toddler.* Baltimore, MD: Brookes Publishing Co.

La Paro, K. M., R. C. Pianta y M. Stuhlman. 2004. "The Classroom Assessment Scoring System: Findings from the Prekindergarten Year." *Elementary School Journal* 104(5) (mayo): 409-26.

Lagarde, M., A. Haines y N. Palmer. 2009. "The Impact of Conditional Cash Transfers on Health Outcomes and Use of Health Services in Low and Middle Income Countries." *Cochrane Database of Systematic Reviews* Issue 4. Art. No.: CD008137. (doi: 10.1002/14651858.CD008137.)

Lassi, Z. S., J. K. Das, G. Zahid, A. Imdad y Z. A. Bhutta. 2013. "Impact of Education and Provision of Complementary Feeding on Growth and Morbidity in Children Less than Two Years of Age in Developing Countries: A Systematic Review." *BMC Public Health* 13 (Suplemento 3): S13.

Lavy, V. 2002. "Evaluating the Effect of Teachers' Group Performance Incentives on Pupil Achievement." *Journal of Political Economy* 110(6) (diciembre): 1286-317.

———. 2009. "Performance Pay and Teachers' Effort, Productivity, and Grading Ethics." *American Economic Review* 99(5) (diciembre): 1979-2011.

Leer, J., F. López Boo y A. Pérez Expósito. 2014. "Programas de primera infancia: calidad de programas de visitas domiciliarias para el fortalecimiento de pautas de crianza". Washington, D.C.: BID. (Documento inédito.)

Levy, S. y N. Schady. 2013. "Latin America's Social Policy Challenge: Education, Social Insurance, Redistribution." *Journal of Economic Perspectives* 27(2) (primavera): 193-218.

Leyva, D., C. Weiland, M. Barata, H. Yoshikawa, C. Snow, E. Treviño y A. Rolla. 2015. "Teacher-Child Interactions in Chile and Their Associations with Prekindergarten Outcomes." *Child Development* 86(3) (mayo): 781-99.

LoCasale-Crouch, J., T. Konold, R. Pianta, C. Howes, M. Burchinal, D. Bryant, R. Clifford, D. Early y O. Barbarin. 2007. "Observed Classroom Quality Profiles in State-Funded Pre-Kindergarten Programs and Associations with Teacher, Program, and Classroom Characteristics." *Early Childhood Research Quarterly* 22(1): 3-17.

Loeb, S., M. Bridges, D. Bassok, B. Fuller y R. W. Rumberger. 2007. "How Much Is Too Much? The Influence of Preschool Centers on Children's Social and Cognitive Development." *Economics of Education Review* 26(1) (febrero): 52-66.

Løken, K. V., M. Mogstad y M. Wiswall. 2012. "What Linear Estimators Miss: The Effects of Family Income on Child Outcomes." *American Economic Journal: Applied Economics* 4(2) (abril): 1-35.

Lonigan, C. J. y G. J. Whitehurst. 1998. "Relative Efficacy of Parent and Teacher Involvement in a Shared-Reading Intervention for Preschool Children from Low-Income Backgrounds." *Early Childhood Research Quarterly* 13(2): 263-90.

López Boo, F. 2014. "Socio-Economic Status and Early Childhood Cognitive Skills: Is Latin America Different?" Documento de trabajo No. 127. Oxford, Reino Unido: Young Lives, University of Oxford.

Love, J. M., P. Z. Schochet y A. L. Meckstroth. 1996. "Are They in Any Real Danger? What Research Does—and Doesn't—Tell Us about Child Care Quality and Children's Well-Being." Princeton, NJ: Child Care Research and Policy Paper. Mathematica Policy Research, Inc., Disponible en http://www.mathematica-mpr.com/-/media/publications/PDFs/real-danger.pdf. Consultado en junio de 2015.

Lowe, R. 2004. "Childhood through the Ages." En T. Maynard y N. Thomas, eds., *An Introduction to Early Childhood Studies*. Londres: SAGE Publications Ltd.

Lozoff, B., G. M. Brittenham, A. W. Wolf, D. K. McClish, P. M. Kuhnert, E. Jiménez, R. Jiménez, L. A. Mora, I. Gómez y D. Krauskoph. 1987. "Iron Deficiency Anemia and Iron Therapy Effects on Infant Developmental Test Performance." *Pediatrics* 79(6) (junio): 981-95.

Lozoff, B., J. B. Smith, K. M. Clark, C. G. Perales, F. Rivera y M. Castillo. 2010. "Home Intervention Improves Cognitive and Social-Emotional Scores in Iron-Deficient Anemic Infants." *Pediatrics* 126(4) (octubre): e884-e894.

Ludwig, J. y D. A. Phillips. 2008. "Long-Term Effects of Head Start on Low-Income Children." *Annals of the New York Academy of Sciences* 1136 (junio): 257-68.

Lundberg, S. J., R. A. Pollak y T. J. Wales. 1997. "Do Husbands and Wives Pool Their Resources? Evidence from the United Kingdom Child Benefit." *Journal of Human Resources* 32(3) (verano): 463-80.

Lundeen, E. A., A. D. Stein, L. S. Adair, J. R. Behrman, S. K. Bhargava, K. A. Dearden, D. Gigante, S. A. Norris, L. M. Richter, C. H. Fall, R. Martorell, H. S. Sachdev, C. G. Victora y COHORTS Investigators. 2014. "Height-for-Age Z Scores Increase despite Increasing Height Deficits among Children in Five Developing Countries." *American Journal of Clinical Nutrition* 100(3) (septiembre): 821-25.

Luo, Z. C. y J. Karlberg. 2000. "Critical Growth Phases for Adult Shortness." *American Journal of Epidemiology* 152(2) (julio): 125-31.

Maccini, S. y D. Yang. 2009. "Under the Weather: Health, Schooling, and Economic Consequences of Early-Life Rainfall." *American Economic Review* 99(3) junio: 1006-26.

Macours, K., N. Schady y R. Vakis. 2012. "Cash Transfers, Behavioral Changes, and Cognitive Development in Early Childhood: Evidence from a Randomized Experiment." *American Economic Journal: Applied Economics* 4(2) (abril): 247-73.

MacPhee, D. 1981. "Knowledge of Infant Development Inventory (KIDI)." Manual. Chapel Hill, NC: University of North Carolina. (Documento inédito.)

Maluccio, J. A. y R. Flores. 2005. "Impact Evaluation of a Conditional Cash Transfer Program: The Nicaraguan *Red de Protección Social*." Informe de investigación No. 141. Washington, D.C.: International Food Policy Research Institute.

Maluccio, J. A., J. Hoddinott, J. R. Behrman, R. Martorell, A. R. Quisumbing y A. D. Stein. 2009. "The Impact of Improving Nutrition during Early Childhood on Education among Guatemalan Adults." *Economic Journal* 119(537) (abril): 734-63.

Mashburn, A. J., R. C. Pianta, B. K. Hamre, J. T. Downer, O. A. Barbarin, D. Bryant, M. Burchinal, D. M. Early y C. Howes. 2008. "Measures of Classroom Quality in Prekindergarten and Children's Development of Academic, Language, and Social Skills." *Child Development* 79(3) (mayo-junio): 732-49.

Masten, A. S. y J. D. Coatsworth. 1998. "The Development of Competence in Favorable and Unfavorable Environments: Lessons from Research on Successful Children." *American Psychologist* 53(2) (febrero): 205-20.

Mateo, M. y L. Rodríguez-Chamussy. 2015. "Who Cares about Childcare? Estimations of Childcare Use in Latin America and the Caribbean." Nota técnica del BID No. 815. Washington, D.C.: BID.

McCartney, K. y R. Rosenthal. 2000. "Effect Size, Practical Importance, and Social Policy for Children." *Child Development* 71(1) (enero-febrero): 173-80.

Merritt, E. G., S. B. Wanless, S. E. Rimm-Kaufman, C. Cameron y J. L. Peugh. 2012. "The Contribution of Teachers' Emotional Support to Children's Social Behaviors and Self-Regulatory Skills in First Grade." *School Psychology Review* 41(2): 141-59.

Milligan, K. y M. Stabile. 2011. "Do Child Tax Benefits Affect the Well-Being of Children? Evidence from Canadian Child Benefit Expansions." *American Economic Journal: Economic Policy* 3(3) (agosto): 175-205.

Mizala, A. y H. Ñopo. 2012. "Salarios de los maestros en América Latina: ¿cuánto (más o menos) ganan con respecto a sus pares?" En M. Cabrol y M. Székely, eds., *Educación para la transformación*. Washington, D.C.: BID.

Moffitt, T. E., L. Arseneault, D. Belsky, N. Dickson, R. J. Hancox, H. Harrington, R. Houts, R. Poulton, B. W. Roberts, S. Ross, M. R. Sears, W. M. Thomson y A. Caspi. 2011. "A Gradient of Childhood Self-Control Predicts Health, Wealth, and Public Safety." *Proceedings of the National Academy of Sciences* 108(7) (febrero): 2693-98.

Morris, S. S., P. Olinto, R. Flores, E. A. Nilson y A. C. Figueiró. 2004. "Conditional Cash Transfers Are Associated with a Small Reduction in the Rate of Weight Gain of Preschool Children in Northeast Brazil." *Journal of Nutrition* 134(9) (septiembre): 2336-41.

Morrow, A. L., M. L. Guerrero, J. Shults, J. J. Calva, C. Lutter, J. Bravo, G. Ruiz-Palacios, R. C. Morrow y F. D. Butterfoss. 1999. "Efficacy of Home-Based Peer Counselling to Promote Exclusive Breastfeeding: A Randomised Controlled Trial." *Lancet* 353(9160) (abril): 1226-31.

Mullis, P. E. y P. Tonella. 2008. "Regulation of Fetal Growth: Consequences and Impact of Being Born Small." *Best Practice and Research Clinical Endocrinology and Metabolism* 22(1) (febrero): 173-90.

Muralidharan, K. y V. Sundararaman. 2011. "Teacher Performance Pay: Experimental Evidence from India." *Journal of Political Economy* 119(1) (febrero): 39-77.

Murnane, R. J. 1975. *The Impact of School Resources on the Learning of Inner City Children*. Cambridge, MA: Ballinger Publishing Co.

Murnane, R. J. y A. J. Ganimian. 2014. "Improving Educational Outcomes in Developing Countries: Lessons from Rigorous Evaluations." Documento de trabajo del NBER No. 20284. Cambridge, MA: National Bureau of Economic Research.

National Scientific Council on the Developing Child. 2012. "The Science of Neglect: The Persistent Absence of Responsive Care Disrupts the Developing Brain." Documento de trabajo No. 12., Cambridge, MA: Center on the Developing Child, Harvard University.

Neal, D. 2011. "The Design of Performance Pay in Education." En E. A. Hanushek, S. Machin y L. Woessmann, eds., *Handbook of the Economics of Education*. Volumen 4. Ámsterdam: North-Holland.

Neidell, M. y J. Waldfogel. 2009. "Program Participation of Immigrant Children: Evidence from the Local Availability of Head Start." *Economics of Education Review* 28(6) (diciembre): 704-15.

Nelson, C. A., N. A. Fox y C. H. Zeanah. 2014. *Romania's Abandoned Children: Deprivation, Brain Development, and the Struggle for Recovery*. Cambridge, MA: Harvard University Press.

Neuman, M. J. y A. E. Devercelli. 2013. "What Matters Most for Early Childhood Development: A Framework Paper." Documento de trabajo del SABER No. 5. Washington, D.C.: Systems Approach for Better Education Results (SABER), Banco Mundial. Disponible en http://wbgfiles.worldbank.org/documents/hdn/ed/saber/supporting_doc/Background/ECD/Framework_SABER-ECD.pdf. Consultado en junio de 2015.

NICHD Early Child Care Research Network. 2002. "Child-Care Structure → Process → Outcome: Direct and Indirect Effects of Child-Care Quality on Young Children's Development." *Psychological Science* 13(3) (mayo): 199-206.

NRP (National Reading Panel). 2000. "Teaching Children to Read: An Evidence-Based Assessment of the Scientific Research Literature on Reading and Its Implications for Reading Instruction: Reports of the Subgroups." Informe. Bethesda, MD: National Institute of Child Health and Human Development, National Institutes of Health. Disponible en http://www.nichd.nih.gov/publications/pubs/nrp/documents/report.pdf. Consultado en junio de 2015.

Olds, D. L., C. R. Henderson, Jr. y H. Kitzman. 1994. "Does Prenatal and Infancy Nurse Home Visitation Have Enduring Effects on Qualities of Parental Caregiving and Child Health at 25 to 50 Months of Life?" *Pediatrics* 93(1) (enero): 89-98.

Olds, D. L., C. R. Henderson, Jr., R. Tatelbaum y R. Chamberlin. 1986. "Improving the Delivery of Prenatal Care and Outcomes of Pregnancy: A Randomized Trial of Nurse Home Visitation." *Pediatrics* 77(1) (enero): 16-28.

Olds, D. L., P. Hill, J. Robinson, N. Song y C. Little. 2000. "Update on Home Visiting for Pregnant Women and Parents of Young Children." *Current Problems in Pediatrics* 30(4) (abril): 109-41.

Olds, D. L., J. R. Holmberg, N. Donelan-McCall, D. W. Luckey, M. D. Knudtson y J. Robinson. 2014. "Effects of Home Visits by Paraprofessionals and by Nurses on Children: Follow-Up of a Randomized Trial at Ages 6 and 9 Years." *JAMA Pediatrics* 168(2) (febrero): 114-21.

Olds, D. L., H. Kitzman, C. Hanks, R. Cole, E. Anson, K. Sidora-Arcoleo, D. W. Luckey, C. R. Henderson, Jr., J. Holmberg, R. A. Tutt, A. J. Stevenson y

J. Bondy. 2007. "Effects of Nurse Home Visiting on Maternal and Child Functioning: Age Nine Follow-Up of a Randomized Trial." *Pediatrics* 120(4) (octubre): e832-e845.

Olds, D. L., J. Robinson, R. O'Brien, D. W. Luckey, L. M. Pettitt, C. R. Henderson, Jr., R. K. Ng, K. L. Sheff, J. Korfmacher, S. Hiatt y A. Talmi. 2002. "Home Visiting by Paraprofessionals and by Nurses: A Randomized, Controlled Trial." *Pediatrics* 110(3) septiembre: 486-96.

OMS (Organización Mundial de la Salud). 2015. "Recomendación de la OMS sobre la alimentación del lactante." Ginebra: OMS. Disponible en http://www.who.int/nutrition/topics/infantfeeding_recommendation/es/. Consultado en junio de 2015.

OMS — Estudio multicéntrico sobre el patrón de crecimiento. 2006. "WHO Motor Development Study: Windows of Achievement for Six Gross Motor Development Milestones." *Acta Paediatrica* 95 (Suplemento S450) (abril): 86-95.

ONU (Naciones Unidas). 2006. "El estudio del Secretario General sobre la violencia contra los niños." Nueva York: ONU. Disponible en http://www.unviolencestudy.org/spanish/index.html. Consultado en junio de 2015.

Oster, E. 2015. "Everybody Calm Down about Breastfeeding." *FiveThirtyEight*, 20 de mayo. Disponible en http://fivethirtyeight.com/features/everybody-calm-down-about-breastfeeding/. Consultado en junio de 2015.

Paes de Barros, R., P. Olinto, T. Lunde y M. Carvalho. 2011. "The Impact of Access to Free Childcare on Women's Labor Market Outcomes: Evidence from a Randomized Trial in Low-Income Neighborhoods of Rio de Janeiro." Washington, D.C.: Banco Mundial. (Documento inédito.) Disponible en http://siteresources.worldbank.org/DEC/Resources/84797-1104597464088/598413-1302096012728/Pedro-Olinto_access_to_free_childcare.pdf. Consultado en junio de 2015.

Pagan, S. y M. Sénéchal. 2014. "Involving Parents in a Summer Book Reading Program to Promote Reading Comprehension, Fluency, and Vocabulary in Grade 3 and Grade 5 Children." *Canadian Journal of Education/Revue canadienne de l'éducation* 37(2) (abril): 1-31.

Panel Nacional de Alfabetización Temprana. 2008. *Developing Early Literacy: Report of the National Early Literacy Panel*. Washington, D.C.: National Institute for Literacy.

Papp, L. M. 2014. "Longitudinal Associations between Breastfeeding and Observed Mother-Child Interaction Qualities in Early Childhood." *Child: Care, Health and Development* 40(5) (septiembre): 740-46.

Paxson, C. y N. Schady. 2005. "Child Health and Economic Crisis in Peru." *World Bank Economic Review* 19(2) (noviembre): 203-23.

———. 2007. "Cognitive Development among Young Children in Ecuador: The Roles of Wealth, Health, and Parenting." *Journal of Human Resources* 42(1) (invierno): 49-84.

———. 2010. "Does Money Matter? The Effects of Cash Transfers on Child Development in Rural Ecuador." *Economic Development and Cultural Change* 59(1) (octubre): 187-229.

Penny, M. E., H. M. Creed-Kanashiro, R. C. Robert, M. R. Narro, L. E. Caulfield y R. E. Black. 2005. "Effectiveness of an Educational Intervention Delivered through the Health Services to Improve Nutrition in Young Children: A Cluster-Randomised Controlled Trial." *Lancet* 365(9474) (mayo-junio): 1863-72.

Pérez-Escamilla, R., L. Curry, D. Minhas, L. Taylor y E. Bradley. 2012. "Scaling Up of Breastfeeding Promotion Programs in Low- and Middle-Income Countries: The 'Breastfeeding Gear' Model." *Advances in Nutrition* 3(6) (noviembre): 790-800.

Perry, K. E., K. M. Donohue y R. S. Weinstein. 2007. "Teaching Practices and the Promotion of Achievement and Adjustment in First Grade." *Journal of School Psychology* 45(3) (junio): 269-92.

Phillips, D., D. Mekos, S. Scarr, K. McCartney y M. Abbott-Shim. 2000. "Within and beyond the Classroom Door: Assessing Quality in Child Care Centers." *Early Childhood Research Quarterly* 15(4) (invierno): 475-96.

Pianta, R. C., J. Belsky, R. Houts, F. Morrison y NICHD Early Child Care Research Network. 2007. "Opportunities to Learn in America's Elementary Classrooms." *Science* 315(5820) (marzo): 1795-96.

Pianta, R. C., K. M. La Paro y B. K. Hamre. 2008a. *Classroom Assessment Scoring System (CLASS) Manual: K-3*. Baltimore, MD: Brookes Publishing Co.

———. 2008b. *Classroom Assessment Scoring System (CLASS) Manual: Pre-K*. Baltimore, MD: Brookes Publishing Co.

Pianta, R. C., A. J. Mashburn, J. T. Downer, B. K. Hamre y L. Justice. 2008. "Effects of Web-Mediated Professional Development Resources on Teacher-Child Interactions in Pre-Kindergarten Classrooms." *Early Childhood Research Quarterly* 23(4): 431-51.

Piasta, S. B., L. M. Justice, A. S. McGinty y J. N. Kaderavek. 2012. "Increasing Young Children's Contact with Print during Shared Reading: Longitudinal Effects on Literacy Achievement." *Child Development* 83(3) (mayo-junio): 810-20.

Ponitz, C. C., S. E. Rimm-Kaufman, L. L. Brock y L. Nathanson. 2009. "Early Adjustment, Gender Differences, and Classroom Organizational Climate in First Grade." *Elementary School Journal* 110(2) (diciembre): 142-62.

Powell, A., coord. 2014. *La recuperación global y la normalización monetaria ¿cómo evitar una crónica anunciada?* Informe macroeconómico de América Latina y el Caribe de 2014. Washington, D.C.: BID.

Powell, C. y S. Grantham-McGregor. 1989. "Home Visiting of Varying Frequency and Child Development." *Pediatrics* 84(1) (julio): 157-64.

Powell, D. R. y K. E. Diamond. 2012. "Promoting Early Literacy and Language Development." En R. C. Pianta, ed., *Handbook of Early Childhood Education.* Nueva York: Guilford Press.

Prentice, A. M., K. A. Ward, G. R. Goldberg, L. M. Jarjou, S. E. Moore, A. J. Fulford y A. Prentice. 2013. "Critical Windows for Nutritional Interventions against Stunting." *American Journal of Clinical Nutrition* 97(5) (mayo): 911-18.

Prina, S. y H. Royer. 2014. "The Importance of Parental Knowledge: Evidence from Weight Report Cards in Mexico." *Journal of Health Economics* 37 (septiembre): 232-47.

Rasmussen, K. M. 2001. "The 'Fetal Origins' Hypothesis: Challenges and Opportunities for Maternal and Child Nutrition." *Annual Review of Nutrition* 21 (julio): 73-95.

Rea, M. F. 2003. "Reflexões sobre a amamentação no Brasil: de como passamos a 10 meses de duração." *Cadernos de Saúde Pública* 19 (Suplemento 1): S37-S45.

Rimm-Kaufman, S. E., T. W. Curby, K. J. Grimm, L. Nathanson y L. L. Brock. 2009. "The Contribution of Children's Self-Regulation and Classroom Quality to Children's Adaptive Behaviors in the Kindergarten Classroom." *Developmental Psychology* 45(4) (julio): 958-72.

Rimm-Kaufman, S. E., R. C. Pianta y M. J. Cox. 2000. "Teachers' Judgments of Problems in the Transition to Kindergarten." *Early Childhood Research Quarterly* 15(2): 147-66.

Ritchie, S., B. Weiser, M. Kraft-Sayre, C. Howes y B. Weiser. 2001. "Emergent Academics Snapshot Scale." Instrumento. Los Ángeles, CA: University of California at Los Angeles (UCLA). (Documento inédito.)

Rivera, J. A., T. González de Cossío, L. S. Pedraza, T. C. Aburto, T. G. Sánchez y R. Martorell. 2014. "Childhood and Adolescent Overweight and Obesity in Latin America: A Systematic Review." *Lancet Diabetes and Endocrinology* 2(4) (abril): 321-32.

Rivera, J. A., D. Sotres-Álvarez, J.-P. Habicht, T. Shamah y S. Villalpando. 2004. "Impact of the Mexican Program for Education, Health, and Nutrition (PROGRESA) on Rates of Growth and Anemia in Infants and Young Children: A Randomized Effectiveness Study." *Journal of the American Medical Association* 291(21) (junio): 2563-70.

Rommeck, I., K. Anderson, A. Heagerty, A. Cameron y B. McCowan. 2009. "Risk Factors and Remediation of Self-Injurious and Self-Abuse Behavior in Rhesus Macaques." *Journal of Applied Animal Welfare Science* 12(1): 61-72.

Rommeck, I., J. P. Capitanio, S. C. Strand y B. McCowan. 2011. "Early Social Experience Affects Behavioral and Physiological Responsiveness to Stressful Conditions in Infant Rhesus Macaques (Macaca Mulatta)." *American Journal of Primatology* 73(7) (julio): 692-701.

Rosero, J. y H. Oosterbeek. 2011. "Trade-offs between Different Early Childhood Interventions: Evidence from Ecuador." Tinbergen Institute, Documento de discusión No. 11-102/3. Ámsterdam: Facultad de Economía y Negocios, Universidad de Ámsterdam y Tinbergen Institute.

Rothstein, J. 2010. "Teacher Quality in Educational Production: Tracking, Decay, and Student Achievement." *Quarterly Journal of Economics* 125(1) (febrero): 175-214.

Rouse, C. E., J. Hannaway, D. Goldhaber y D. Figlio. 2013. "Feeling the Florida Heat? How Low-Performing Schools Respond to Voucher and Accountability Pressure." *American Economic Journal: Economic Policy* 5(2) (mayo): 251-81.

Rubio-Codina, M., O. Attanasio, C. Meghir, N. Varela y S. Grantham-McGregor. 2015. "The Socioeconomic Gradient of Child Development: Cross-Sectional Evidence from Children 6-42 Months in Bogota." *Journal of Human Resources* 50(2) (primavera): 464-83.

Rudasill, K. M., K. C. Gallagher y J. M. White. 2010. "Temperamental Attention and Activity, Classroom Emotional Support, and Academic Achievement in Third Grade." *Journal of School Psychology* 48(2) (abril): 113-34.

Ruhm, C. J. 1998. "The Economic Consequences of Parental Leave Mandates: Lessons from Europe." *Quarterly Journal of Economics* 113(1) (febrero): 285-317.

———. 2000. "Parental Leave and Child Health." *Journal of Health Economics* 19(6) (noviembre): 931-60.

———. 2011. "Policies to Assist Parents with Young Children." *The Future of Children* 21(2) (otoño): 37-68.

Rutter, M. y the English and Romanian Adoptees (ERA) Study Team. 1998. "Developmental Catch-up, and Deficit, Following Adoption after Severe Global Early Privation." *Journal of Child Psychology and Psychiatry* 39(4) (mayo): 465-76.

Salminen, J. E. 2013. "Case Study on Teachers' Contribution to Children's Participation in Finnish Preschool Classrooms during Structured Learning Sessions." *Frontline Learning Research* 1(1): 72-80.

Samms-Vaughan, M. 2005. *The Jamaican Pre-School Child: The Status of Early Childhood Development in Jamaica.* Kingston: Planning Institute of Jamaica.

Santos, I., C. G. Victora, J. Martines, H. Gonçalves, D. P. Gigante, N. J. Valle y G. Pelto. 2001. "Nutrition Counseling Increases Weight Gain among Brazilian Children." *Journal of Nutrition* 131(11) (noviembre): 2866-73.

Sarama, J. y D. H. Clements. 2009. *Early Childhood Mathematics Education Research: Learning Trajectories for Young Children.* Nueva York: Routledge.

Schady, N. 2011. "Parents' Education, Mothers' Vocabulary, and Cognitive Development in Early Childhood: Longitudinal Evidence from Ecuador." *American Journal of Public Health* 101(12) (diciembre): 2299-307.

———. 2012. "El desarrollo infantil temprano en América Latina y el Caribe: acceso, resultados y evidencia longitudinal de Ecuador". En M. Cabrol y M. Székely, eds., *Educación para la transformación.* Washington, D.C.: BID.

Schady, N., J. Behrman, M. C. Araujo, R. Azuero, R. Bernal, D. Bravo, F. López Boo, K. Macours, D. Marshall, C. Paxson y R. Vakis. 2015. "Wealth Gradients in Early Childhood Cognitive Development in Five Latin American Countries." *Journal of Human Resources* 50(2) (primavera): 446-63.

Schanzenbach, D. W. 2007. "What Have Researchers Learned from Project STAR?" *Brookings Papers on Education Policy* 9(2006-07) (mayo): 205-28.

Séguin, J. R. y P. D. Zelazo. 2005. "Executive Function in Early Physical Aggression." En R. E. Tremblay, W. W. Hartup y J. Archer, eds., *Developmental Origins of Aggression.* Nueva York: Guilford Press.

Serdula, M. K., D. Ivery, R. J. Coates, D. S. Freedman, D. F. Williamson y T. Byers. 1993. "Do Obese Children Become Obese Adults? A Review of the Literature." *Preventive Medicine* 22(2) (marzo): 167-77.

Shelov, S. P. y T. R. Altmann, eds. 2009. *Caring for Your Baby and Young Child: Birth to Age Five.* Quinta edición. Elk Grove Village, IL: American Academy of Pediatrics.

Shonkoff, J. P. y D. A. Phillips, eds. 2000. *From Neurons to Neighborhoods: The Science of Early Childhood Development*. Washington, D.C.: National Academies Press.

Singh, G. K. y P. C. van Dyck. 2010. "Infant Mortality in the United States, 1935-2007: Over Seven Decades of Progress and Disparities." Informe. Rockville, MD: Health Resources and Services Administration, Maternal and Child Health Bureau, U.S. Department of Health and Human Services.

Snow, C. E., M. S. Burns y P. Griffin, eds. 1998. *Preventing Reading Difficulties in Young Children*. Washington, D.C.: National Academies Press.

Springer, M. G., D. Ballou, L. Hamilton, V.-N. Le, J. R. Lockwood, D. F. McCaffrey, M. Pepper y B. M. Stecher. 2010. "Teacher Pay for Performance: Experimental Evidence from the Project on Incentives in Teaching." Informe. Nashville, TN: National Center on Performance Incentives, Vanderbilt University.

Stallings, J. 1977. *Learning to Look: A Handbook on Classroom Observation and Teaching Models*. Belmont, CA: Wadsworth Publishing Co.

Stallings, J. A. y G. G. Mohlman. 1988. "Classroom Observation Techniques." En J. P. Keeves, ed., *Educational Research, Methodology, and Measurement: An International Handbook*. Oxford, Reino Unido: Pergamon Press.

Stein, A. D., M. Wang, R. Martorell, S. A. Norris, L. S. Adair, I. Bas, H. S. Sachdev, S. K. Bhargava, C. H. Fall, D. P. Gigante, C. G. Victora y Cohorts Group. 2010. "Growth Patterns in Early Childhood and Final Attained Stature: Data from Five Birth Cohorts from Low- and Middle-Income Countries." *American Journal of Human Biology* 22(3) (mayo-junio): 353-59.

Strasser, K., M. R. Lissi y M. Silva. 2009. "Gestión del tiempo en 12 salas chilenas de kindergarten: recreo, colación y algo de instrucción." *Psykhe* 18(1): 85-96.

Straus, M. A. (con D. A. Donnelly). 1994. *Beating the Devil out of Them: Corporal Punishment in American Families*. Nueva York: Lexington Books.

Sugarman, J. M. 1991. *Building Early Childhood Systems: A Resource Handbook*. Washington, D.C.: Child Welfare League of America.

Tanaka, S. 2005. "Parental Leave and Child Health across OECD Countries." *Economic Journal* 115(501) (febrero): F7-F28.

Tavares de Araujo, I. y A. Cavalcanti de Almeida. 2014. "Government Spending on Early Childhood in Brazil: Equity and Efficiency Challenges." (Documento inédito.)

Thaler, R. H. 1999. "Mental Accounting Matters." *Journal of Behavioral Decision Making* 12(3) (septiembre): 183-206.

Thompson, R. A. y H. A. Raikes. 2007. "The Social and Emotional Foundations of School Readiness." En D. F. Perry, R. K. Kaufmann y J. Knitzer, eds., *Social and Emotional Health in Early Childhood: Building Bridges between Services and Systems*. Baltimore, MD: Brookes Publishing Co.

Tirole, J. 1988. *The Theory of Industrial Organization*. Cambridge, MA: MIT Press.

Tofail, F., J. D. Hamadani, A. Z. Ahmed, F. Mehrin, M. Hakim y S. N. Huda. 2012. "The Mental Development and Behavior of Low-Birth-Weight Bangladeshi Infants from an Urban Low-Income Community." *European Journal of Clinical Nutrition* 66(2) (febrero): 237-43.

Tylleskär, T., D. Jackson, N. Meda, I. M. Engebretsen, M. Chopra, A. H. Diallo, T. Doherty, E. C. Ekström, L. T. Fadnes, A. Goga, C. Kankasa, J. I. Klungsøyr, C. Lombard, V. Nankabirwa, J. K. Nankunda, P. Van de Perre, D. Sanders, R. Shanmugam, H. Sommerfelt, H. Wamani, J. K. Tumwine y PROMISE-EBF Study Group. 2011. "Exclusive Breastfeeding Promotion by Peer Counsellors in Sub-Saharan Africa (PROMISE-EBF): A Cluster-Randomised Trial." *Lancet* 378(9789) (julio): 420-27.

Undurraga, E. A., A. Zycherman, J. Yiu, J. R. Behrman, W. R. Leonard y R. A. Godoy. 2014. "Gender Targeting of Unconditional Income Transfers and Child Nutritional Status: Experimental Evidence from the Bolivian Amazon." Documento de trabajo del GCC No. 14-03. Toronto, Ontario, Canadá: Grand Challenges Canada. Disponible en http://repository.upenn.edu/cgi/viewcontent.cgi?article=1011&context=gcc_economic_returns. Consultado en junio de 2015.

UNESCO (Organización de las Naciones Unidas para la Educación, la Ciencia y la Cultura). 2015. "Data Centre." Conjunto de datos. París: UNESCO. Disponible en http://www.uis.unesco.org/DataCentre/Pages/BrowseEducation.aspx. Consultado en junio de 2015.

UNICEF (Fondo de las Naciones Unidas para la Infancia). 2014. "El estado mundial de la infancia de 2014 en cifras: todos los niños y niñas cuentan. Revelando las disparidades para impulsar los derechos de la niñez." Informe. Nueva York: UNICEF.

Vally, Z., L. Murray, M. Tomlinson y P. J. Cooper. 2014. "The Impact of Dialogic Book-Sharing Training on Infant Language and Attention: A Randomized Controlled Trial in a Deprived South African Community." *Journal of Child Psychology and Psychiatry*. (doi: 10.1111/jcpp.12352.)

Vargas-Barón, E. 2013. "Building and Strengthening National Systems for Early Childhood Development." En P. R. Britto, P. L. Engle y C. M. Super, eds., *Handbook of Early Childhood Development Research and Its Impact on Global Policy*. Nueva York: Oxford University Press.

Verdisco, A., S. Cueto, J. Thompson y O. Neuschmidt. 2014. "Urgencia y posibilidad. Una primera iniciativa para crear datos comparables a nivel regional sobre desarrollo infantil en cuatro países latinoamericanos." Washington, D.C.: BID. (Documento inédito.)

Verdisco, A. y M. Pérez Alfaro. 2010. "Measuring Education Quality in Brazil." Briefly Noted Series No. 6. Washington, D.C.: División de Educación del BID. Disponible en http://publications.iadb.org/bitstream/handle/11319/3100/Measuring%20Education%20Quality%20in%20Brazil.pdf?sequence=1. Consultado en junio de 2015.

Victora, C. G., L. Adair, C. Fall, P. C. Hallal, R. Martorell, L. Richter, H. S. Sachdev y el Maternal and Child Undernutrition Study Group. 2008. "Maternal and Child Undernutrition: Consequences for Adult Health and Human Capital." *Lancet* 371(9609) (enero): 340-57.

Vigdor, J. 2008. "Teacher Salary Bonuses in North Carolina." Washington, D.C.: Urban Institute. Disponible en http://www.urban.org/research/publication/teacher-salary-bonuses-north-carolina. Consultado en junio de 2015.

Vollmer, S., K. Harttgen, M. A. Subramanyam, J. Finlay, S. Klasen y S. V. Subramanian. 2014. "Association between Economic Growth and Early Childhood Undernutrition: Evidence from 121 Demographic and Health Surveys from 36 Low-Income and Middle-Income Countries." *Lancet Global Health* 2(4) (abril): e225-e234.

Waldfogel, J. y E. Washbrook. 2011. "Early Years Policy." *Child Development Research* 2011: 1-12. (doi:10.1155/2011/343016.)

Walker, S. P., S. M. Chang, M. Vera-Hernández y S. Grantham-McGregor. 2011. "Early Childhood Stimulation Benefits Adult Competence and Reduces Violent Behavior." *Pediatrics* 127(5) (mayo): 849-57.

Walker, S. P., T. D. Wachs, J. M. Gardner, B. Lozoff, G. A. Wasserman, E. Pollitt, J. A. Carter y el International Child Development Steering Group. 2007. "Child Development: Risk Factors for Adverse Outcomes in Developing Countries." *Lancet* 369(9556) (enero): 145-57.

Ward-Batts, J. 2008. "Out of the Wallet and into the Purse: Using Micro Data to Test Income Pooling." *Journal of Human Resources* 43(2) (primavera): 325-51.

Wasik, B. H. y B. A. Newman. 2009. "Teaching and Learning to Read." En O. A. Barbarin y B. H. Wasik, eds., *Handbook of Child Development and Early Education*. Nueva York: Guilford Press.

Weaver, I. C., N. Cervoni, F. A. Champagne, A. C. D'Alessio, S. Sharma, J. R. Seckl, S. Dymov, M. Szyf y M. J. Meaney. 2004. "Epigenetic Programming by Maternal Behavior." *Nature Neuroscience* 7(8) (agosto): 847-54.

Welsh, M. C., S. L. Friedman y S. J. Spieker. 2006. "Executive Functions in Developing Children: Current Conceptualizations and Questions for the Future." En K. McCartney y D. Phillips, eds., *The Blackwell Handbook of Early Childhood Development*. Oxford, Reino Unido: Blackwell Publishing.

White, T. G. y J. S. Kim. 2008. "Teacher and Parent Scaffolding of Voluntary Summer Reading." *Reading Teacher* 62(2) (octubre): 116-25.

White, T. G., J. S. Kim, H. C. Kingston y L. Foster. 2014. "Replicating the Effects of a Teacher-Scaffolded Voluntary Summer Reading Program: The Role of Poverty." *Reading Research Quarterly* 49(1): 5-30.

Whitehurst, G. J., F. L. Falco, C. J. Lonigan, J. E. Fischel, B. D. DeBaryshe, M. C. Valdez-Menchaca y M. Caulfield. 1988. "Accelerating Language Development through Picture Book Reading." *Developmental Psychology* 24(4) (julio): 552-59.

Woodward, A. L. y E. M. Markman. 1998. "Early Word Learning." En D. Kuhn y R. S. Siegler, eds., *Handbook of Child Psychology: Volume 2: Cognition, Perception, and Language*. Quinta edición. Nueva York: John Wiley and Sons.

Wurtz, R. H. 2009. "Recounting the Impact of Hubel and Wiesel." *Journal of Physiology* 587(Pt 12) (junio): 2817-23.

Yoshikawa, H., L. A. Ponguta, A. M. Nieto, J. Van Ravens, X. A. Portilla, P. R. Britto y D. Leyva. 2014. "Evaluating Mechanisms for Governance, Finance and Sustainability of Colombia's Comprehensive Early Childhood Development Policy *De Cero a Siempre*. Informe. Nueva York: New York University, Nueva York.

Yousafzai, A. K., M. A. Rasheed, A. Rizvi, R. Armstrong y Z. A. Bhutta. 2014. "Effect of Integrated Responsive Stimulation and Nutrition Interventions in the Lady Health Worker Programme in Pakistan on Child Development, Growth, and Health Outcomes: A Cluster-Randomised Factorial Effectiveness Trial." *Lancet* 384(9950) (octubre): 1282-93.

Índice

Aboud, F.E., 62, 84, 88
Afifi, T.O., 68
Aikens, N., 162
Ainsworth, N., 96
Akresh, R., 13
Alcázar, L., 155
Almond, D., 13, 32
Anderson, V., 8
aptitudes lingüísticas, 49-53
Araujo, M.C., 19, 51, 81, 95, 106, 137-39, 144-45, 163, 191
Argentina
 alfabetización, 72
 asistencia escolar, 125
 bajo peso al nacer, 27
 calidad del docente, 138
 castigos corporales, 67
 educación de la madre, 70-72
 escolarización temprana, 125, 177
 jardines de cuidado infantil, 102, 169
 lactancia materna, 60
 medida del desarrollo infantil, 12
 programas gubernamentales, 79
 puntuaciones de las pruebas, 127
Ariès, P., 2
arquitectura institucional
 asociándose a favor de los niños, 192
 Chile y, 189-91
 Colombia y, 194-95
 cuatro pilares para un sistema sólido, 187
 enfoques para analizar la, 188-89
 estado actual de la, 186-87
 financiamiento y, 191-93
 formación docente, 204

garantía de calidad y rendición de cuentas, 193-201
 gobernanza y, 187-91
 panorama, 185-86
 recomendaciones de política, 203-6
 recursos humanos y, 201-3
asesores de salud comunitaria, 85
Atal, J.P., 172
Atención a Crisis, programa piloto, 75
Attanasio, O., 74, 83
Avellar, S., 80
Bachelet, M., 189
bajo peso al nacer 27-34, 44, 52, 55n13, 56n20, 90n1
Baker, M., 19, 118
Barnett, W.S., 104, 113
Bastos, P., 177
Baumrind, D., 66
Becker, G.S., 15
Bedregal, P., 10
Behrman, J.R., 74, 114, 141
Belfield, C.R., 167
Belice
 alfabetización, 72
 bajo peso al nacer, 29
 castigos corporales, 67
 desnutrición infantil, 44
 educación de la madre, 70
 lactancia materna, 60
 obesidad infantil, 45
beneficio-costo, tasas, 174-77
Berlín, L.J., 68
Bernal, R., 19, 112, 114-15, 162-63
Bhandari, N., 77
Bharadwaj, P., 27-28
Black, J.E., 10

Blau, D., 103
Bloom, L., 5
Bolivia
   asistencia escolar, 126
   bajo peso al nacer y, 29
   castigos corporales, 67
   desnutrición infantil, 43-44
   estatura de los adultos, 42
   jardines de cuidado infantil, 110-11, 113-14, 169,
   lactancia materna, 60-63, 76
   obesidad infantil, 45-46
   pobreza, 73
   tasa de mortalidad infantil, 36
Bono de Desarrollo Humano (BDH), 74, 92n11
Bowlby, J., 96-97
Bradbury, B., 52
Bradley, R.H., 64
Brasil
   bajo peso al nacer, 28
   calidad del docente, 133-34, 137-38, 142
   CLASS y, 137
   desnutrición infantil, 43-44
   Escala de Observación del Entorno y Ambiente Familiar (HOME, por sus siglas en inglés) y, 62
   estatura de los adultos, 42
   gasto público en educación, 155
   jardines de cuidado infantil, 95-98, 100, 112, 169
   lactancia materna, 60, 77
   matriculación temprana, 123-24, 126-27, 133, 137
   medición del desarrollo infantil, 9, 198-201
   obesidad infantil, 46
   pobreza y, 73
   programas gubernamentales, 77-79, 82, 177, 186, 191-93, 202
   tasa de mortalidad infantil, 28-30
   transferencias de efectivo y, 72
   visitas domiciliarias, 168-69
Britto, P.R., 188
Brophy, J., 135
Bruner, C., 188
Bruns, B., 134, 137
Cadastro Único, 199
Caldwell, B.M., 62, 64
Campbell, F., 13, 113
Campo Grande, Brasil, 112
Caribe, países del,
   aptitudes lingüísticas, 50-52, 69
   bajo peso al nacer, 27-28
   calidad del docente, 134, 140-41, 145, 203-4
   educación de la madre, 70
   Escala de Observación del Entorno y Ambiente Familiar (HOME, por sus siglas en inglés), 62-63
   escolarización temprana, 123, 125-26
   estatura de los niños, 40
   escuela primaria, 20
   gasto público en desarrollo infantil, 153, 158, 161, 163, 168-69, 175, 179
   jardines de cuidado infantil, 19, 95, 101, 106, 113, 116-20
   lactancia materna, 59, 61
   mortalidad infantil, 30, 40, 45, 52
   nutrición infantil, 78
   obesidad infantil, 45-46
   pobreza y, 171
   programas de crianza, 79, 84-85, 88
   transferencias de efectivo, 72, 87
   visitas domiciliarias, 81
Carlson, S., 8
Carneiro, P., 22, 118
Carolina Abecedarian, programa, 171, 175
Carolina del Norte, 13, 143
Casey, B., 32
castigos corporales, 65, 67-68
Centros Infantiles del Buen Vivir (CIBV), 106-7, 109-10
Chang, S.M., 62, 64, 84-85
Chetty, R., 14, 131, 143
Chile
   aptitudes lingüísticas, 50-52
   bajo peso al nacer y, 27-29

calidad del docente, 138, 141, 145
educación de la madre, 70
entidades articuladoras (BSE, por sus siglas en inglés) y, 187, 199
Escala de Observación del Entorno y Ambiente Familiar (HOME, por sus siglas en inglés) y, 62
escuela secundaria, 211
estatura de los adultos, 42
estatura de los niños, 40
gasto en desarrollo infantil, 153-60, 162, 165, 175, 178-80, 186
Integra y, 196
jardines de cuidado infantil, 95-102, 112
lactancia materna, 60
matriculación temprana, 123-24, 126-27
medición del desarrollo infantil, 12, 48
mortalidad infantil, 28, 30-31, 35
nutrición infantil, 27, 43-44
obesidad infantil, 44-46
pobreza, 73
programas gubernamentales, 81-82, 154
puntuaciones de las pruebas, 127-28
sector privado y, 212
Chile Crece Contigo (ChCC), 187, 189
Clarke, J., 2
Clements, D.H., 132
Coffman, J., 188
Cohen, J., 31, 188
Colombia
aptitudes lingüísticas, 50-52
asistencia escolar, 125
bajo peso al nacer y, 29-34
calidad del docente, 134
castigos corporales, 67
DCAS, 187
descentralización y, 194-95, 202
educación de la madre, 70
entidades articuladoras (BSE, por sus siglas en inglés) y, 187
estándares en, 196

gasto en desarrollo infantil, 154, 156-59, 161-62, 164-66, 169, 175, 179, 186
jardines de cuidado infantil, 95-96, 98, 100-2, 111, 114-15, 119, 169, 201
lactancia materna, 60-61, 63, 76
medida del desarrollo infantil, 12
nacimientos en centros de salud, 76-77
nutrición infantil, 44
obesidad infantil, 45
pobreza, 72-73
programas de transferencias de efectivo, 72
puntuaciones de las pruebas, 49, 127-28
tasa de mortalidad infantil, 36
visitas domiciliarias, 83, 168
Cruz-Aguayo, Y., 136-37
Convención sobre los Derechos del Niño de las Naciones Unidas, 1, 3
Cunha, J.M., 17
Currie, J., 50, 103
Daelmans, B., 62
Deaton, A., 42
Denham, S.A.,133
Der, G., 76
desarrollo infantil
cerebro, 9-10
destrezas cognitivas, 6
escuelas y, 20-21
experiencias y, 11-23
físico, 4-5
función ejecutiva, 6, 8
habilidades de alfabetización, 7
habilidades socioemocionales, 6, 9
jardines de cuidado infantil y, 19-21
lenguaje/comunicación, 4-6
medición de los resultados por etapa de desarrollo, 9, 11
medida del, 12-13
panorama, 4-5
políticas públicas y, 21-23
vida familiar y, 14-18
véase también desarrollo de la primera infancia

desarrollo de la primera infancia
  bajo peso al nacer, 29-30
  brecha entre ricos y pobres, 47-52
  cambios en los nacimientos prematuros y en el peso al nacer en Colombia, 32-34
  caso a favor de la intervención pública, 211-13
  cómo invertir en la primera infancia, 213-14
  desafío para las instituciones, 214-16
  desnutrición, 43-45
  estandarización de las puntuaciones, 47-48
  estatura, 40-44
  importancia de la, 209-10
  importancia del lenguaje, 50
  mortalidad infantil, 39-46
  problemas de peso y obesidad, 45-46
  progreso en la región, 210-11
  salud y nutrición, 27-28
  véase también desarrollo infantil; gasto en el desarrollo de la primera infancia
Dewey, K.G., 62, 88
Dickinson, D.K., 86
docentes
  efectividad, 145
  calidad de las interacciones maestro-educando, 133-35
  cómo emplean su tiempo los maestros, 134
  valor agregado del maestro, 142-43
Downer, J.T., 136
Duncan, G.J., 6, 50, 53
Dustmann, C., 118
Early, D., 133
Eccles, J.S., 135
Ecuador
  aptitudes lingüísticas, 50-53
  asistencia escolar, 125
  bajo peso al nacer, 27
  calidad del docente, 137-38, 145
  Escala de Observación del Entorno y Ambiente Familiar (HOME, por sus siglas en inglés) y, 62-67
  educación de la madre, 70
  estatura de los niños, 40
  gasto público en desarrollo infantil, 176
  jardines de cuidado infantil, 95, 99-101, 103, 106-110, 112, 114, 212
  lactancia materna, 60
  medida del desarrollo infantil, 12
  nutrición infantil, 44, 74
  obesidad infantil, 46
  ONG y, 178
  pobreza, 73
  programa BDH, 74
  programas de transferencias de efectivo, 72, 74
  puntuaciones de las pruebas, 127, 129
  visitas domiciliarias, 79, 83, 168-69
educación de los padres
  alianza entre la enfermera y la familia, 79-80
  intervención híbrida para los padres del Caribe, 85
  lectura y, 86
  optimizar el entorno familiar, 79-87
  recetas para mejorar las prácticas de alimentación, 76-79
Eickmann, S.H., 64, 82
Encuestas de Indicadores Múltiples por Conglomerado (MICS, por sus siglas en inglés), 65, 69
entidades articuladoras (BSE, por sus siglas en inglés), 187-91, 199, 203-6
Engle, escala de, 49
Escala de Observación del Entorno y Ambiente Familiar (HOME, por sus siglas en inglés), 62-66
escolarización temprana
  apoyo pedagógico, 136-39
  asistencia, por quintil de riqueza, 126
  baja calificación en el desempeño escolar, 125-131

calidad estructural, 131-32
calidad de las interacciones maestro-educando, 133-35
calidad de proceso, 132-39
calificación de la calidad del aula, 131-39
  cómo emplean su tiempo en el aula los maestros, 134
  cómo utilizan el tiempo los alumnos, 132-33
  efectividad del maestro, 145
  gradientes de riqueza en las puntuaciones de matemáticas, 130
  lecciones para las políticas públicas, 140-46
  matriculación, 123-25
  panorama, 123
  puntuaciones de las pruebas de matemáticas, 127
  respaldo emocional, 135
  valor agregado del maestro, 142-43
  variación de las puntuaciones de las pruebas, 128-29
estatura de los adultos, 42
Estudio Internacional de Tendencias en Matemática y Ciencias (TIMMS, por sus siglas en inglés), 126
familia
  castigos corporales, 67-69
  desarrollo infantil y, 59-72
  educación de la madre y, 70-71
  educación de los padres, 76-87
  entorno familiar, 62-69
  evolución de la pobreza en la infancia, 73
  intervención del gobierno, 72-87
  lactancia materna, 59-62,
  lectura temprana, 68
  nutrición y, 60-63, 74
  panorama, 59
  políticas públicas y, 87-89
  transferencias de efectivo y, 72-76
Faverio, F., 163
Fernald, L., 4, 75
Fiszbein, A., 74
Fogel, R., 42

Fondo de Desarrollo Infantil (FODI), 83, 94n19
Fox, S.E., 10
garantía de calidad
  cerrando el círculo de la rendición de cuentas, 199-201
  datos y monitoreo, 197-99
  estándares de resultados y de servicio, 195-97
  panorama, 193
Gardner, J.M., 82
gasto en desarrollo de la primera infancia
  ampliación de programas, 165-80
  aumentos en el, 158-60
  beneficios, 166-72
  brechas en los datos del presupuesto, 155
  costos, 172, 174
  costos de los programas, 160-62
  ¿cuánto cuesta?, 178-80
  gasto público por grupo de edad, 154
  gasto público por programa, 158
  gobierno, 153-60
  impacto del, 162-65
  mujeres en el mercado laboral, 173-74
  panorama, 153, 180-81
  parámetros de costos, 163-64
  per cápita por grupo de edad, 157
  por niño, 160
  programas principales, 161
  relación público-privada, 177-78
  tasas de beneficio-costo, 174-77
Gershoff, E.T., 66, 68
Gertler, P., 13, 74, 82, 88, 125, 139, 177
Grantham-McGregor, S.M., 64, 82, 84
Greenough, W.T., 10
Haider, R., 77
Hamre, B.K., 104-5, 133, 135, 136
Hanushek, E., 123, 132, 139, 142, 145
Harms, T., 104
Havnes, T., 19
Heckman, J., 16-17, 22
Herrera, M.O., 112

Hidrobo, M., 75
Hoddinott, J., 5, 74
Honduras
 asistencia escolar, 126
 bajo peso al nacer, 28-29
 calidad del docente, 129, 133-34
 estatura de los adultos, 42
 estatura de los niños, 40
 jardines de cuidado infantil, 213
 lactancia materna, 60
 matriculación temprana, 123-24
 medida del desarrollo infantil, 12
 mortalidad infantil, 36-38
 nacimientos en centros de salud, 77
 nutrición infantil, 41, 43-44, 74
 obesidad infantil, 46
 pobreza, 73
 transferencias de efectivo, 72
Hotz, V., 20, 119
Howard, K., 88
Imdad, A., 88
Ilustración, 2
infancia, concepto de la, 2-3
Inglaterra isabelina, 2
Jamaica
 aptitudes lingüísticas, 69
 asistencia escolar, 125
 bajo peso al nacer, 27
 calidad del docente, 137-38
 castigos corporales, 67
 Escala de Observación del Entorno y Ambiente Familiar (HOME, por sus siglas en inglés) y, 65-66
 escolarización temprana, 123, 209, 212
 gasto público en desarrollo infantil, 154, 156, 158, 160, 175
 lactancia materna, 60
 nacimientos en centros de salud, 77
 nutrición infantil, 13, 44
 mortalidad infantil, 28, 30, 35
 obesidad infantil, 46
 programas gubernamentales, 85, 88
 puntuaciones de las pruebas, 130
 visitas domiciliarias, 81-85, 168-69, 171
jardines de cuidado infantil, 19-20
 Bolivia y Perú, 111
 calidad de los, 107-8
 cifras, en, 95-101
 CLASS y, 104-6
 Ecuador y, 109-10
 educación de la madre y, 101
 impacto en el desarrollo infantil, 112-116
 infancia temprana, 107
 ITERS, CLASS, y características, 110
 licencia obligatoria por maternidad/paternidad, 118
 matriculación en, 96-98
 panorama, 95
 políticas públicas y, 116-120
 problemas con los, 101-12
Johnson, M.H., 6
JUNJI (Junta Nacional de Jardines Infantiles), 196
Jurado, M.B., 8
Kagan, S.L., 187-88
Kane, T.J., 145
Key, E., 3
Kitzman, H., 81
Kramer, M.S., 27, 76
Kremer, M., 132
Krueger, A.B., 131
Kuhn, D., 6
La Paro, 133, 135
lactancia materna, 60-63, 76
Lagarde, M., 74
Lavy, V., 141
Leer, J., 81
Levy, S., 72
Leyva, D., 138
Løken, K.V., 28
López Boo, F., 19, 52, 81, 95, 163
Love, J.M., 103
Lowe, R., 3
Lozoff, B., 64, 82
Maccini, S., 13
Macours, K., 50, 62, 64, 74-75
MacPhee, D., 106
Maluccio, J.A., 74

Martorell, R., 42
Mashburn, A.J., 109
Masten, A.S., 10
McCartney, K., 31
McIntire, D., 32
Metodología Stallings, 133, 137
México
  aptitudes lingüísticas, 50
  asistencia escolar, 125
  bajo peso al nacer, 27
  calidad docente, 133-34, 141
  crecimiento infantil, 41
  escolarización temprana, 123-24, 158, 213
  gasto público en desarrollo infantil, 154-55, 158
  jardines de cuidado infantil, 102, 178
  lactancia materna, 60, 77
  medición del desarrollo infantil, 12
  nutrición infantil, 41, 43-44, 74, 77-78
  obesidad infantil, 18, 44-45
  pobreza, 72-73
  programas de transferencias de efectivo, 74
  puntuaciones de las pruebas, 48, 127-28
  visitas domiciliarias, 79
Milligan, K., 19, 118
Mizala, A., 144
Moffitt, T.E., 8
Morris, S.S., 74
Morrow, A.L., 77
Mullis, P.E., 4
Muralidharan, K., 141
Murnane, R.J., 132, 142
National Institute for Early Education Research (NIEER), 104
Neal, D., 144
Neidell, M., 19
Nelson, C.A., 11
Nelson Ortiz, escala de, 12
neonatal, cuidado, 11, 28, 32, 55n13
Neuman, M.J., 188

Nicaragua
  aptitudes lingüísticas, 50
  bajo peso al nacer, 29
  educación de la madre, 70
  Escala de Observación del Entorno y Ambiente Familiar (HOME, por sus siglas en inglés) y, 62-66
  estatura de los niños, 40
  gasto público en desarrollo infantil, 154, 156-59
  jardines de cuidado infantil, 95-96, 98, 100-2
  lactancia materna, 60
  medición del desarrollo infantil, 12, 49-50, 75
  nutrición infantil, 44, 74
  obesidad infantil, 46
  pobreza, 73
  programas gubernamentales, 79
  programa de transferencias de efectivo, 75
  puntuaciones de las pruebas, 127-28
Niño y la vida familiar bajo el antiguo régimen, El, (Ariès), 2
obesidad, 45-46, 78, 25n12, 45
Olds, D.L., 81
Organización Mundial de la Salud (OMS), 4, 47, 76, 78
Oster, E., 76
Paes de Barros, R., 177
Papp, L.M., 59
Paraguay
  aptitudes lingüísticas, 69
  asistencia escolar, 125
  bajo peso al nacer, 29
  educación de la madre, 70
  lactancia materna, 60
  nutrición infantil, 41, 43-44
  obesidad infantil, 46
  puntuaciones de las pruebas, 49, 127-28
Paxson, C., 50-52, 62, 64-65, 74-75, 139
Penny, M.E., 78
Pérez-Escamilla, R., 77

Perry Preschool Study, 171
Perú
   aptitudes lingüísticas, 50, 52
   asistencia escolar, 125
   bajo peso al nacer, 29
   calidad del docente, 133-34
   castigos corporales, 67
   desnutrición infantil, 44
   estatura de los adultos, 42
   Escala de Observación del Entorno y Ambiente Familiar (HOME, por sus siglas en ingles), 62-64, 66
   gasto en desarrollo infantil, 154-59
   jardines de cuidado infantil, 102, 110-12
   lactancia materna, 60-63
   medida del desarrollo infantil, 12
   mortalidad infantil, 30, 36-40
   obesidad infantil, 45-46
   programas gubernamentales, 76, 78-79, 81
   puntuaciones de las pruebas, 49, 127-28
Pianta, R.C., 104-5, 135
Piasta, S.B., 132
Powell, A., 179-80,
Powell, C., 82
Powell, D.R., 5, 50
preescolar, 5, 9, 86, 89, 97, 102, 104-6, 155-56, 158, 163-72, 175-81, 193, 214
Prina, S., 18
programas de transferencias de efectivo, 22, 50, 72-76, 78, 83, 87-89, 139, 155-58, 178, 199, 214-16
Progreso en Comprensión Lectora (PIRLS, por sus siglas en inglés), 126
Proyecto Integral de Desarrollo Infantil (PIDI), 114, 121n10, 122n13
Rea, M.F., 77
Rimm-Kaufman, S.E., 136
Ritchie, S., 137
Rivera, J.A., 45, 74, 163
Rommeck, I., 10
Rosero, J., 84, 114, 178

Rothstein, J., 143
Rubio-Codina, M., 49, 51
Ruhm, C.J., 117
Rutter, M., 11
Salminen, J.E., 136
Samms-Vaughan, M., 130
Santos, I., 78
Sarama, J., 132
Schady, N., 49-53, 62, 64-65, 72, 74-75, 139
Schanzenbach, D.W., 14
Séguin, J.R., 8
Segundo Estudio Regional Comparativo y Explicativo (SERCE), 126-27, 129
Serdula, M.K., 45
Singh, G.K., 40
Sistema de Calificación para la Evaluación en el Aula (CLASS, por sus siglas en inglés), 104-106, 109-10, 135, 137-39
Snow, C.E., 5, 132
Santa Lucía, 29, 65, 66-67, 71, 85
Straus, 67
Sugarman, J.M., 188
Systems Approach for Better Education Results (SABER), 188
Tanaka, S., 118
Tavares de Araujo, I., 191
Tercer Estudio Regional Comparativo y Explicativo (TERCE), 127-29
Test de Vocabulario en Imágenes Peabody (TVIP), 9, 31, 49-52
Thompson, R.A., 6, 9
Tirole, J., 19
Tylleskär, T., 77
Uruguay
   asistencia escolar, 125
   bajo peso al nacer, 29
   lactancia materna, 60
   jardines de cuidado infantil, 95-97, 98, 100, 102
   primeras experiencias escolares, 13, 125
   puntuaciones de las pruebas, 127-28
Vally, Z., 86

Vargas-Barón, E., 188
Venezuela, 29, 73
Verdisco, A., 49, 112
Victora, C., 5, 42
vida familiar, 14-18
Waldfogel, 19, 52
Walker, S.P., 82, 88
Wasik, B.H., 5, 50

Weaver, I.C., 10
Welsh, M.C., 8
White, T.G., 86
Woodward, A.L., 5
Wurtz, R.H., 16
Yoshikawa, H., 188
Young Lives, estudio, 52
Yousafzai, A.K., 62, 84, 88, 162